SHRM®

SHRM胜任力训练宝典

小题大做 案例学习系统

主编 李治

副主编 蔡国标

清 华 大 学 郑晓明教授
北 京 大 学 王　垒教授
中国人民大学 刘　昕教授
复 旦 大 学 苏　勇教授
中 山 大 学 孙海法教授
华南理工大学 刘善仕教授

联合推荐

加拿大国际出版社

Canada International Press

书名：SHRM 胜任力训练宝典

主编：李治

副主编：蔡国标

出版：加拿大国际出版社 www.intlpressca.com

Email：service@intlpressca.com

印刷版 ISBN：978-1-990872-82-2

电子版 ISBN：978-1-990872-83-9

2024 年 3 月出版

2024 年 3 月第一次印刷

Book Title: Training Guide for SHRM Competency

Editor in Chief: Zhi Li

Deputy Editor: Guobiao Cai

Publisher: Canada International Press

Print ISBN: 978-1-990872-82-2

EBook ISBN: 978-1-990872-83-9

SHRM 是什么？

我们对 SHRM 的含义，进行了系统梳理，它可以代表三个含义。

一、SHRM 代表 Society for Human Resource Managemen，即美国人力资源管理协会

美国人力资源管理协会于 1948 年成立，总部位于美国。截止目前，它拥有来自全球 165 多个国家超过 32.5 万名的专业会员。SHRM 的使命是通过提供最前沿和最充足的资源以满足人力资源管理专业人士的需求、**提升人力资源的关键性和战略性地位以推动人力资源管理事业的发展**。SHRM 通过教育、认证与会员网络促进其会员的专业发展。SHRM 是全球最大的人力资源管理协会与人力资源教育机构。2015 年以来，SHRM 基于其研发的全球最领先的胜任力体系，推出了下一代 HR 认证 SHRM-SCP/CP，是目前全球最有影响力的 HR 认证，被誉为顶流的 HR 金牌证书，享誉全球。

二、SHRM 也是 Strategic Human Resource Management，即战略人力资源管理

Wright McMahan （1992） 将 SHRM 战略人力资源管理定义

为"组织为达到战略目标，系统地对人力资源各种部署和活动进行计划和管理的模式。"CIPD（英国特许人事协会）定义 SHRM 战略人力资源管理"是人力资源管理的一种方法，**它提供了支持长期业务目标和成果的战略框架**。该方法涉及长期的人员问题以及有关结文化、价值、承诺和使资源与未来需求匹配的宏观问题。"华为提出其 HR 发展阶段的下一个阶段是战略人力资源（管理）阶段，就非常契合这个理念，也很有代表性与前瞻性。

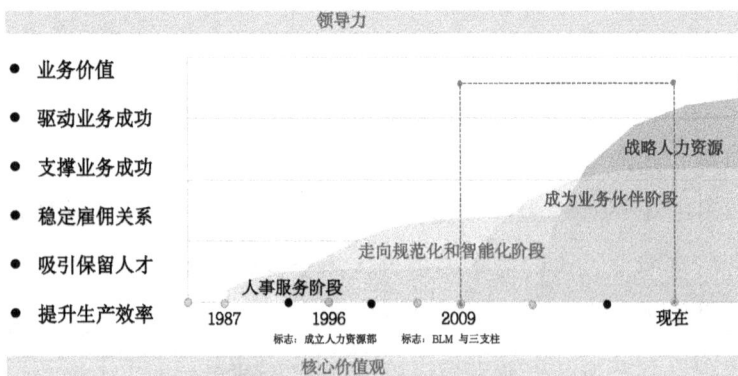

附图：华为 HR 发展阶段

三、SHRM 还代表 Strategic Human Resource Master，即战略人力资源管理师

结合美国人力资源管理协会（SHRM 第一个含义）**认证体系**的框架，以及**战略人力资源管理**（SHRM 第二个含义）并取华为定义其 HR 发展下一个阶段——战略人力资源的目标，最终落脚于**战略人力资源管理师**（SHRM 第三个含义）。三者合一，异曲

同工，最终体现了 SHRM 全球赋能小鲸鱼模型之精髓：**做人、做事、做领导，服务于战略**。

序 一

SHRM 确实是一个对 HR "胜任力" 的训练。本来以为它和其他课程一样，是关于 HR 方面的 "知识"。走进以后才发现，SHRM 很独特很创新也是很宝贵的地方在于，除了 "知识" 以外，它把 "行为" 列为了 HR 胜任力的重要组成部分，进行了系统性的深度的刻画，并给出了训练。看到课程里关于的这部分时，我的心里豁然开朗，原来这就是我工作这么多年以来一直没有清晰认识到的必备能力项，也因为这个能力的短缺造成了职业上的瓶颈。

事实上，我们在实际工作中，在对各种岗位进行胜任力刻画的时候，除了知识体系以外，也时常会列出不同岗位在 "行为" 方面的不同的能力要求。但我们从小到大受到的教育一直都是各种知识，关于行为的专业教导基本为零。

而 HR 的工作对象是 "人"，从事 HR 工作，对于工作者自身行为方式的要求，要比从事其他工作来得更高。我很高兴 SHRM 把这部分清晰地表达出来，并给与了专项训练。希望广大的 HR 工作者，尤其是年轻的 HR 们，能够早一些受到这方面的教育，把 HR 这个职业提升到它应有的高度。

Jennifer Jin

盒马高级人力资源专家

序二

　　人力资源已经上升为管理科学，更是艺术，它关乎一个组织的成败与业务的兴衰！人力资源从业者也在摸索中孜孜不倦地学习提升。SHRM 学习认证体系就是我以今为止见过的体系化最强，专业度最高，又结合实践案例的全面系统又实操的学习体系，且在不断的更新迭代与时俱进。

　　这本 SHRM 胜任力训练宝典就是给国内 HR 从业者的汉化版福利，集多位作者的 HR 丰富多样实践和 SHRM 学习/培训心得于大成。本书中提炼的小鲸鱼模型更好地整合了知识和理论，也分享了国内来自学员企业的亲身经历的案例，它可以帮助大家通往 SHRM 学习之路上少走弯路，更快更容易理解及应用。

　　无论你是 HR 的 COE 从业者还是多年资深的 HR 全面管理者，或者人力资源管理的教学工作者，相信你都能通过 SHRM 胜任力宝典和 SHRM 学习有所提升，并赋能于你所在组织。

李婕

前世界 500 强企业亚太区人力资源副总裁

著名高校教授/专家学者

知名管理咨询机构高管　**联合推荐**

知名大型企业 HR 高管

郑晓明 教授

清华大学经济管理学院教授、博士生导师

中国企业人力资源管理的成效很大程度上取决于人力资源专业人员的胜任水平。这本书广泛使用了中国本土管理实践案例以促进人力资源专业人士自觉应用行为胜任力，这对于进一步提升组织中人事与商业决策水平也具有非常强的导向作用。

王垒 教授

北京大学心理学院管理与社会心理学系主任、博士生导师

Gallup – Clifton 领导科学讲座教授

本书既富有人力资源管理的思想，又有人力资源管理的方法，并把两者非常精致地融合在一起。每个案例都有故事，每个故事都有思想，每种思想都有方法。

刘昕 教授

中国人民大学公共管理学院教授，博士生导师

中国人民大学人力资源开发与管理研究中心主任

本书有助于我国人力资源管理从业者全面、系统地掌握人力资源管理的概念、原理和体系，并且能够获得国际同行的认可。

苏勇 教授

复旦大学教授、博士生导师

复旦大学东方管理研究院创始院长

人是企业中第一资源。如何充分激发人才潜能，提升企业竞争力，知易行难，因此要在"事上练"。本书为人力资源管理者提供了很好的场景化练习方式，值得推荐。

孙海法 教授

中山大学管理学院教授

广东省组织与人力资源管理学会会长

李治联合蔡国标等国内人力资源管理的专家和从业人员提供的这套教材很有价值，该案例学习系统引入了美国人力资源协会的场景式案例学习，将人力资源管理的知识学习和实际处理能力的培养比较好地做了整合，是人力资源管理能力培养的一种较为有效的模式。该学习系统也是学员们通过美国人力资源管理协会的认证考试的训练教材。

刘善仕 教授

华南理工大学工商管理学院教授、博士生导师

广东省人才开发与管理研究会会长

《SHRM 胜任力训练宝典——"小题大做"案例学习系统》是基于美国人力资源管理协会六年来在中国应用心理学与教育技术进行行为胜任力的教学成果，书中汇集了大量本土化的案例帮助 HR 与管理者掌握 SHRM 知识与应用技能系统，是一本不可多得的胜任力案例宝典。

陈继东

埃森哲大中华区战略与咨询董事总经理

随着中国经济崛起，中国企业面向全球布局，中国 HR 从业者的能力也应有质的飞跃。《SHRM 胜任力训练宝典》是一本不可多得的学习材料，能够帮助 HR 从业者实现质的提升。书中精准描绘出 HR 从业者"成功时的样子"，其案例分析和训战结合演练内容生动形象、贴合实际、发人深省，助力 HR 从业者终身学习，持续提升!

任轩

江西青峰集团人力资源总监

当下复杂多变的经济和社会营商环境下，人力资源如何有效的对企业经营实现增值，如何有效的激活组织，HR 一方面要推动业务"多打粮食"——增加现金流，另一方面又要增加"土地肥力"——提升组织的可持续发展系统能力，这些任务对 HR 一号位是个很大的挑战，本书能有效从道和术两个维度帮助广大的人力资源从业者和企业经营管理人员有效提供专业工具，提升个人的专业能力，拓展思维，值得认真阅读。

杨聪喜

HR 私董会创始人、老总聚慧私董会创始人、正念团队教练学院联合创始人

本书"小题大做"的案例式学习设计得特别巧妙，借由问题分析与解决，训练从业者的系统思考能力，而且这样的系统思考训练是基于 SHRM 全球赋能小鲸鱼模型这个全面且系统的底层逻辑，假以时日的训练，HR 解决实际问题的能力将会有大幅度的提高。

黄坤宇

溢达集团首席人力官

当今互联网时代，碎片化学习盛行，见到大荔枝老师呈现的这本人力资源从业人员胜任力宝典，甚是欣喜。它搭建了完整综合的人力资源管理建构，以与时俱进的丰富案例赋予其生动的内容，将理论与实践结合，知行合一，令到阅读者易读，启发学习者反思，是一本实用的提升人力资源者胜任力的宝典。

Calvin Tay

HR DIRECTOR, China Telecoms Global

This book is a must read for all aspiring Human Resources Professionals. Both contents and context are crafted with ease of reading, broad based understanding, and personal development.

(以上排名不分先后)

前　言

就像很多人学英语一样，耗费很多年时间，学得十分痛苦，却不能说也不能写，我在 HR 成长路上也如此。在 2008 年之前，我几乎把市场上质量不算太差的人力资源管理书籍看过一遍，也回到学校读研究生，却依然不知道 HR 到底可以做什么、可以做得多好，个人进步不大，这样的状态一直伴随我到加入华为，我才开始全力以赴做 HR。

在此之前，我多么渴望少走弯路，早日成才，这样我就可以把有限的生命花在更有价值的事情上，但我没有那么幸运。我没有那么幸运，但我却希望 HR 们都可以比我幸运。

2016 年移居加拿大，一接触到美国人力资源管理协会 (SHRM) 认证，我就觉得它把我对 HR 的全景的理解打通了。于是我毅然决定把它引入中国，让 HR 幸运起来！因此，这是一本指引 HR 加速提升的指南。

但它也是一本指引终身学习的书。SHRM 声称其胜任力体系覆盖 HR 从入门到精通、跨国、跨行业，也无论规模大小与企业类型，均可以可以帮助 HR 突破职业瓶颈，加速成长并进入终身学习与成长。于是，我决定在 2017 年写 40 篇文章来完成这个使命。我一边写文章，一边邀请资深 HRD 参加我的免费辅导。不负众望，她们竟然 100%通过了认证。于是，我开启了第一期 SHRM 认证辅导，探索一条中国 HR 成人学习之路。

然而，在辅导上我一直如履薄冰。其中原因很多，但最重要的原因，总结有三：一是全球通过率太低，中国 HR 与 SHRM 要求差距十分大。二是参加认证的 HR 十分优秀，他们往往是非常具有前瞻眼光、勇于成长与敢于挑战自己的 HR。三是这些同学毕业前几名的院校与专业分别是：北京大学心理系、复旦大学、中山大学与欧美高校商学院，而其中硕士与 MBA 占 70%左右，全球与国内头部企业的资深 HR 总监与高潜 HR 也占 50%左右。面对这样的 HR 优质群体，我只有一个信念：**无论如何，我一定要让他们既学得刻骨铭心，也享受学习过程中的乐趣并收获满满，但要避免让他们在全球认证中集体遭受打击，产生挫败感。**

通过 SHRM 认证，挑战非常大——同学们的诊断成绩正确率仅有 50%左右，而通过认证正确率需达到 80%左右。深究中国 HR 与 SHRM 要求的差距，可以总结为：

1、HR **知识体系与教学法**：教培训行业基于行为胜任力开发的课程很少，教学法不足以获得较好的知识与技能迁移，难以帮助 HR 到达 SHRM 期望的管理水平。

2、**管理实践**：教培行业注重知识，在企业实践中主要靠师带徒与自行摸索；而 SHRM 对行为胜任力的要求非常高，考察也系统而深入，因此存在很大的错位。

为此，我们的辅导目标就成为：**如何帮助 HR 与管理者高效学习以迅速缩短知识与技能的差距？**

借鉴专家与新手的研究，我引入导师与**学习型专家的理念——他们是学习的主体；而我作为导师，不是讲师，而是学习组织者、引导者。**以这样方式去激发他们的自我探索、自我激励，自我学习，激发其潜能，引导他们走进终身学习大道。

在这样的定位之下，我主要集中在两点上着力：

1、**在教学内容上**，我系统梳理中国 HR 与 SHRM 理论、技术、知识、行为与思维模式上的差距。

2、**在教学目标上**，我与学习者一起探索高效知识吸收、保留与迁移的方法，实现职业教育的突破。

在过去六年历经十二期辅导中，我们苦苦探索，不断尝试，终于取得了一些突破。我们不忘初心，秉承"共生、共创与共赢"的模式，我们一起沉淀我们的实践智慧，即趁大家通过认证的机会，我迅速组织首期中文 SHRM-SCP 认证三十多位同学包括十几位中国国际人才交流基金会认定 SHRM 讲师，一起来总结 SHRM 精华和我们的学习技术，把它编成一本书。我们期望这本书可以在推动中国实战 HR 的发展中贡献一点微薄的力量。

在此，我特别感谢所有参与本书编写的 SHRM-SCP 同学，没有编委的带领与组员主动参与，本书截稿将是遥遥无期的。值得一提的是，我们编委同学在编写的过程中，不得不在与新冠病毒做抗争一边努力按时完成书稿，但我们一起完成了这项艰难任务。

最后，感谢先父李集祈，作为一名教师，他的教学理念与言传身教一直在影响着我、鞭策我做一名好老师。我也感谢我母亲袁玉友、兄弟李德对我的长期培养，还有兄弟李纲的长期陪伴与支持以及太太长期以来对我的精神上的巨大支持．

李治（大荔枝)

于加拿大卡尔加里

编写人员简介

主编：李治（大荔枝）

SHRM-SCP，SHRM 首席导师，SHRM 认证讲师

全球翻转学习认证导师

李治曾经服务于多家世界知名企业包括华为、飞利浦和伟创力，以及民族企业。他曾经就读于中山大学与加拿大几个研究生项目，涉及到心理学、工商管理、婚姻与家庭治疗。自 2017 年以来，李治开始专职做 SHRM 认证辅导，他是全球华人 SHRM 认证辅导第一人。他的学员来自阿里、腾讯、宝马、百度、京东、华为、新华社、中粮集团、华润、海航、厦门建发、美的、德昌电机、常州天合、伟创力、强生、海信、大众、名创优品、顺丰、友邦保险、字节跳动、飞世尔科技、BIPO、HSBC、IBM、VIVO 等全球知名企业。

副主编：蔡国标

SHRM-SCP，SHRM 认证讲师

全球战略 HR 资深导师，全球翻转学习认证导师

蔡国标拥有近 20 年企业 HR 实战经验，现任中加连线联合创始人、总裁，仕马威（广州）咨询有限公司总经理，曾服务于多家知名外资企业、民营企业，历任多家集团公司、上市公司 HRD，在战略人力资源管理、组织绩效、薪酬激励、人才管理、人力资源体系构建等领域有丰富的实战经验和 HR 项目咨询经验。他毕业于中山大学 MBA，中山大学管理学院 MBA 杰出校友，国家一级人力资源管理师、经济师、人才测评师，华南理工大学 MBA 校外导师，广东省人力资源管理协会专家。

编委:

陈海燕: SHRM-SCP, SHRM 认证讲师, 全球战略 HR 资深导师, 中南大学自动化本科、智能控制硕士, 历任研发团队负责人、二级集团 HRD、项目总监、战略总监, 拥有跨界的多领域管理经验

孟 康: SHRM-SCP, 吉林大学 MBA, 中国电子学会助理工程师, Linkedin 中国认证招聘官, 互联网头部企业 HRBP, 招聘负责人

盛梦洁: SHRM-SCP, 全球战略 HR 资深导师, 全球翻转学习认证导师, CIPP-E (国际注册信息隐私专家欧盟方向) 持证者, 现任民营出海企业 VP, 分管市场、HR、海外业务, 去过 30+国家地区, DEI 终身实践者

袁 滨: SHRM-SCP, SHRM 认证讲师, 全球战略 HR 资深导师, 全球翻转学习认证导师, 北京大学 BiMBA, 中欧国际商学院 AMP, EFQM (欧洲质量管理基金会) 评审专家, 世界 500 强 HRD

毕正芳: SHRM-SCP, SHRM 认证讲师, 全球战略 HR 资深导师, 复旦大学 MBA, 浙江大学国际商学院 iMBA 特邀讲师, 教育部 1+X 人力资源共享服务认证教材编写专家委员会副主任委员, HR 共享服务、人力资源科技与变革专家, 曾获美国 Brandon Hall 管理实践金奖、IDC 数字化转型奖

郑丽君: SHRM-SCP, SHRM 认证讲师, 全球战略 HR 资深导师, 全球翻转学习认证导师, 中山大学 MBA, 国家一级人力资源管理师, 经济师, 广东省人力资源标准化技术委员会委员, 广东省人力资源管理协会专家, 外企亚太区 HRD

编写组成员 （按姓名拼音排序）

白冬兰、毕正芳、蔡国标、陈海燕、陈雪荔、董月娇、郝静
胡艳芳、康菁菁、李飒、李苏菊、李晓冬、林莉、刘基芳、吕芝蓉
罗芳、孟康、彭丽桦、盛梦洁、舒畅、王娟、王涛、巫月姜
吴小宁、谢月桂、余文湘、袁滨、云倩、张丹丹、郑丽君、周姐
Rebecca Liu（美国）

特别鸣谢

同行 （按姓名拼音排序）

蔡潮军、曹爽斯、陈吉川、杜云、杜云华、黄玲辉、高辉原
李海洁、李会华、李炜、刘露、刘学旦、吕超、闵敏、盘清凉
朴宏、邱阳、沈红、田林、脱慧敏、万晓、王慧、文章波、吴伟涛
徐刚、徐升华、徐元君、宣蓉、杨聪喜、杨鲜红、杨正瑞、余林涛
曾晓华、郑允佳、周泽民、Brian Duggan（加拿大）、Garland Yang
（加拿大）、Helena He（新西兰）、Ivy Ho、Jonathan Duan
Michael Chen（新加坡）、Pamela Sun（香港）、Patrick Wu（加拿
大）、Sally Chan、Sherry Kang（加拿大）、Tiffany Wang（美国）
Willa Wang

SHRM 校友 （按姓名拼音排序）

曹星星、曹雪、陈波（加拿大）、陈红萍、陈瑜、陈远霞、翟长艳
丁柯琳、董超、段岚岚、范丹妮、范依婷、范孜奇、付聪娥、高翔
葛慧琳、关敏捷、郭红霞、何旖旎、胡淑君、黄颢、黄鋆峨（澳大
利亚）、黄淑丽、黄霞、蒋建华、赖珺、李昉（澳大利亚）
李皓楠、李婕（加拿大）、李敏娟、李秀明、连英帆、廖卫
刘洪月、刘丽、刘勇、龙思材、陆佳胤、马传雯、马岩、缪凤
聂俊杰、欧晶晶、欧俊杰、潘传熹、潘英、彭丽娟、钱炯丽
邱小兵、任钰文、石晓帆、拾晶、苏舒、孙欣、孙艳、谭畅
唐红艳、唐欲婷、王彬宇、王晨、王惠盈、王岚、王澜清、王玲

王文洁、吴琴峰、吴世红、吴晓莉、吴岩、伍纯、冼颖群、谢观琼
熊涛、徐杰姮、徐洋、易宗丽（新加坡）、尹嘉宁、袁铭、袁文利
张盼盼、张索颖、张越健（新加坡）、赵燕、郑翠红、朱羽洁
邹文静

大学教授 （按姓名拼音排序）

白艳莉　华东政法大学，副教授，硕士生导师

高尚仁　香港大学，荣休教授

胡利利　西安理工大学，副教授，硕士生导师

张兴贵　广东外语外贸大学，教授，硕士生导师

周欣悦　浙江大学，教授，博士生导师

美国人力资源管理协会 （SHRM）

Jeanne Morris　副总裁

Nancy Woolever　副总裁

Elite Shi　总监

Susie Davis　总监

Michael Letizia　讲师

中国国际人才交流基金会

李宁处长

梁才副处长

曹瑾瑜女士

王升钰女士

感谢所有人，以上名单一定有遗漏，在此一并感谢。他们在我们整个 SHRM 辅导的路上，给予了我们十分多的支持、帮助、指导与鼓励。

目 录

1

第一部分　概述

在进入我们本书的学习之前，我们对 SHRM 进行一个简单扼要的介绍。

SHRM（Society for Human Resource Management，美国人力资源管理协会）是于 1948 年成立的一家非营利组织，总部位于美国，目前拥有来自全球 165 个国家超过 30 万名专业会员。其使命是通过提供最前沿和最充足的资源以满足人力资源管理专业人士的需求，提升人力资源的关键性和战略性地位以推动人力资源管理事业的发展。SHRM 通过教育、认证与会员网络促进其会员的专业发展。美国人力资源管理协会是全球最大的人力资源管理协会与人力资源教育机构。

SHRM 作为教育机构，推出了几类教育项目：

1、 SHRM 职业认证

职业认证包括 SHRM-SCP（SHRM-Senior Certified Professional，SHRM 认证资深专业人士）与 SHRM-CP（SHRM-Certified Professional，SHRM 认证专业人士）。在 SHRM 推出认证前 3 年，在一个仅有 70 万 HR 的美国，就有超过 10 万人次通过 SHRM-SCP/CP。

2、 终身学习项目

SHRM-SCP/CP 持证者须每三年完成 60 个学分的再认证学习。SHRM 官方提供大量各种核心的、专业性与前瞻性很强的培训项目。

3、 学位项目认证

像商学院三大认证国际商学院联合会（AACSB）、欧洲质量发展认证体系（EQUIS）以及工商管理硕士协会（AMBA）一样，SHRM 在全球认证了一百多个符合 SHRM 大纲的本科到硕士、MBA 项目。

继承 SHRM 的教育宗旨，我们本书将以 SHRM 体系概述、SHRM 知识与应用技能与后记三部分来展开我们的学习之旅。我们最终希望通过本书引导实战 HR 不断学习、持续学习、终身学习。

第一部分是概述，介绍整个 SHRM 的知识与应用技能结构。

第二部分按照 SHRM 知识与应用技能系统，通过我们编制的强化训练题，旨在训练 HR 与管理者的 SHRM 胜任力应用水平与逻辑分析能力，达到 SHRM 大纲要求。

第三部分是我们六年以来的教与学精华总结，主要从终身教育的角度，与讲师与学习者探讨与分享一些关键的教学技术与学习方法。

一、SHRM 成功方程式：知行合一

第一次得知 70-20-10 原则的时候，十分震惊这个原则各要素之间的关系，如此简洁有力！即麦肯锡顾问调查发现，经理人的能力养成，70%来通过实战，20%来经过辅导，10%才是来自于正式的课堂学习。对此，我怀疑！作为经过心理学训练的 HR，直觉告诉我，这是一个十分不严谨的研究，数字怎么可能这么完美！关键是，它似乎对正式的学习大大贬低了；另外，它大大忽略了实践的长期性。虽然如此，通过二十多年的观察与实战，我发现：**实践对职业经理人、HR 管理者提升能力的确是至关重要的。**

2016 年，我读到 SHRM 出版的《重新定义 HR 成功：HR 九大胜任力》，书中介绍道：**HR 成功方程式：知识 + 行为 = 成功。**根据 SHRM 成功方程式，知识占成功的 50%，行为占成功的 50%，对此，我也感到十分震惊。震惊之余，我依然心有存疑。毕竟，对任何事情持有健康的怀疑，**是我们应有的科学态度。** 虽然 SHRM 宣称，他们整个调查研究是采用工业组织心理学学会（SIOP）的流程，但是那是对胜任力模型的调查，不是针对这个成功方程式。

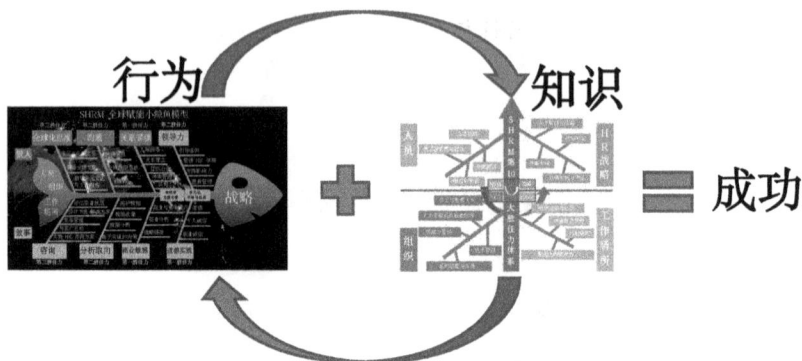

图 1：HR 成功方程式

即使如此，我依然感慨万千！**原来知识与行为需要如此均衡，两者不可偏废。**怪不得，**学校不会教，**也教不会我们如何成为一名**成功的 HR，**甚至连我们的上司们也教不会我们。在我们实战中，在我们的终身职业发展中，我们的上司们甚至专家教授们**也不知道这个成功方程式，**他们怎么可能教会我们呢？

但以上都不是最关键的。我看到整套 SHRM 认证教材包括**胜任力、战略、人员、组织和工作场所五本书，**共有两千多页。对此，我心生自豪，原来 HR **也可以像医生一样专业——都得通过复习厚厚的证照全书复习并通过考试获得证照！**我们也可以自豪的对外界宣称：我是个 Professional，专业人士！

可是，相对于整套教材两千多页，胜任力却是本仅有一百多页，却占认证考试的 50%权重。**对此，我感到困惑、震惊与中美的差距感！第一、感觉国内整个 HR 行业对胜任力理解差距不到位。第二、感觉 HR 的学习理念与 SHRM 的差距甚远。**原来提升个人的行为能力才是撬动职业发展的杠杆——所谓四两拨千斤之巧劲。第三、当我用四个小时做完诊断测试的时候，我发现 SHRM 考察胜任力**完全通过大量的案例，即情景判断测试，来考察我们的决策能力。**我彻底被征服了——原来 SHRM 不仅理念先进，考察与训练方式**也一流。**

也就是说，SHRM 对知识与行为胜任力，受到心理学行为主义深远影响并深得其意——HR 经过各种严格训练之后终究得在行为层面表现出来。然而，我对 SHRM 胜任力体系的知行合一的深刻理解，还是在跟中国国际人才交流基金会（以下简称基金会）的领导交流的时候才真正获得的。当他们试图对"行为能力"使用地地道道的中文理解时，问我"行为能力"是不是"行为纲领"？我突然豁然开朗了。原来 SHRM 所强调的**"知识＋行为＝成功"，不就是中国哲学家倡导的知行合一嘛！**原来东西方管理，在文化与哲学层面竟然有如此惊人的一致！

这个认知看起来简单，可它却解决了我很多年的困惑，即：博士或大学教授的知识可能真的很渊博，但如果他们加入 500 强企业，在实战方面可能还真得听取经验丰富的人力资源总监的指导，否则还真不一定把一些大事做成。这就可以理解我们的专家教授们的薪酬就远远不如这些年薪百万、年薪千万 HR 高管的缘故，因为知识只是实战 HR 成功的一部分。

人力资源管理属于行为科学，**HR 需要强调过程，强调"行为"导向，而非简单粗暴、一味强调结果导向。职业化行为的养成——基于行为的训练，正确的、到位的行为训练，更有可能产生富有成效的结果。**HR 是干出来的，HR 想成长与突破，必须改变行为。

HR 行业，应该引入胜任力体系，**兼顾知识增长与行为能力的提升，两者皆不可偏废。**这就是我对 SHRM 知行合一的理解。

二、SHRM 全球赋能小鲸鱼模型

在过去近二十年里，我经历过多家五百强公司，因此使用过很多胜任力模型。每一家公司都不一样，为这些公司定制化胜任力模型的咨询公司也不一样。对此，我感到既很兴奋，也有十分强的挫败感。兴奋是因为，无论公司里的胜任力模型做得多好多坏，多简单或多复杂，起码各 HR 职能之间有一根贯穿彼此的线索，就像散珠子被串起来了似的；因此无论在 HR 内部，还是跟用人部门，都有了统一的语言。挫败就在于公司之间鲜有相同之处。管理真的差别有那么大吗？我怀疑。

问题不仅如此，就连我一直在关注的戴维·尤里奇（Dave Ulrich），一位仅专注于 HR 管理大师，在过去的二三十年里，他的模型之间的一致性也不太强。更难以接受之处在于，按照他的胜任力模型，我们实战 HR 到底如何提升？他没有提供方法。我们的团队又如何使用这一套体系来衡量？他也没有提供具体思路。我们又用什么样的方式提升？他也没有提供现成答案……作为实战 HR，这一系列的实战问题一直悬而未决，我也心生不满。然而，当我接触到了 SHRM 体系，过去十几年来的困惑与问题似乎都迎刃而解了。

1. **SHRM 是一套完整的 HR 体系，它着眼全球，意在制定全球标准。**SHRM 调查了我们关注的大多数国家：欧美如美国、加拿大、英国等，亚洲如中国、新加坡、印度、泰国、马来西亚等，中东如巴林等。

2. **SHRM 胜任力研究采用了工业与组织心理学学会最严格的标准**。除了调查问卷以外，还大量采用焦点访谈、案例测试、自我评价、上司评价、绩效历史等多种手段进行研究与调查。**SHRM 的目标群体**是覆盖各种规模、跨国家、跨行业、层级，从 HR 入门到精通，即从事 HR 开始到 CHRO，无论是 HRBP、COE 专家还是 SSC 人员都通用的标准。

3. **最关键的是，SHRM 通过知识加上案例分析来考察我们的知识与应用技能，信效度非常高**。无论是在学习过程中，还是在 HR 认证报告中，学员们都不得不承认：SHRM 可以准确地诊断、评估出他们的弱项与待提升的地方。

然而，十年以来 SHRM 对其胜任力构建了四个版本对模型，但它们共同的特点是都未能把各胜任力之间的内在关系体现出来。比起很多顶级国际咨询公司来讲，这不能不说是美中不足。作为一名从大学时代就开始关注专家与新手研究的学习者，从学习 SHRM 认证开始我就基于 SHRM 胜任力构建了一个火箭模型。2017 年，我在此火箭模型的基础上进一步构建了 SHRM 全球赋能小鲸鱼模型。作为我们的教学模型，这个模型有不少的优势。

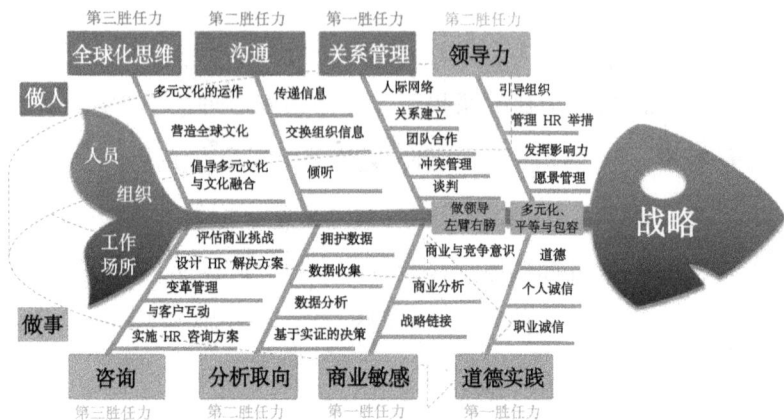

图 2：SHRM 全球赋能小鲸鱼模型

对 SHRM 全球赋能小鲸鱼模型，我简单说明如下：

1、**做人、做事、做领导，服务于战略。**这四个要素，都非常重要，缺一不可。

2、**每一组胜任力内部都是有步骤、有层次的。**做人首先要搞好关系管理，做事首先要理解商业，对商业敏感，如此类推。以这种形式呈现，这个模型就体现出了"做人、做事、做领导，服务于战略"的思考与解决问题的逻辑顺序。

3、**每一个胜任力包含三到五个胜任力子维度。**SHRM 大纲对每一个维度都有详尽的要求与规定。我们可以检查自己对每个胜任力子维度是否做到位。通过评估，我们可以找到差距与提升的方向，这样我们就可以提升 HR 个人、团队与组织。

4、**小鲸鱼的庞大躯体：人员、组织、工作场所与战略管理。**不得不指出的是，由于鱼骨图旨在突出行为胜任力或应用技能，因此不能体现这些知识也占据半壁江山的位置，也无法展现人员、组织、工作场所与战略管理等模块下面的 HR 职能，这是我们这个模型的不得不取舍的一个遗憾。

但从我们的教于学效果来看，大多数同学都反馈道：**这个模型很好地体现专家学习者对 SHRM 胜任力内部结构、关系与方向，因此 SHRM 全球赋能小鲸鱼模型还是为 HR 思考与解决问题提供了一个强大的方法论。**

三、SHRM 知识结构

HR 的职能与结构究竟是怎样，对于大多数实战 IIR、企业和机构、专家教授来讲，估计是没有时间去思考与整理。但作为行业协会，SHRM 识别与定义了 14 个模块。

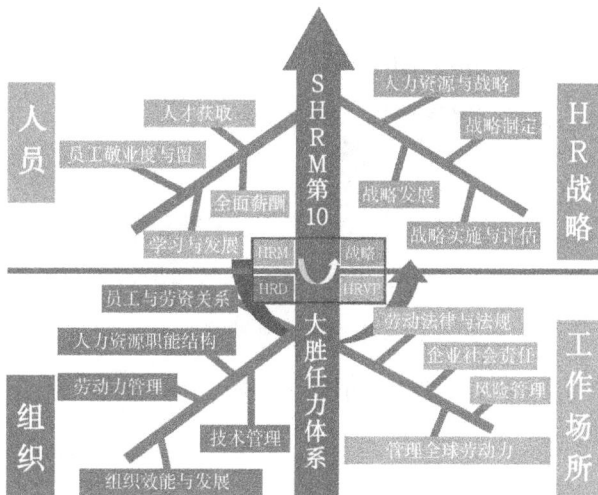

图 3：SHRM 知识结构（职能模块）

9

对于大多数企业，这 14 个模块基本上囊括了 HR 的所有工作内容。不能不说的是，有几个问题值得初学者、资深 HRD、SHRM 讲师与研究者关注的。

第一、各章节与职能的内容方面，需要以动态的眼光看待。

1、HR 战略管理被合并到了人员管理，这是有点可惜的。 SHRM-SCP 早期的认证体系结构中，胜任力占 50%，战略管理占 20%，人员、组织与工作场所分别各占 10%。SHRM 后来把战略管理合并到了人员管理，但战略管理贯穿其他所有职能，是 SHRM-SCP 的考核重点，也是 HR 中高管的工作重点。因此我们 SHRM-SCP 在学习中，要站得高、望得远，必须站在 CEO 的角度考虑战略与对 HR 总监的要求。

2、绩效管理。 十分有趣的是，绩效管理没有单独成章，在过去几年的教材里分别放在战略管理、劳动力管理或敬业度与留任之中。根据我个人的理解，在西方发达国家，绩效管理已经十分成熟，不需要单独成章，整合在更重要的职能里可能更有价值。

3、人才管理、继任计划、职业发展与领导力发展。 它们分别在学习与发展、劳动力管理两章，从不同的角度去阐述有关管理实践。

4、美国劳动法律与法规。 在美国境外都不用考，但是却写得十分生动、简单与简洁。对于那些出海企业，这是一个非常宝贵的资料。但很可惜，仅保留在 SHRM 学习系统中，没有翻译成中文。

对于各种 HR 管理职能与活动，没有一个固定的、非此即彼的划分，这恰恰反映出 HR 管理这门学科与实践都处在一个动态发展与演变的过程中。

第二、从教与学的角度，无论对于 SHRM 讲师与学习者，都

需要我们"源于课本并高于课本"重点关注几点，以便更好的理解 SHRM 的知识与应用技能体系。

1、**逻辑结构。**根据成人学习的特点，尤其从专家与新手学习的角度，应把有交叉、重叠的章节放在一起学，这样有利于巩固相关知识与技能。比如咨询包含变革管理技能，可与需要变革管理技能的组织效能与发展放在一起讲。

2、**知行合一。**所有应用技能应该体现在职能的理解与应用之中，从教与学的过程就做到知行合一，借用华为倡导的"训战结合"——仗怎么打，兵就怎么练。这是 SHRM 体系与生俱来的特点。

3、**战略管理。**对于 SHRM-SCP 认证来讲，战略管理的思维与方法论必须贯穿所有职能的学习中，把思考与解决问题都拔高到战略的高度，这是基本要求。

4、**全球 HR 管理。**全球化思维、DEI（多元化、平等与包容）两个应用技能，以及管理全球劳动力是全球 HR 管理的胜任力与知识要求，但内容却分散在所有职能之中。因此需要讲师与学习者在学习的过程中注意打通。但很遗憾，全球各国的 HR 都十分缺少具有具有全球化管理实践与全球视野的讲师与管理者，因此我们需要特别想办法克服困难。

5、**工作场所。**这是 HR 的"副科"，占非常大的权重。从 2022 年三十余人的学习与考试结果来看，**几乎所有的 SHRM-SCP 持证者都处在有待提升的状态。**因此我们需要特别关注这方面的学习与训练。

备注：SHRM 在 2022 年修订了大纲与要求，重新定义**知识与**

11

应用技能体系 BASK （Body of Applied Skills and Knowledge，英文为了组词，把知识与技能对调了，技能在前，知识在后；但在中文翻译中，我把顺序调过来以符合中文的表达习惯，翻译成"知识与应用技能体系"。在 2022 年新修订的 BASK 把之前使用的"行为能力 Behavioral Competencies"改成了"应用技能 Applied Skills"，本书根据情况使用行为能力或应用技能）。BASK 六大模块含上面介绍的九大应用技能和十四个职能。

四、实战 HR 的职业发展与展望

学习 SHRM 认证的同学，参加认证的各种原因，你说得出，他们都有。有的为了加速职业发展，有的想升职加薪，有的遇到职业瓶颈，有的想变得更专业，有的为了系统更新知识，有的想学到原汁原味的西方 HR 管理，有的为了帮助企业出海，有的因为看到美国总部 HR 的同事拥有 SHRM 认证且发现他们引以为豪，还有的想获得一张终身成就与认可……我们能想得到的和想不到的各种原因都有。但概括起来，都可归纳成一个原因——出于**职业发展的考虑**。

但无论出于什么原因，从我们一百多位同学的反馈来看，无论从学习过程，还是学习结果来看，学习 SHRM 好处多多：

1、**我们变得更专业了。**我们可以系统的从知识与应用技能，甚至使用 SHRM 全球赋能小鲸鱼模型去思考与分析问题。

2、**我们变得更自信了。**因为专业，因为能够解决问题，因为以前总被业务部门挑战与质疑……但学完过程中或学完之后，我们大大被认可，变得更自信了。

3、拿来就用。 SHRM 学习中遇到的案例非常多且具有普遍性，因此，很容易迁移到实际工作中，因此可以减少试错成本，提升我们的个人、团队与组织效能。

为了使我们本书可以更好地帮助到我们 HR 行业人才的职业发展，把知识与应用技能二合为一。通过工作中遇到的典型问题、行业与媒体热点，我们把它们整理成题目，通过备选方案，引导大家思考问题及其后面的原理并找到解决方案。

通过这样的训练，我们希望我们的学习者能够通过 SHRM 胜任力与逻辑训练的角度去综合提升自己的实战水平，从而在商业与人事决策中做出精明的决策。我们希望，无论是谁，经过这样的训练之后，都可以做出与头部企业、世界 500 强等企业训练有素的高潜人才与资深 HRD 一样优秀的决策。

五、本书目标与适用群体

本书作为 SHRM 胜任力训战结合宝典，是三十多位知名企业 HR 的实战智慧结晶。我们希望把认知心理学、大脑科学与教育学理论融入成人教育与中高层管理者的终身教育中做出一些有效的探索，为实战 HR、学生与专家教授提供一些参考。

第一、 **认证参考。** 它适合参加 SHRM 认证考试的考生和讲师作为教学资料使用；同样也适合于全球战略人力资源管理师的学习与认证之教学资料使用。

第二、 **实践指南。** 它适合所有 HR 从业人士或准备从事 HR

的高潜人士作为工作手册。本书覆盖面极其广，大量基于 SHRM 胜任力的训战结合的演练案例均来自于知名企业的最佳实践，源于现实又高于现实。

第三、 **终身学习.** 对于需要终身学习的 SHRM 认证的持证者，它同样也是一本不可多得的个人实战指南与 HR 团队能力提升的参考书。

第四、 **大学与研究生实践教程.** 大多数 985/211 的应用心理学、HR 硕士与 MBA 教授们在学术方面都训练有素，但往往在企业实战经验不多，本教程丰富的实践案例恰好可以弥补一部分缺憾。

本书可作为我审稿的 SHRM 官方出版的中文教材《SHRM-CP 和 SHRM-SCP 考试成功指南》的配套训练手册。本书各章节与 SHRM 的知识与应用技能结构一一对应，即六大模块三大应用技能——做人、做事、做领导共 9 项行为胜任力，与三大知识——人员、组织、工作场所共十四个职能。因此，**结合 SHRM 学习系统或我们的中文学习系统一起使用，效果更佳.**

中文教程《SHRM-CP 与 SHRM-SCP 认证考试成功指南》，中国机械工业出版社，李治（大荔枝）审稿

中文学习系统
HR 终身学习平台
https://HRPglobal.org

无论是对实战 HR 还是对于在校的学生与教授们，本书都是一本不可多得的了解 SHRM 制定的战略全球人力资源管理的参考书。

扩展阅读：

1. 《SHRM（2022）SHRM-CP 和 SHRM-SCP 考试成功指南》电子工业出版社

2. 全球 HR 第一心智：SHRM 全球赋能小鲸鱼模型及其应用（珍藏版）

    https://mp.weixin.qq.com/s/ulrSyXA-Q_Xyns4rxe8gvg

3. HR Competencies: The Foundation Upon Which to Build Today's and Tomorrow's HR Business Leader

    https://www.shrm.org/hr-today/trends-and-forecasting/special-reports-and-expert-views/pages/kari-strobel.aspx

4. 中文学习系统 https://hrpglobal.org

2

第二部分　SHRM 胜任力实战与强化训练系统

一、概述

第二部分为本书的核心。这部分内容是我们六年以来专注于教与学，潜心研究 SHRM 认证体系的顶层设计与底层逻辑的结晶。这部分内容也是我们三十多位 SHRM-SCP 同学、资深 HRD 与高潜人才的本土化 HR 实践智慧的结晶。

全球化的今天，中国的就是世界的，但也是本土的；但中国化不能等同于全球化；因此，我们这一部分是基于中国，辐射全球，平衡东西方文化，融合东西方的管理实践。

我们的同学，有来自纯民族企业管理经验的，有来自纯外企经验的，更多是两者兼备；当然也有像我具有中东北非大陆、亚太地区与欧美国家经验的 HR。总体来讲，我们的经验与视野是比较全球化的。另外，我们有 70%左右的同学都接受过中国前三十名高校或欧美的 MBA 或硕士教育，其中包括十几位基金会 SHRM 认证讲师。他们大多数都经过了至少半年以上的 SHRM 学习的训练，对 SHRM 认证的要求比较了解。因此，这部分内容非常实用、实战与实在。对此，我们有三个希望：

1. **方法论。**

我们希望通过这套自编案例型测试题，能够帮助我们的实战 HR 同行迅速把握 SHRM 认证的管理精髓。我们可以进行逻辑思考，对 SHRM 全球赋能小鲸鱼模型进行融会贯通，在平时的管理实践中进行有层次、有步骤、有重点、有目标的分析与思考问题并解决问题，最终形成 SHRM 思维。

2. **人事与商业决策。**

我们衷心希望 SHRM 讲师、管理者与 HR 们，都能充分利用好本书每一部分内容，学以致用，把 SHRM 思维融入我们 HR 决策中。通过方法论的掌握，我们可以在个人职业发展与组织成功上获得双突破。

3. **改变与成长。**

最后，**我们希望读者不要把它当作一本"考试指南"**。我们相信，无论是中国的还是欧美的大学教授们，都希望学生们学到真才实学，为明天准备好自己。我们本书也是抱着这样的一个目标。如果您拥有五年或更多的工作经验，还抱着应试的心态，那您可能在浪费时间，如果您已经在走向平庸之路很久了，请及时刹车。作为成年人，我们有工作、也许还有家庭、学业与人生需要思考，我们需要珍惜每一次学习机会去改变与成长。

更重要的是，如果您抱着应试的心态，您的通过率反而降低！最近两年，大多数受过正规的商学院教育、已经做到中高层、以美国为主的 SHRM-SCP 通过率仅有 45%左右。他们的通过率是如此之低，我们又凭什么不学习，而是去应试？

我们的首期 SHRM-SCP 的通过率是 93.5%。我们如何做到的？我们"取法于上，仅得为中；取法于中，故为其下（通过考试，应试）"。我们贯彻知行合一、训战结合，把学习与工作有效结合起来，顺便通过认证。

二、"小题大做"的方法论

对于普通学习者来讲，我们的每一个题目只是一个题目而已；但对于优秀的学习者来讲，每一个题目可能都是一次锻炼逻辑思维、挑战最佳实践或者一次扩展视野的机会。因此当我们毕业于北京大学 BiMBA、全球顶尖汽车品牌公司的 HR 总监、编委 Michelle 同学提出"小题大做"这个副标题时，其他的编委们纷纷表示非常有共鸣，因此我们以这个副标题凸显我们的方法论训练。

在 SHRM 的英文教材里，在开篇往往有一个引导性的案例。而在整个认证考试中，有二三十个案例，这些案例源于现实而又高于现实——他们往往是我们已经通过 SHRM-SCP 认证的资深 HR 总监们在 SHRM 的组织下编写案例与选项。其核心技术就是"情景判断测试"与"项目反应理论"，组织工业心理学家与测量心理学家所熟悉的理论。

然而，要把通过案例掌握有关知识与胜任力，并提升自己的认识与决策水平，SHRM 提供的学习系统与教材并不能帮助我们实现——这是教与学的内容。因此，我们用一个案例做展示。

一家全球化高科技集团的一位新兴市场的成功的年轻销售副总裁 William，因其卓越的业绩，调到发达国家。在过去，他成功管理上千人的某国家公司。新官上任三把火，William 表示，这个国家市场比较小、员工数百人，完全可以在三个月内大展身手，一改面貌，于是进行了大刀阔斧的改革。

三个月下来，William 十分沮丧。他抱怨这些发达国家员工十分懒惰、缺少奋斗者精神，朝九晚五，一下班就不愿意加班，回家不接电话，不碰电脑，难以管理。同时，当地员工也很不理解，William 带领一批中国员工经常使用中文开小会，一整天都在工作，甚至凌晨还在发邮件。而且，William 与一批外派管理者十分不尊重本国员工，经常当面批评他们，感觉他们的管理风格十分强硬、官僚、不容置疑似的，这让他们也感觉难以适从。加上语言因素，没有办法参与到管理中，也十分沮丧。作为 HR 副总裁，你会如何处理？

大多数 HR 都急于做题，但这并不符合专家学习的习惯与方式。而我们通过长期的教学发现，我们可以通过以下流程题提升个人与团队对案例的掌握。

第一，身处其境。

1、**感觉决策情景**。不要急着往下看题目，而是像 HR 副总裁一样思考——如果这事情就发生在明天，怎么做？这种做法很有现实意义。它让我们有代入感，知道自己的优势与劣势，对这类场景的熟悉程度。如果我们缺乏实战经验，我们往往会想到什么做什么，缺少系统思考的方法。

2、**检查知识储备**。做决策往往需要知识与能力基础，比如这个案例，涉及到全球 HR 管理相关的主题包括 "全球化思维"、"多元化、平等与包容"、"管理全球劳动力"、"劳动力管理"与 "学习与发展"。

3、**进入角色。**最关键的是要像 HR 副总裁一样思考，而不是无效的、低效的思考，要有效且高效，这是 HR 副总裁的特征，而不是经理级别。

第二，问出好问题。我们要做到有效且高效的决策，最好的方法不是急着解决问题，而是问出好问题。在这个案例中，全球 HR 管理专家务必问到的问题比如 "从新兴市场到发达国家，在三个月内 William 可以适应新的文化环境吗？" 如果这种问题没有问到，解决问题必然事倍功半，不得要领。

第三，大量提问。在不断提问与温习了有关知识与能力的分析与判断之后，对实际问题有了一个比较全面、深入的认识，且有了自己的解决方案——无论水平高低、正确与错误，起码有了比较的基础。

第四，排除法。 在提问的基础上再去做题。做题过程中，不是去找跟我们一样想法的 "答案"，而是使用逻辑分析，找出错误选项并删除它，从而找到正确答案。

第五，复盘。 看看我们自己最初的思考与 SHRM 考察你的是否一致，为什么。

以上流程可以更好的帮助我们理解一个案例。

后来我们又发现，通过这种方式的训练也只是帮助 HR 管理者通过认证而已，还是难以培养出全球战略 HR 的高级人才。经过多年探索与验证，我们提出小题大做的四重境界：

第一重境界：以 "做对" 为目标。

通过各种技巧与知识掌握实现这个目标，这个境界重在 Know-what，是不够的，不是专家学习者的方式。专家应该通过丰富的经验与策略，快速找到解决方案，并通过元认知监控自己的认知与策略。

第二重境界：发展概念体系。

以理解相关概念、理论与模型结合为思考，理解有关逻辑与脉络，Know-why 为目标，知其然且知其所以然。我们的假设是 "大家都可以通过考试，但是有人可以进入北大，而有人却只能读一个名不见经传的大学"。因此，真正的专家需要结合自己与他人的经验，用自己的话去掌握整个体系的知识与胜任力，从点线面到体，形成自己的概念体系。

第三重境界，突破 "不知庐山真面目，只缘身在此山中"。

后来，我们发现资深 HR 们通过认证后也缺少思考与解决问题的套路。如果第一、二重境界只是基于实战决策与 SHRM 内容的掌握，只能算是本科生水平。在研究生水平上进行训练，应以系统方法论训练为重。因此，我们以 SHRM 全球赋能小鲸鱼模型进行训练，帮助大家有层次、有步骤、有方法、有结构的理解、分析与解决问题。

第四重境界：在体系中进得去，出得来。

经过以上训练之后，我们发现还有问题！我们的资深的 HR 们做不到"知行合一"，不能从跨学科的角度，从实践到理论，或从理论到实践进行批判性思考。于是，我们提出了这个更高的要求。

以上供大家参考，希望它可以促进 HR 的终身学习与发展。HR 管理不是物理科学，并不存在唯一、正确答案，最佳选项可能仅仅局限于我们编者的实践与思维水平，如果能够跳出框架，站在前人的肩膀上，一定登得更高，望得更远。

总之，我们希望读者不要满足于做对题，而是要通过题目，既见树木，更见森林。

扩展阅读：

· SHRM 首席导师第一套战略 HRBP/OD 案例（OD 专家 April 经典分析全案

https://mp.weixin.qq.com/s/dLjv9OwM5TCFYNtvRqnB4g

第一模块 做人 (Interpersonal)

- ■ 关系管理

- ■ 沟通

- ■ 全球化思维

第一模块导读

SHRM 识别了人际关系维度三项胜任力：关系管理、沟通与全球化思维。关系管理与沟通作为人际关系的维度很容易理解，当把全球化思维突然放在其中就难免觉得有点突兀。但是，**对于全球化环境的 HR，全球化思维是关系管理与沟通的基础、前提与关键，因此，我们本土 HR 需要调整我们的视野。**

但是，对于全球化思维，我们发现在过去的十年，SHRM 做了两次比较大的调整。编书的顾问没有采取跟 SHRM 官方子维度一一对应的方式来进行阐述。对此，我们作为学习者与讲师，务必觉察到这一点。但不用担心，根据我们的观察与理解，SHRM 编书顾问对大纲要求理解比较透彻，能够抓住问题的本质。并且，在案例中的情景判断测试体现的是如何使用全球化思维在管理中进行决策分析。因此，在教与学之中，**可以根据自己对全球化思维的理解进行深入研究与适当扩展。**

SHRM 使用操作定义来重新定义 HR 的这几项关键胜任力，因此，HR 务必花时间理解概念及其在主题阐述中如何有逻辑的展开。

特别值得一提的是，2017 年和 2022 年 SHRM 又在各项胜任力对其子维度进行了细化。其子维度是真正检测与指导实战 HR 发现自己优势与差距、找到提升的方向与着力点的指南针，它们确实提供了非常有指导意义的评估与提升要点。因此，我们从第一模块开始，就把有关定义、维度率先介绍，并提供评估表，希望高效学习者可以充分利用这个自我评估。

第一章 关系管理

一、引子：案例

新任 HR 总监吴总加入欣欣公司，前两个月他没有着急导入新制度、流程与方案。他花了好一段时间了解各个部门的负责人、企业与部门核心人才、销售明星以及公司发展历史中的关键事件与人物，与他们建立了良好的关系，并经常一起开会——无论是部门会议、团队会议还是一对一的会议，通过访谈，调研和各种方式了解到了各个部门的业务痛点。

在试用期满之前，吴总在管理团队会议上陈述了接下来的管理优化计划，获得了各部门的热烈拥护，会上还联合业务部门一致通过了几项重大的商业提议（Business Case），顺利通过试用期。吴总为什么取得了这样的成果？他如何做到？

案例解析：

欣欣公司新任 HR 总监吴总快速与相关利益者建立联系；他能识别关键利益相关者，通过不同方式收集和了解企业情况，这也是商业敏感能力的体现；从案例中我们可以看到他与团队合作十分紧密，关注业务的痛点，与他们一起解决问题。因此，他在做人做事都表现十分杰出，但前提与关键还是在关系管理中做到位了。

二、SHRM 胜任力定义、大纲要求与自我评估

SHRM 定义，关系管理是指建立与维护组织内、外部的专业的关系网络，并建立与维护跟他们的关系，成为团队成员以有效支持组织的同时管理冲突所需的知识，技能，能力和其他特征（KSAO）。

关系管理我们称之为第一胜任力，因为它十分关键，在做人、做事、做领导之首，是因为它与其他相关胜任力相关并影响着它们的效果，其次，它在不同的级别里都占据很关键的位置，仅次于职业道德实践与沟通或 HR 职能知识。

人际网络十分关键。在北美，有专家估计，70%甚至 85%的职场人现在的工作是通过人际网络找到的。

利益相关者并不局限于人，它指与公司利益有关并影响商业或被影响的相关方。

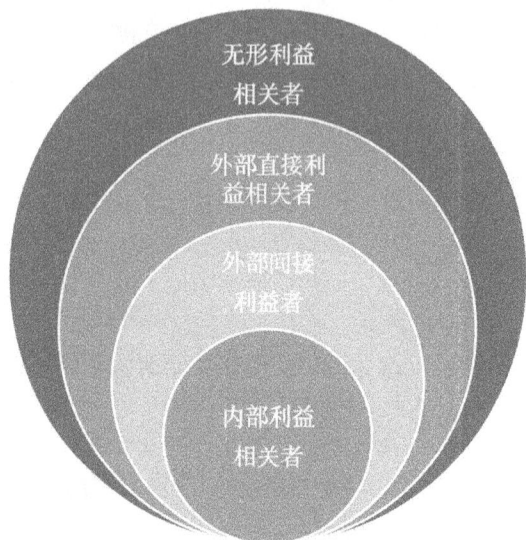

无形利益
相关者

外部直接利
益相关者

外部间接
利益者

内部利益
相关者

图 4：利益相关者关系图

上图的四层利益相关者都需要进行分析。人力资源从业者在工作中需要建立各种类型的关系，不仅在公司内部，也可能延伸到组织外部（同行、客户、供应商）；甚至会存在无形利益相关者。

如果不能很好识别与管理好这些关系，势必会深刻影响人力资源行为或决策。比如，做一件事，看得见的是各种各样的合作者。但是，随着事情逐渐越做越大，就开始陆续要出现不同的人和声音。他们或者支持，或者反对，或者制约，甚至人力资源从业者无法知道他是谁，会以什么具体的方式施加影响，但是却不能忽略这些阻碍的存在。

如何准确、迅速识别这些有形或无形利益相关者，识别他们的存在，预料他们的行为，是非常重要的能力。

30

对于内外部的利益相关者，通过下面这个全景图，可以帮助我们不同级别的 HR 识别内外部利益相关者并按照其轻重次序并进行有效管理。不同的层级对应的利益相关者不同，但工作中要向利大权重的相关者倾斜，四两拨千斤。

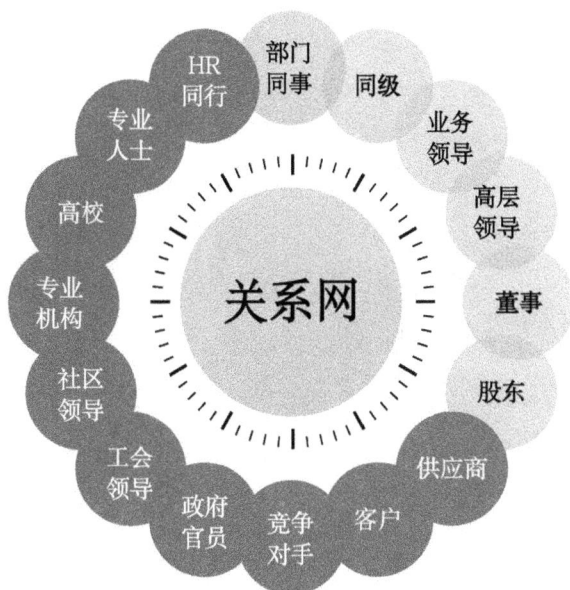

图 5：内外部利益相关者关系网

如何有效建立与维护关系。这里涉及到信任（Trust，做人）与信誉（Credibility，做事）问题，前者是根本。我们既要理解哪些因素可能影响信任与信誉，更要把握如何建立与修复信任与信誉。关系的建立要以互惠与互利为基础。

31

大纲要求

胜任力 子维度	水平指标	
	所有人力资源专业人士	高级人力资源专业人士
建立人脉 在组织内外有效建立职业人脉。	• 在组织内部发展、维护并利用职业人脉，包括人力资源和非人力资源部门的同事、人力资源客户和利益相关者（信息技术部）。 • 发展并维护外部合作伙伴（供应商）网络。 • 在整个人力资源社区中发展并维护业内同僚网络，以促进职业发展并满足业务需求（发现新人才）。	• 为人力资源部员工创造机会，使其与组织中的更高层领导和整个人力资源社区联网并构建关系。 • 在组织内部（例如：来自其他业务部门的领导）和组织外部（例如：立法机构成员、社区领导、工会负责人、外部人力资源领导）发展、维护并利用人脉。
关系建立 在组织内外有效地建立和维护关系。	• 培养并保持同事间的相互信任和尊重。 • 与同事建立并保持一种在支持、信息和其他宝贵资源方面进行互惠交流的模式。 • 表现出对同事身心健康的关注。 • 以一个思想开放、平易近人的人力资源专业人士的姿态，在组织内外建立起积极、稳定的声誉。	• 制定人力资源的关系管理目的和目标。 • 借助其他组织的领导在整个人力资源界发展和保持关系。 • 利用各种关系来了解建立竞争优势的最佳实践和新方法。

(续上表)

胜任力子维度	水平指标	
	所有人力资源专业人士	高级人力资源专业人士
关系建立 在组织内外有效地建立和维护关系。	• 确保所有人力资源团队成员和利益相关者的意见都得到听取和认可。 • 识别并利用利益相关者共同关心的方面，以促进人力资源计划的成功。 • 及时有效地响应工作任务，就目标的实现进度和项目需求进行沟通并管理工作活动，从而与主管和人力资源领导建立工作关系。 • 了解组织内高管和领导的利益。 • 利用技术手段与其他工作地点的员工（远程工作者）建立并维持牢固的关系。	
团队合作	• 信任团队成员，为他们提供与任务相关的支持，做出与他们相关的决策并与其直接沟通，从而与团队成员建立起紧密的关系。	• 培养一种支持组织内团队合作和协作的组织文化（打破"孤岛"）。 • 与组织内各个部门的高层领导一起创建和领导团队。

(续上表)

胜任力 子维度	水平指标	
	所有人力资源专业人士	高级人力资源专业人士
团队合作 做一名富有效能的团队成员，参与团队工作，建立、促进和领导富有效能的团队。	• 促进利益相关者和团队成员之间的协作和坦诚沟通，而不论他们的工作地点或雇用类型如何。 • 支持以团队为导向的组织文化。 • 创建并/或加入由人力资源员工和非人力资源员工组成的项目团队。 • 积极把握领导团队的机会。 • 识别并填补缺失的或未有效履职的团队角色。	• 制定和监督能够促进有效团队流程和环境的人力资源计划。
冲突管理 通过确定冲突各方共同关心的方面来管理和解决冲突。	• 以尊重他人的、适当的和公正的方式解决和/或调解冲突，必要时将冲突上报给更高层领导来处理。 • 识别并解决冲突的根源。 • 为员工之间有困难的互动提供帮助和交流，以实现最佳结果。 • 在相互尊重的前提下鼓励与任务有关且富有成效的意见冲突，并利用这种冲	• 制定和监督整个组织的冲突解决策略和程序。 • 为高层领导间有困难的互动提供帮助和交流，以实现最佳结果。 • 在提出新的人力资源战略或计划时，识别并减少潜在的冲突根源。

(续上表)

胜任力 子维度	水平指标	
	所有人力资源专业人士	高级人力资源专业人士
冲突管理 通过确定冲突各方共同关心的方面来管理和解决冲突。	突来促进变革。 • 身体力行，在富有成效的冲突方面积极发挥榜样作用。 • 识别并解决有碍成效或有害的冲突。	
谈判 与组织内外的谈判方达成双方均可接受的协议。	• 在谈判期间保持专业的态度和行为。 • 了解谈判各方的需求、利益、问题和商议立场，并将了解到的情况运用到谈判中。 • 做出适当的让步，以促进各方达成一致。 • 遵守适用的，与谈判和商议相关的法律和规程。 • 评估协议的达成进展。 • 确定谈判的理想解决方案或最终状态，监控最终状态的实现进展，并在适当时终止谈判。	• 在复杂且事关重大的谈判中与组织内外的利益相关者进行商议。 • 代表人力资源部门确立谈判的界限参数。 • 在困难和复杂的谈判中达成双方都能接受的协议。

学习前评估 (1-5 分)

子维度	子维度定义	自我评估	相关支持	提升计划
建立人脉	在组织内外有效建立职业人脉			
关系建立	在组织内外有效地建立和维护关系			
团队合作	做一名富有效能的团队成员，参与团队工作，建立、促进和领导富有效能的团队。			
冲突管理	通过确定冲突各方共同关心的方面来管理和解决冲突。			
谈判	与组织内外的谈判方达成双方均可接受的协议。			

1-2 分：部分做到了，改善空间很大

3 分：基本做到了或持保留意见

4-5 分：相当有效做到

三、关系管理与其他胜任力和模块的应用与链接

关系管理胜任力与商业敏感、咨询、分析取向胜任力紧密联系，也与沟通、领导力与导航紧密联系。

四、关系管理训战结合演练

1.1 一位在中型规模的外资企业 HR 经理很少跟同行交流，她认为

与其把时间花在交际上，不如花在工作中，多办事。随着经验的积累，资历的增长，她越发觉得自己的职业世界很封闭，对行业的趋势、同行的关注点完全不了解，失去了方向，自己只是在不断地执行任务，并不能为企业提供更多增值服务。于是她决定去认识行业的领袖，却发现自己没有什么可以贡献与分享。对于这位 HR 经理的问题，以下哪一项描述更准确：

A. HR 不能独立于世界，他应该走出去，多与同行业人员交流。

B. HR 应该阅读相关行业的的报告，了解市场情况就不会出现这样的问题

C. HR 与组织内外的利益相关者保持沟通获取与交换信息，可以保持与时俱进就不会出现脱节

D. 如果 HR 在工作中发现自己的优势并发挥出去，就不需要跟外界有太多的交流就可以平步青云

1.2 前华为 HR 总裁吕克去印度建立研究所，刚开始跑过媒体、政府、总理办公室、外交部、银行、工业协会……步履艰辛，一筹莫展，进展缓慢。最后，他找到一位陆军退休中将，从而打通了外交部部长、政府、媒体、科技部等，从而顺利开启一段新的旅程。从关系管理的角度看，他成功的原因以下哪一项描述最全面？

A. 不屈不挠，打通人脉

B. 顺藤摸瓜，找到利益链的关节

C. 靠一己之力，打通决策链

D. 通过关键利益相关者打通人脉

1.3 一位被评价为高效率工作者且绩优的 HRBP 分享他的经验，在分享中他提到他很少坐在自己座位上，大部分时间都花在与各级主管沟通与会议中，在主动与积极参与业务决策中解决了很多业务中的人事问题，并听见员工的声音，回到座位上会优先处理那些需要分析与联络多方利益相关者的问题。你认为他分享中最关键的因素是？

A. 有一个以客服为中心的精神

B. 把关键利益相关者前置，理顺做人做事的逻辑

C. 拥护员工，积极处理好员工关系

D. 以业务为伴，以事为核心，参与业务决策，解决问题

2.1 一位 HR 在成长的过程中，经常想到一些职业发展或行业观察的问题，并积极向同行领袖请教，交往的同时他也积极分享自己的独特看法，从而对问题有所贡献。在长年累月中，他结交了很多的同行领袖并积极打通各种职业人脉，大家都很受益。这位 HR 的成长经历中，哪个点他做得比较出色？

A. 善于经营人脉，投资时间

B. 积极与同行交换信息，保持竞争力

C. 努力贡献自己的资源，发展人脉

D. 积极与外部利益相关者、行业领袖，通过互利互惠保持建立关系

2.2 一位新的 HR 经理，刚加入一个 20 多人的 HR 团队中，团队目前人员凝聚力不够，各自为战，业务领导对 HR 的工作不满意，觉得 HR 的服务意识不够，工作主动性不强。这时新上任的 HR 经理最需要做什么来扭转 HR 的当前的局面？

A. 梳理当前的工作问题，从最容易解决的问题入手，尽快解决一些问题，建立自己在团队中的威信

B. 与各部门负责人深入沟通，了解业务需求，与其合作，建立解决方案

C. 与 HR 团队内部人员沟通，了解团队目前遇到的问题和痛点

D. 与 CEO 沟通，了解他们对 HR 工作的期待

2.3 一位资深 HR 总监经常带着团队成员并引荐给公司的利益相关者，帮助他们建立组织内部的关系。同时，她也给他们创造机会去接触第三方机构与同行的资深专家，帮助他们获得更多的机会以了解行业动态与趋势。HR 总监的这种行为与目的是？

A. 利用团队来管理自己的私人人脉，动机不纯

B. 帮助团队建立他们自己人脉，方便他们工作

C. 与团队一起来经营人脉，属于小团伙行为

D. 领导团队建立组织内外人脉，了解动态与趋势

3.1 一位 HR 主管跟她的 HR 经理关系十分紧密，在工作中为上司解决了大部分的问题。但在面对公司的经理层的冲突上，HR 主管偶尔感觉到无能为力，在几经争取与努力之后，就只能升

级把问题交给她的 HR 经理。HR 经理一般会找发生冲突的经理一起吃饭，再回到公司跟他们开个正式或非正式的会议，就把问题解决了。这位 HR 经理成功之处在于？

A. 她拥有杰出的冲突管理技巧

B. 她拥有很好的人脉

C. 她拥有过人的人际洞察

D. 她可能十分善于管理人际关系与人际冲突

3.2 一位 HR 总监在公司内部经常与高管交往，建立了非常好的信任关系。同时，他也通过职业与私人关系进一步与外部人士，如供应商、客户和竞争对手的高管建立了千丝万缕的关系。在公司的战略决策过程中，他能够有效地通过行业研究报告与个人收集的资讯，为管理者提供行业竞争与标杆的信息，颇为管理层所重视。以下哪个选项最能回答 HR 总监在哪方面做得好？

A. 他积极参与到业务管理中，为管理团队建言献策

B. 他关注行业发展动态与趋势，深入业务

C. 他懂业务也懂战略管理，深得人心

D. 他善于管理内外部利益相关者并获取关键信息

3.3 一位外企 HR 总监经常参与全球与全国性的行业会议并作为嘉宾出席有关场合。在这个过程中他结识了咨询公司、高校与同行专家教授，并找到了自己的定位与优势，对行业的趋势与变化了然于心。这位 HR 总监在哪个方面最得好？

A. 她善于利用全球资源成人达己

B. 她善于交际，发展自己的专业网络

C. 她建立了外部专业人脉打造并发展自己

D. 她具有十分好的人际洞察力

五、SHRM-SCP/CP 案例分析

Lucy 是一位具有国际化视野的 HRD，她最近加入一家地产公司担任海外 HRD，直接向 CEO 汇报以积极迎接国际化的扩张中。与此同时，CEO 把自己的远亲委任为国际化团队中的 CFO，三人与形成了核心管理团队。在管理中，CEO 逐步授权她介入到整体运营中。CEO 凡事都交给 Lucy，在节假日都给她发邮件交代一些重要的任务，在公司里也对她委以重任，经常把整个公司的运营会议交给她主持。

在整个国际化过程中，十分艰难，突发事件繁多，Lucy 无论外派团队中的公事还是私事，都全力以赴以确保所有团队成员安心工作，驻扎海外，以期有一日凯旋而归。

然而，就在公司一切进展顺利的时候，整个全球经济形势变得不容乐观。CEO 告诉 Lucy，他决定跟她谈谈减薪计划。根据与 CEO 的谈话，Lucy 发现 CEO 对 CFO 并没有减薪的打算；除此之外，Lucy 如果坚持不减薪的话，她很有可能会失去这份工作。

Lucy 十分困惑，她感觉 CEO 对她十分信任，经常称赞她能力十分强，经验丰富，人品好，凡事可以依托，言出必行，行必果，绝对是职业经理人中的典范。可是她万万没想到，在这个艰难的时

候，为什么 CEO 对薪酬其实略比她高、对公司的贡献没有她大的 CFO 采取行动。

CFO 在整个国际化的过程中，对 CEO 的家庭和个人生活经常慰问，他也经常找国内行政与财务团队帮忙，对此 CEO 深信 CFO 是个值得信赖的人，无论公司发生任何问题，一定会同舟共济，不离不弃。

如果你是集团公司 HRVP，你已经与公司 CEO 共事十几年。虽然 Lucy 并不直接向你汇报，她向你求助，你会如何帮助她？

情景测试题:

1. 在本案例中 CEO 对 HRD 的真的信任吗？

    A. 是，因为 CEO 经常与有很多的沟通，还对她委以重任；

    B. 是，因为他们已经在一起工作很多年了。

    C. 不是，CEO 对 HRD，仅仅有信任度，但没有信任感

    D. 不是，CEO 要降 HRD 的薪水，但量没有降 CFO 的

2. 这时 HRD 求助 HRVP，应该如何在工作中与 CEO 建立信任，以下什么建议不太合适？

    A. 在工作之余的时间，与 CEO 多交流和沟通；

    B. 坦诚、真诚的说出自己对一些工作上事情的看法和建议

    C. 观察 CEO，看他喜欢怎样的沟通及相处方式，按他喜欢的方式与他交往

    D. 有选择性的汇报工作，CEO 不喜欢听的话，不说给给他听

3. 当 HRD 降薪后，她继续留在公司工作，之后她应该如何做？

   A. 当作什么事情都没有发生，还是和以前一样做事，与 CEO 沟通、合作

   B. 暂时留在这个岗位，同时要求提前调回总部

   C. 找机会与 CEO 沟通，表达自己的不满，同时了解 CEO 的期望

   D. 认为这不公平，与 CEO 据理力争，强调 CFO 也应该降薪

六、HR 常见误区与教训、小贴士

误区与教训：

- 对相关关键利益相关者的联系与互动模式缺少深入了解
- 对关键利益相关者的影响力缺少正确判断
- 对职场政治与站队没有清楚的认识
- 职场潜水，未能与组织内外领袖建立实质性联系

小贴士：

- 建立利益相关者网络并识别关键利益相关者
- 与内外部利益关键相关者建立实质性的联系
- 理解 HR 举措对内部与外部、短期与长期、组织与个人及对不同层级的影响
- 打破对狭义利益相关者的认识，扩展到广义的、宏观的

PESTLE 的认识

- 有效的管理关系网络

七、关键术语

关键概念：

如何建立人脉网络，确定人脉利益相关者，冲突类型，冲突解决模式，谈判的方法，谈判六阶段

易混淆概念：

冲突解决模式，谈判的方法（温和型，强硬型，原则型）。回避与妥协，需求与愿望，锚定

八、拓展阅读

- "社恐"的人能成为好领导吗？

  https://cn.ceibs.edu/new-papers-columns/22342

- 说话减少一半，人际关系成功改善？

  https://cn.ceibs.edu/new-papers-columns/22254

- "先人后事"：为无法预测的事情，做好准备的能力

  https://mp.weixin.qq.com/s/j248sj4Vae75YH15Vzou2w

- HR 缺少的同理心，工作还没开始，失败已注定

  https://mp.weixin.qq.com/s/EgAnnXfXMTUBaF0caA_Tig

九、参考答案

训战结合演练:

题号	答案	题号	答案	题号	答案
1.1	C	2.1	D	3.1	D
1.2	D	2.2	B	3.2	D
1.3	B	2.3	D	3.3	C

案例分析题:

1.C 2.D 3.C

第二章 沟通

一、引子：案例

一家中资全球高科技集团，地区部人力资源总监为一位华人女士 Alina。迪拜办事处有 300 人，70%华人，30%欧美人、中东人及其他。办事处采用"1+1"的方式进行本土化。因此她手下有两名直属人力资源经理，分别为美国人 Welch 和台湾人 Kevin。虽然企业为中资企业，但工作语言为英语。尽管企业自认为自己是全球化公司，但最近的内部人力资源审计表明公司其实是存在种族中心主义的问题。

Welch 和 Kevin 就关于管理团队本地化的问题产生了冲突。Kevin 主张要加强华人的领导，确保与总部沟通的交流顺畅。而 Welch 则认为要尽快本地化，招聘与培养更多的本地人才，深入本土市场，提升对当地社区的需求的响应。他们争执不下，各执一端，讨论越来越充满火药味。

Kevin 开始时与 Welch 用英语辩论，但在辩论中，Welch 反复指责 Kevin 缺乏国际经验，充满了种族中心主义思维，这限制了他对全球最佳实践的理解。气急之下，Kevin 转身向 Alina 用中文求救。然而，Welch 根本听不懂中文。看这样的情形，他气急败坏就离开了会议室。Kevin 向 Alina 用中文说："你看你看，这就是请外国人担任管理职务，使用 1+1 模式惹的祸。"

如果你是人力资源总监 Alina，你会怎么办？

案例分析：

在跨国企业中，难免会受到语言的制约，而文化冲突会加剧工作环境的复杂性。鉴于此，如何做好及时、准确的沟通尤为重要。

很多时候，人们会误解低效的沟通是使用非母语造成的，事实上，深度剖析之后会发现，更重要的原因在于**缺乏对对方不同的文化背景的理解、尊重**。所以，在全球化企业中，人力资源从业者更**要关注组织中的文化建设**，如调和文化差异，打造包容开放的工作环境，取众家之所长，增进相互理解。

沟通失效会引发冲突，并且，人在激动的时候往往会"意气用事"，甚至导致"积怨难返"。在许多人的潜意识中，会类似**"我是对的，所以是你错了"**这样的思维方式，我们不妨转换一下，为什么不可以是"我们都（部分地）对"呢？如果我们可以承认，每个人都只能了解事物的某些层面，只有把相关方所了解和理解的信息拼合到一起才有可能看到事物的全貌，那么，我们在沟通时的目的就由"争是非"变成了真正的**"解决问题"**。

二、SHRM 胜任力定义、大纲要求与自我评估

SHRM 定义，沟通是指有效编制和传递简明的信息，倾听和解决他人关切之事，以及在组织的各个层级或单元之间传递和翻译信息所需的知识、技能和能力（KSAO）。

沟通是人力资源专业人士在工作的方方面面（从倾听员工声音到向高层领导汇报）和职业生涯的各个阶段都需要用到的基本能力之一。要想成为技巧高超的沟通者，就首先要理解沟通的过程、双方在沟通并达成相互谅解过程中可能遇到的障碍，以及应对这些挑战所需的策略。同时，还要具备认知技能和情绪智力，并做到亲身参与沟通，熟练运用在各类业务沟通中的各类媒介。

沟通的核心法则是"先听后说"。任何事情沟通前，先耐心听听对方怎么说，注意抓住重点，然后提出几个你的疑问让对方解答。在了解对方核心思想后，你再表达你的观点。大多数情况下，两人的观点会有差异，所以沟通的最终目的就是"求同存异"。在未来事情或者项目能利益最大化的前提下，双方适当让步自己的观点，达到最优解。

在《说文解字》中，对"沟通"这两个字的解释是："沟者，渠也。""通者，达也。"意思是说，在沟通时，先要找到适宜的沟通渠道（包括信息编码与加工、表达方式方法、传递媒介选择等），再确保所传达的意思为对方所理解（包括接收方式方法、信息解码与解读等），是一个双向的过程。

在沟通时，需要提前确定沟通意图，放下主观臆测，在条件允许的前提下广泛搜集信息，给出理性的判断和公允的解决方案，并

持续地征求反馈、修正提高。

倾听

比会说更重要的，是会倾听。良好的倾听，是先放下自己急于表达的欲望，让对方充分地提供信息、表达想法和情绪。当你能够真正专心地去倾听的时候，可以专注地注视着对方，适时地点头鼓励对方说下去，适当地表达对对方的关心，不打断，不评判。

抱有同理心去倾听。当你把自己置于对方当时所处的情境的时候，你就能够理解 TA 为什么会这么说，从而知道该怎样去安抚情绪，下一步行动是什么或者可以如何解决问题，这一连串的心理思考都可以在良好倾听的中完成。

传达信息

信息的传递就是价值的传递，重视信息传递就是重视价值的塑造。信息传递者的专业性、拥有的权力、个体威望、个体社会地位、性格甚至在沟通时的情绪都会极大影响信息传递的效果。

交换组织信息

沟通不畅几乎是每个企业都存在的问题，企业的结构越是复杂，其沟通越是困难。描述沟通质量有很多维度，比如及时性、准确性、简洁性、完整性，但这些标准是否满足沟通的需要都会因时而异。在管理沟通中，唯有透明度是首要的通行要求。在组织内部沟通工作时，除了极少数需要权衡保密的信息以外，大多数的沟通都应该尽可能让参与者周知的。反过来，形成团队效率制约的主要原因也在于沟通的不透明。

因此，作为沟通的发起者，需要提前做些功课，包括：本次沟通的背景信息，相关方及其兴趣点与需求点，适宜沟通的时机、环境、参与者、氛围，在沟通时使用的议程、语言、辅助工具……

在沟通过程中，沟通各方需要保持同频，这就需要在有人表示出困惑的时候进行及时的解释和补充，有时可能需要换一种表达方式。在沟通过程中的关键节点和沟通之后，还需要进行适当的调查和反馈。

大纲要求

胜任力 子维度	水平指标	
	所有人力资源专业人士	高级人力资源专业人士
传达信息 为各类受众制作并提供清晰、有说服力且契合主题和情况的沟通内容。	• 定期向利益相关者提供所需信息，避免提供不需要的信息。 • 基于对受众的理解来编制沟通内容，并选择最佳的正式或非正式沟通媒介。 • 使用恰当的业务术语和词汇。 • 确保听众能清楚理解所传递的信息。 • 编写与组织品牌相一致的，清晰、有条理、有效且准确无误的消息。	• 能流畅使用高层领导的商务用语。 • 以诚实、准确和尊重他人的方式传达令人难以接受的或消极的信息。 • 自信自如地在各种规模和背景的受众面前进行演示。

(续上表)

胜任力 子维度	水平指标	
	所有人力资源专业人士	高级人力资源专业人士
交换组织信息 在组织的各个层级或部门之间有效地翻译和交流消息。	• 提出有说服力且引人注目的论点。 • 有效地向人力资源员工和非人力资源员工传达人力资源计划、实践和政策。 • 帮助非人力资源部门的经理就人力资源问题展开沟通。 • 在与利益相关者进行沟通时声援人力资源计划和组织的计划。 • 与人力资源领导有效沟通。	• 与高层领导和人力资源员工交流人力资源的愿景、战略、目标和文化。 • 向高层领导阐明人力资源战略和目标与组织战略和目标的一致性。 • 实施那些能够为整个组织和各个职级内外建立开放式沟通渠道的政策和计划。 • 针对重要和显而易见的人力资源问题及组织问题，为高层领导和董事级领导准备并提供相关消息。
倾听 理解他人提供的信息并寻求反馈。	• 积极并感同身受地倾听他人的看法和忧虑。 • 乐于倾听与自己意见相左的看法，不将批评放在心上。 • 寻求进一步的信息以澄清歧义。 • 及时响应并解决利益相关者的沟通问题。 • 解读和理解所收沟通内容的背景、动机和论证。	• 培养一种鼓励向上沟通且领导乐于倾听员工意见和看法的组织文化。 • 确立反馈流程，以便面向整个组织收集与人力资源功能有关的反馈。

(续上表)

胜任力 子维度	水平指标	
	所有人力资源专业人士	高级人力资源专业人士
倾听 理解他人提供的信息并寻求反馈。	• 定期向员工和领导征求反馈，并在必要时做出调整。	

学习前评估（1-5 分）

子维度	子维度定义	自我评估	相关支持	提升计划
建立人脉	在组织内外有效建立职业人脉			
关系建立	在组织内外有效地建立和维护关系			
团队合作	做一名富有效能的团队成员，参与团队工作，建立、促进和领导富有效能的团队。			

1-2 分：部分做到了，改善空间很大

3 分：基本做到了或持保留意见

4-5 分：相当有效做到

三、沟通与其他胜任力和模块的应用与链接

沟通与领导力与导航、关系管理、咨询、全球化思维紧密联系，在某些场合之下，道德实践也会发挥重要作用。

四、沟通训战结合演练

1.1　一位性格内向的硕士研究生 Winnie 作为高潜人才被 A 公司录用。HRBP 发现 Winnie 性格内向，但这并不影响她跟人交流。她在整个工作过程中表现得十分到位，从会议前的组织、到会议中的问题讨论，以及会后的跟进与反馈，Winnie 都处理得及时、得体。请问 Winnie 在哪些方面做到位了？

　　A.　她克服了内向的性格的劣势

　　B.　她很善于解决问题

　　C.　她训练有素，沟通到位

　　D.　她的起点高，很有素质

1.2.1　一位 HRD 在公司倡导"领导即老师"的观念，希望领导们都成为最好的老 师。由于她并不太擅长讲课，于是很担心自己对要讲的内容掌握得不好、讲得不够好，于是把重心放在了内容上。结果开了几次课之后，员工都觉得她准备的内容博大精深，却似乎跟他们的工作相关性不强。她在沟通中犯了什么样的错误？

　　A.　她对自己不够信心

　　B.　她没有对受众进行充分的分析

　　C.　她没有掌握好讲课的技巧

　　D.　她太书生气

1.2.2　一位业务转型的 HR 经理经常使用在线文档工具来共创团队

工作，在组织交互在线会议时，要求各位参会人员提前阅读文档，增加备注，并在会议上共同讨论备注信息。这属于通信模型的什么？

A. 在线学习

B. 闭环反馈

C. 解码环节

D. 传输环节

1.3 一位主管在团队管理中，经常对员工表示不满，对他们说"我对你说过"。他很可能犯了哪一个错误？

A. 他的下属不用心

B. 他没有采用适当的领导方式要求下属

C. 他没有得人心，下属不服他

D. 他缺少使用正式的沟通方式进行跟进

2.1 一位 HR 经常在提问题的时候担心自己提的问题提得不好，问题相关性不强，可能会浪费他人时间，因此总是错过了一些提问的机会。对此，主管认为她不主动积极参与会议、贡献少且低。对此，你有什么建议？

A. 走出自己，以结果为导向

B. 多找主管沟通，让主管知道自己不善于在公共场合与会议中发言

C. 平时要跟主管搞好关系，不让上司误解自己

D. 通过专业人士或方法了解与自己，找到问题的解决方法

2.2 一位主管亚太地区的 HRD 向她在总部未经谋面的 HRVP 汇报。总部 HRVP 分管 HR、IT、企业社会责任和法务等。每一次 HRD 向 HRVP 写邮件，鲜有回复，偶尔就是同意、支持之类，但从邮件来看，所有的邮件都阅读过。有一年，她所服务的亚太区的 CEO 对她个人的绩效与调薪提出了一个方案，沟通完之后发给了她，她也顺便转手发给了 HRVP，未复，因此，她默认 HRVP 同意。次年，因为组织结构的调整，亚洲成立一个总部，这位 HRD 本以为自己可以成为新总部的管理团队成员，结果从其它区域调来了一位新的 HRD，对此，她十分困惑并咨询这位 HRVP。这位 HRVP 表示她的沟通不到位，未经同意给自己调薪，对此她感觉十分苦恼。她的问题可能出在哪个方面？

A. 她太大意了，在调薪这事情上太善自作主张

B. 她跟上司的沟通不畅

C. 她误认为不回复就是同意，其实也可能是不同意，薪酬调整应该获得签字确认

D. 她对上司不够了解，在关键事情上存在缺少支持

2.3 Jack 在美国名校毕业之后一直在美国工作，后来，被猎头推荐到一家 500 强企业中国工厂担任运营总监并作为总经理的继任者，两年之后正式担当继任者。在公司季度业绩大会的总结报告中，他大量使用财务术语和指标，一千多名员工一脸的茫然。对此，如果你是公司 HRD 你应该采取哪项措施帮助总经理？

A.　建议他不要开公司级别季度会议

B.　建议他与熟悉员工理解水平的管理者做一些阐释

C.　建议他讲完一个问题寻求一下员工的反应看他们是否理解了

D.　建议他大会之后在各级部门再分级分层沟通

3.1　一位资深的 HR 经理 Lily 在给业务主管解决方案的时候，总是会准备一个"2+1"方案，即她根据对主管与方案的综合考量后的最优方案与次优方案，很可能一个是他预测主管最偏好和自己认为最佳的，再附加一个两者都相对比较好的作为备选，效果一直都不错。她的方式成功之处在于？

A.　她是一个高效的问题方案提供者，善于解决问题

B.　她对老板很会投其所好

C.　他对自己的解决方案很自信

D.　充分考虑了受众的决策特点，预测了可能性并提供了方案

3.2　在一个大型变革项目中，一位 HR 总监迅速与关键利益相关者建立了联系，并通过交流了解到他们彼此之间的工作关系、社会关系与生活往来。在整个变革中，他准确预测到了变革中的人际互动、信息流与情绪的变化，并做出及时、有效与得体的沟通与干预，整个变革一波三折，但沟通十分顺畅，最终达到了预期效果。这位 HR 总监沟通成功的关键在于？

A.　她对变革管理的流程理解很到位

B.　她对组织内部的人际关系洞察力很强

C. 她了解组织内部与外部正式与非正式的关系，并善于使用它为组织服务

D. 她充分利用组织内部正式的关系预测变革

3.3 在一个跨文化的团队里，一位北美的项目总监十分沮丧，他告诉 HRD 他的中国上司工程总监经常在团队会议中传达上级精神时用直接下达命令的方式，他想要弄清楚原委，但得到的回复经常是"你觉得呢？"或其它模棱两可的回应，而不是直接明了的答案。你觉得工程总监与项目总监的问题主要在于？

A. 高语境与低语境的冲突与误解，即主管隐含了很多只可意会不可言传的信息

B. 命令式沟通更有效率，项目总监太不讲效率了

C. 官僚主义与民主主义的冲突，即主管喜欢下命令，员工喜欢讨论决定

D. "你觉得呢？"表明员工明知故问，或问了很傻的问题，不值得主管回答

五、SHRM-SCP/CP 案例

一家科技上市公司为了实现未来五年业绩翻倍的战略计划，决定采取包括并购、全球资源整合与集中化管理在内的一系列措施。公司在全球包括中国设置了五大研发中心，并在中国招聘了一位 HRBP 经理 Luke。Luke 具有跨国公司背景，直线汇报给具有丰富跨国管理经验的中国区 HRD Shelly，同时虚线汇报给管理全球研发

中心的 HRBP 总监。中国的研发中心分别由三个不同事业部的研发中心总监负责管理，没有总负责人。

这是一家典型的跨国科技公司，HR 部门采用全球著名的 RBL 公司设计的三支柱模式：由 HRBP 团队负责发现业务需求（Discover），负责领导力、组织设计、变革、薪酬激励等以支持业务发展；由各职能专家团队（Design）负责全球招聘、学习与发展、薪酬绩效管理、全球派遣等政策制度、流程、工具与方法等；由具有丰富经验的 HR 管理者（Deliver）交付服务。因此，研发中心的 HRBP 的工作更多在于向研发中心提供人力资源管理的解决方案的设计与咨询，并不需要具体执行，这一部分内容更多由传统的 HR 经理与专员们负责。HRD 则要协调 HR 三个团队的分工合作，确保交付优质的服务。

Shelly 把所有的部门负责人视为客户，在团队内建立了一个良好的服务文化，她要求 Luke 对客户直接负责。对此，Luke 建立了一个以客户为中心的行动计划，从时间分配到沟通与服务重点都做出了规划。他把 50%的时间花在研发中心，跟总监与经理们定期见面，参与项目会议并通过自己的专业解决方案与咨询帮助他们解决各种人员管理与发展问题；20%的时间跟 Shelly 沟通、汇报并探讨在管理中的问题与挑战，以确保信息同步和方向一致；30%的时间与交付团队沟通协调并给予一定的辅导——这些年轻的专员们直线汇报给 HRD，间接汇报给 HRBP。

经过近 2 个月的磨合期，Shelly 对 Luke 的时间分配和服务并不满意，于是初步决定要延长他的试用期。可是，消息传得特别快。Luke 服务的三个研发中心总监们迅速反应，表示要跟 Shelly 谈一谈以帮助他们的伙伴度过这个艰难的时刻，他们都纷纷表示他们对 Luke 的专业与服务特别满意。

Luke 的试用期满恰好在春节之后，还有一个月的时间。Shelly 决定给予 Luke 一次特别的辅导，看是否要改变主意。在辅导的过程，Luke 恍然大悟，他把他的关键利益相关者、客户有点搞错了，并重新识别了谁是最大的客户并赋予新的权重，把他的时间分配改成了 40:40:20。

在接下来的一个月中，各方沟通更顺畅，Luke 的时间能够花在刀刃上，于是顺利通过试用期。Shelly 在 Luke 的试用期约定中说，没有试用期工资调整，一步到位。一般来讲，入职半年之内的员工也不参与年度调薪。但是，在 4 月份的年度薪酬调整中，Luke 收到了额外加薪，他的调薪幅度占到了其他四位专员总调薪数额的总和还多。他因此也感觉特别受到鼓舞，十分感谢 Shelly 和他的业务伙伴们的支持。

情景测试题：

1. Luke 最初的时间分配 50%（研发）：20%（Shelly）：30%（HR 交付）主要问题是什么？

   A. 没有问题，HRBP 与业务部门留了更多时间沟通是应该的

   B. 与直线上司（Shelly）的沟通不足，导致信息不对称，且信任度差

   C. 应该继续提高与 HR 交付团队沟通的时间，确保交付质量

   D. 应该平均分配时间，避免厚此薄彼

2. 作为 HRBP, Luke 如何更有效地确保 HR 交付团队的质量, 即使他对该团队没有任何管理权限?

    A. 不关心, 反正 Luke 对交付团队的质量不承担任何职任, 亦不在他的管理权限范围之内

    B. 在业务部门、职能专家团队和 HR 交付团队中做好充分沟通, 保证沟通及时、信息准确一致

    C. 试图说服 HRD 调整组织结构, 要求交付团队正式汇报给 HRBP 经理, 扩大 HRBP 的权力管辖范围

    D. 为 HR 交付团队设置严格的 KPI 考核机制

六、HR 常见误区与教训、小贴士

误区与教训:

- 对他人的信息或情绪缺少及时的或礼节性地回应
- 不敢发言、沉默不语或等待被沟通
- 发言缺少逻辑
- 对受众缺少针对性分析, 使用受众听懂的语言
- 传递信息时缺少对信息传递效果的预测, 未能达到效果
- 缺少反馈或未及时需求反馈
- 向上沟通, 对领导与行业领袖惧怕与平等交换有价值的信息

小贴士：

- 使用反馈技术获取信息交换的有效性

- 邀请受众参与到谈话中

- 收集受众信息，并对内容进行适当的阐释

- 在交流中及时对噪音产生的偏差采取补救措施

- 积极预测交流的效果并达成结果与影响

- 准备一套以上的沟通策略

七、关键术语

关键概念：

沟通的定义，沟通模型，倾听技巧，有影响力的沟通，反馈

易混淆概念：

识别噪声，常用沟通媒介的优势和挑战

八、拓展阅读

- 沟通

  https://wiki.mbalib.com/wiki/%E6%B2%9F%E9%80%9A

- 当文化混搭，沟通如何刚刚好？

  https://www.hbrchina.org/2015-10-19/3486.html

- "腰间的肥肉咔咔掉，人鱼线马甲线我想要"，一文详解刘畊

宏的沟通秘诀

https://cn.ceibs.edu/new-papers-columns/21368

* 跨文化沟通 8 法则

https://www.hbrchina.org/2018-07-09/6188.html

九、参考答案

训战结合演练:

题号	答案	题号	答案	题号	答案
1.1	C	2.1	D	3.1	D
1.2.1	B	2.2	C	3.2	C
1.2.2	B	2.3	B	3.3	A
1.3	D				

案例分析题:

1.B　2.B

第三章　全球化思维

一、引子：案例

　　一家全球化高科技集团的一位新兴市场的成功的年轻销售副总裁 William，因其卓越的业绩，调到发达国家。在过去，他成功管理上千人的某国家公司。新官上任三把火，William 表示，这个国家市场比较小、员工数百人，完全可以在三个月内大展身手，一改面貌，于是进行了大刀阔斧的改革。

　　三个月下来，William 十分沮丧。他抱怨这些发达国家员工十分懒惰、缺少奋斗者精神，朝九晚五，一下班就不愿意加班，回家不接电话，不碰电脑，难以管理。同时，当地员工也很不理解，William 带领一批中国员工经常使用中文开小会，一整天都在工作，甚至凌晨还在发邮件。而且，William 与一批外派管理者十分不尊重本国员工，经常当面批评他们，感觉他们的管理风格十分强硬、官僚、不容置疑似的，这让他们也感觉难以适从，加上语言因素，没有办法参与到管理中，也十分沮丧。作为 HRVP，你会如何处理？

案例解析:

本案例中我们可以看到，无论是 William 还是本国员工都在用自己已有的经历及价值观体系评判及定义他们经历的事件与所接触的人。全球化思维要求我们学会从他人的文化角度、世界观与价值观来看世界；充分意识到世界上还有很多其他的文化，不同文化下还有不同的人种，含不同背景经历、不同世界观及价值观的人。我们要以他人希望的方式来对待他们，站在他们的文化、立场、背景下衡量问题，思考解决方案，搭建沟通的桥梁。

从另外的一个角度来看，William 也在文化冲击之中，他忽略了文化的差异，也忽略了自己对文化的适应。这是我们经常缺少察觉的。因此，我们需要具有跨文化的知识与辅导，感同身受 William 和其他同事的情绪与状态，在这个基础上解决员工管理的问题，进一步协助他们解决业务发展中的问题。

二、SHRM 胜任力定义、大纲要求与自我评估

SHRM 定义，全球化思维是指重视和考虑各方的观点和背景，在全球背景下与他人互动，以及倡导文化多元且包容的工作场所时所需的知识、技能、能力和其他特征 (KSAO)。

在全球化日常业务处理中，因文化差异而导致的摩擦与理解误差无处不在，人们所认为的平等包容与各国当地认为的也许千差万别。全球化思维这一章节重点是培养读者重视差异及寻求理解的意识与能力。让我们学会去理解、尊重，而不是试图说服。

全球业务拓展过程中，对跨文化的理解不足时常会引起的工作摩擦，减弱组织的凝聚力，甚至会引发不必要的员工关系事件，而管理层缺乏全球化的战略高度也会制约业务的布局和发展。对于跨文化企业的人力资源管理者非常重要的是要知道并营造全球化思维在公司的土壤，协助全员拥有观察、理解和接受差异文化的能力，本章描述了培养和促进全球化思维的步骤，文化的定义、层次及相关理论，全球不同法律特征，以提升人力资源管理者对全球化的认识。

要培养全球化思维，必须首先理解"文化"，以及不同文化背景的人士解读各自经历的方式。这包括他们明确表现出的偏好，以及不太明显的内在倾向和法律制度。

1. 在文化多元化工作场所中工作

SHRM 定义文化是一套待人接物的信念、态度、价值观和观点。因而，在多元文化的工作场所中，差异无处不在，误解、冲突极易发生。

在文化多元的工作场所中，跨文化理解的障碍诸如种族主义、文化成见等会容易割裂团队，形成小团体。员工认识文化差异，尊重并欣赏文化差异产生的价值，找到共同的路径来化解差异，甚至实施解决方案并使其制度化，以此才能建设一个"求同存异"的多元化工作场所。

2. 在全球化环境中工作

在全球化环境中工作，具备全球化思维必不可少，即从国际层面和多种维度来看待问题，并接纳其他文化、视角和观点。这是一种开放的心态，接受矛盾的存在，视变化为机遇，好奇不同想法背后的原因，而非排斥、抵触与拒绝。

比如一家跨国公司，在世界各地均有分公司，员工在工作协同上除了会遇到语言、时差等障碍外。

在全球化的进程中，人力资源管理者需要配合业务了解不同国家、地区甚至城市布局的优势劣势并协助业务落地匹配的人力资源。

3. 倡导文化多元且包容的工作场所

中国有 56 个民族，即便只看汉人群体，因分布的地区不同，语言、口味、性情也大不相同。即便在同一种族与国家都有各种差异性，更何况在这世界各地，个体之间的相似性和差异性会通过言行、个性、身份等各方面体现出来。

倡导文化多元且包容的工作场所已从历史数据上证明是可以为企业带来财务回报率的增高，甚至可以带来提升企业的创造性、生产力和员工稳定性等好处。但倡导文化多元不能仅停留在墙面的倡导语上，而是要对管理层进行多元化教育，帮助他们理解如何战略性地实施、管理和评估所有多元化计划的进展，自上而下审视并应用到企业文化、企业各项制度、企业考核要求等具体脉络上。比如在招聘制度建设中，就可以取消对应聘人员的种族要求、年龄要求、性别要求等信息。

大纲要求

胜任力 子维度	水平指标	
	所有人力资源专业人士	高级人力资源专业人士
在文化多元化工作场所中工作 在与不同文化传统背景的人士共事时展现开放的心态和尊敬的态度。	• 展现对文化差异的大体了解、理解和尊重。 • 调整行为以应对存在文化差异的情况、情境和人士。 • 接纳文化背景各异的同事。 • 宣扬多元和包容型员工队伍的益处。 • 在与他人的日常互动中促进包容性。 • 了解和尊重各类文化之间的习俗差异， • 并在此基础上开展工作。	• 推动多元和包容型文化的发展。 • 理解并主张多元化和包容性实践与组织的成功之间存在重要关联。
在全球化环境中工作 有效管理全球化工作场所的要求，以实现组织目标。	• 能够从全球视角出发来理解组织的业务线。 • 理解文化差异，并在此基础上根据当地需求量身制定人力资源计划。 • 了解并尊重条例、法律、规程和可接受的商业运作及实践方面的差异，并在此基础上开展工作。	• 制定人力资源战略时，在其中纳入组织的全球能力和对组织成功的看法。 • 利用全球人力资源趋势、经济形势、劳工市场和法律环境方面的专家级知识来确定人力资源的战略方向，并为人力资源计

胜任力子维度	水平指标	
	所有人力资源专业人士	高级人力资源专业人士
在全球化环境中工作 有效管理全球化工作场所的要求，以实现组织目标。	• 在实施或维护人力资源计划、实践和政策时应用符合全球趋势的相关知识。 • 以全球化思维来运营，同时保持对当地问题和需求的敏锐感知。 • 管理对立或自相矛盾的实践、政策和文化规范，以确保和谐。	划的制定和实施定和实施提供信息。 • 利用全球人力资源趋势、经济形势、劳动力市场和法律。 • 环境方面的专家级知识来评估多元化和包容性对组织人力资源战略的影响。
倡导文化多元且包容的工作场所 设计、实施和推动组织政策和实践，以促进工作场所的文化多元化和包容性。	• 支持一种重视多元化并促进包容性的组织文化。 • 利用组织在多元化和包容性方面的政策和理念，为业务决策和人力资源项目、实践和政策的实施提供信息。 • 设计、推荐、实施和/或审查旨在促进多元化和包容性的人力资源项目、实践和政策。 • 确保以一致且尊重员工的方式面向全体人员落实人力资源项目、实践和政策。	• 评估组织当前的文化氛围，确定需要改进的地方。 • 制定人力资源计划、项目和政策，以支持组织的多元化和包容性促进工作。 • 确保向组织各级员工推行有关多元化和文化敏感性的学习与发展项目或其他干预措施。 • 制定的人力资源计划要以一致且公平的方式地面向全体员工推行。

（续上表）

胜任力子维度	水平指标	
	所有人力资源专业人士	高级人力资源专业人士
倡导文化多元且包容的工作场所 设计、实施和推动组织政策和实践，以促进工作场所的文化多元化和包容性。	• 确保以一致且尊重员工的方式面向全体人员落实人力资源项目、实践和政策。	• 推进人力资源战略，使其有效利用并庆祝多元化、包容性和文化差异帮助组织取得成功。

学习前评估（1-5 分）

子维度	子维度定义	自我评估	相关支持	提升计划
在文化多元化工作场所中工作	在与不同文化传统背景的人士共事时展现开放的心态和尊敬的态度。			
在全球化环境中工作	有效管理全球化工作场所的要求，以实现组织目标。			
倡导文化多元且包容的工作场所	设计、实施和推动组织政策和实践，以促进工作场所的文化多元化和包容性。			

1-2 分：部分做到了，改善空间很大

3 分：基本做到了或持保留意见

4-5 分：相当有效做到

三、全球化思维与其他胜任力和模块的应用与链接

全球化思维与领导力与导航、道德实践、沟通、多元化、公平与包容性紧密相关。

四、全球化思维训战结合演练

1.1 一位外企 HR 总监为了打开自己对世界的认识，利用公司三十多个不同国家的员工喝咖啡和吃午饭的时间，经常和他们沟通交流，因此对他们的国家背景与文化有一些比较细节的了解。在管理中也会经常结合国家文化、企业文化与个人的实际情况提供比较可行的政策。对此，这位 HR 总监做到了以下哪一关键点来提升自己？

    A.   与业务主管建立了良好的关系

    B.   发展了全球化思维，综合考虑各利益相关者的背景差异

    C.   对国家文化十分精通，把握了关键决策因素

    D.   充分考虑了企业文化对管理者的影响，因此可以做出符合企业利益的决策

1.2 时任 HRBP 的 Jenny 对种族、肤色、地域文化与性别等十分感兴趣。但是，有一天她发现一位看起来完全是白人模样的人称自己是黑人，让她十分困惑。于是她问这位同事"你可以分享一下你的自我认同吗？"这位同事告诉她自己是黑人，"只

要我祖先的血液里有一点黑人血统，我就是黑人"。对此，她感觉大开眼界。Jenny 在了解同事的自我认同的问题时，以下哪一个描述与她成功获得正确的认知最不相关？

A.　避免偏见与歧视

B.　使用不带预设的方式提问

C.　克服了种族中心的偏见

D.　有文化敏感性

1.3　一位年轻 HR 在职攻读 MBA 的时候，经常会戴着一些十分富有各国本地特色的饰品，在跟不同的族裔交往中，她发现这不仅迅速地拉近了距离还获得了很多关于不同的国家与民族的背景文化，这给她在全球化管理中带来了很大的便利。这位 HR 为什么可以在跨文化交际中表现出色？

A.　她在不同文化中做了很多的妥协，不断取悦他人

B.　她的言行体现她对文化的觉察、好奇心与尊重

C.　她淡化了自己的文化认同

D.　她在不断粉饰自己

2.1　一家高科技集团公司的业务覆盖了 180 多个国家。公司总部的 HR 项目管理者给自己树立了一个目标，就是要出差到 50 个国家做项目，在这个过程中她更好地帮助总部做出了一套比较接地气的政策与流程。她的自我发展方式体现了 4T 中的那个因素：

A.　培训 Training

B. 团队合作 Team

C. 差旅 Travel

D. 异动 Transfer

2.2 一家在国际化进程中的公司的海外 HR 总监 Jenny，为了更好的创造一个多元环境并发挥团队的作用，从内部调来了不同背景的同事组成了一个崭新的团队。在与总部沟通的时候，这些 HR 们只能使用英文，带来了沟通效率的问题，也影响了决策的速度，公司领导对此颇有微词；但与此同时，也促进了公司的重视，最后公司决定以英文的使用作为国际化进程的一项衡量指标。这位 HR 总监对公司的转型起到了巨大的作用，以下哪个全球化思维特征最能体现 Jenny 的特性？

A. 尊重多元文化团队

B. 追求更大、更广阔的图景

C. 相信解决问题的流程

D. 接受对立

2.3 一家出海企业在很多国家开设了公司，发展迅猛，为了更好地促进总部与各国的沟通，总部派一些高级干部到不同的国家巡视与考察，看看总部如何可以更好地支持海外的发展。这些干部英文不太好，很少跟本地讲英文的员工互动，一是觉得沟通效率低，二是觉得信息也不重要，于是把主要的精力用于跟各级主管部门开会、访谈。HR 总监 Casey 发现这样的沟通会对多元化的组织文化带来不利影响，你觉得 HR 总监应采取以下哪种措施可能更有效地帮助总部和本地的沟通？

A. 聘用翻译，协助总部高级干部和本地员工的沟通

B. 总部高级干部和各级主管部门开会、访谈，而本地的 HR 经理协助访谈本地讲英语的员工

C. 对总部高级干部的访谈内容做提前准备，访谈的语言、内容和方式都需要审查是否即符合集团调查的框架，也符合本地文化和语言要求

D. 识别出语言的统一问题，未来尽量招聘和晋升语言能力强的高级干部，使英语作为全公司的通用语言

3.1 一位在海外 HR 经理的英文口语不太好，但十分受 HR 总监的重用，在协助 HR 总监做汇报方面让人印象深刻，于是被委任为国家 HR 代表。这位 HR 经理在服务来自母国的中高层干部没有问题，但由于英文沟通不畅且中基层主管往往以国际员工为主，因此在内部沟通特别艰难，对外也很不是很顺畅。对这位 HR 经理的建议，以下哪一种方式最佳？

A. 从公司内外招聘英文好的中方员工，全面提升部门效率

B. 采取"兵对兵、将对将"的方式，让 HR 主管去接口中基层管理者

C. 去学习英语，提升英语口语能力

D. 配备一位本地 HR 经理与自己配合，管理好内外的关系，逐步提升服务品质

3.2 字节跳动创始人张一鸣意识到互联网"Born to be global"与互

联互通的特点，因此一定要参与全球竞争，进行全球资源配置，利用市场、组织、人力资源创造全球规模效益。他们的策略是做全球化的产品加本地化的内容，把公司愿景定成"全球创作和交流平台。" 以下哪一项不是 HR 在支撑公司全球化愿景与战略的举措？

A. 招聘全球化人才

B. 每个国家和地区的文化不一样,要充分尊重多元化的同时找到共性

C. 创建一个国际化部门，克服公司出海的主要发展瓶颈，海外组织能力的打造

D. 用好本地人才，真正能够做本地化运营

3.3.1 1992 年创立互联网企业慧聪集团创始人郭凡生说："我们这批企业家最大的问题是眼界，中国会出世界 500 强的企业家，但不会是我，因为我没有国际的眼界，我没有看到国际竞争，我也不知道国际竞争是什么样子。" 而在 1988 年创立华为的任正非在国际化问题上说"当我们计划国际化的时候，所有肥沃的土地都被西方的公司占领了。只有那些荒凉的、贫瘠的和未被开发的地方才是我们扩张的机会。" 正如任正非所言，20 世纪 90 年代中后期，当华为踏上国际化征程之时，发达国家市场早已被欧美高科技企业所占领，国际市场中只有中东、非洲、东南亚等区域还未引起国际电信设备制造巨头的重视，这就为当时还难以与国际巨头抗衡的华为留下了发展空间。" 对比这两位对自己的认识及其对企业的国际化的认识，他们最大

的差别在于?

A. 郭凡生在走圈子路线,而任正非在执意走国际路线

B. 郭凡生具有固定思维,而任正非具有成长思维

C. 郭凡生的格局在于画地为牢,而任正非具备全球化思维追求更大、更广阔的图景的特征

D. 郭凡生就没有参与过国际竞争,任正非只能选择在局部竞争

3.3.2 一位外资 500 强企业的部门总监在综合面试中对一位员工的印象十分深刻,并给出了很好的评语,部门经理就录用了他。可是这位员工半年内就申请了离职,部门经理对此十分震惊。他说当时他告诉员工这个部门的工作量比较大,每天可能会出现不定时的加班。当时这位员工表示自己还是单身,学习机会十分重要,对此机会十分看重。经过多项考察,在多位候选人中这位候选人与岗位的匹配度最高,于是便录用了。离职员工表示,没有想到加班这么多。对于这一反馈,这位西方高管十分困惑。你最有可能如何解释并给他建议?

A. 员工出尔反尔,不值得挽留

B. 期望与实际不符,经理没有管理好员工的期望

C. 员工存在欺骗行为

D. 在解读员工面试中的求职动机并管理员工期望可能存在文化差异

五、SHRM-SCP/CP 案例

【案例一】：

　　一家全球高科技集团正处在跨国公司阶段，国家向地区部、片区和总部层层汇报的方式。

　　这家科技公司 CEO 收到客户从不同国家高管的投诉，声称同样的问题比如网络的覆盖的问题，即：网络有强也有弱。但由于各国相应的层级情况不一样，响应客户的速度与方式也不太一样，因此，口径十分不同。对此，客户表示相当不满，他们不能被公平对待。对此，这家公司的 CEO 提出了"一个声音、一个步调"的全球策略，要求全球不同层级应打破现有的组织结构的局限，建立以客户为中心的组织，解决来自客户的投诉与诉求。

　　于是，这家公司从中东，一个拥有最集中的跨国运营商的地区，发起试点，攻关这个问题。

　　作为 HRD，与财务、流程部门一起组成了一个项目小组，进行攻关。在这个过程中，需要跟全球有关运营商总部及其子网设计不同的系统部门，因此，在不同的国家可能需要国家 CEO 或其他人来担当系统部部长，并配备独立或共享的工程交付部、客户关系部与产品部总监。作为 HRD，你会如何识别关键的挑战并展开项目？

情景测试题：

1.　作为 HRD，您认为这个案例的关键着眼点应该放在？

    A. 组织设计，打破原来的基于区域的层层汇报的组织结构

    B. 战略解码，在"一个声音，一个步调"的口号下需要重新部署整个地区部

    C. 组织变革，整个组织从基于区域向客户服务型组织转型，这一整体转型会产生巨变，需要重新设计与变革整个流程、激励、组织与文化

    D. 组织优化，原来的组织结构已经不能适应新的战略，需要进行优化与升级

2. 作为 HRD，您首先应该做好哪件事情？

    A. 考虑是否要成为担当项目变革的策划、执行与负责人

    B. 准备好整套与战略匹配的组织变革的组织结构图，准备与业务领导商讨

    C. 评估公司的变革的准备度，包括变革项目的领导层尤其是最终负责人的意志与重视程度

    D. 识别并摸底公司对于这个组织与变革的各类人员的反应与情况

3. 整个项目组涉及多国的组织结构与人员调整，会产生重大的人事调整。作为 HRD，为了确保项目的成功，您首先会从以下哪个方面作为最关键的考虑事项？

    A. 首先进行人才盘点，识别这次组织变革的能力是否具备

    B. 与各个国家的关键利益相关者包含现在的和未来的组织结构涉及的管理层及其上司们进行访谈，识别人员任用的问

题与风险，在整体设计解决方案中进行综合考虑

C. 跟变革项目组紧密合作，从流程、财务、人员、团队与激励做好周详的设计

D. 加强跟各相关利益相关者，尤其是关键利益相关者的沟通，保证整个项目的主要环节顺利进行

4. 本项目涉及到十几个运营商，涉及面十分广。作为 HRD，您可能会考虑

A. 从一个相对容易成功但会有一定影响力的项目进行试点

B. 做好整体规划，一步步推进，不断修改与改进

C. 重点考虑那些受影响的群体与个人

D. 与各区域总裁加强沟通，识别风险

【案例二】：

一家全球化高科技集团的一位新兴市场的成功的年轻销售副总裁 William，因其卓越的业绩，调到发达国家。在过去，他成功管理上千人的国家。新官上任三把火，William 表示，这个国家市场比较小、员工数百人，完全可以在三个月内大展身手，一改面貌，于是进行了大刀阔斧的改革。

三个月下来，William 十分沮丧。他抱怨这些发达国家员工十分懒惰、缺少奋斗者精神，朝九晚五，一下班就不愿意加班，回家不接电话，不碰电脑，难以管理。同时，当地员工也很不理解，William 带领一批中国员工经常使用中文开小会、一整天都在工作，

甚至临晨还在发邮件。而且，William 与一批外派管理者十分不尊重本国员工，经常当面批评他们，感觉他们的管理风格十分强硬、官僚、不容置疑似的，这让他们也感觉难以适从，加上语言因素，没有办法参与到管理中，也十分沮丧。

作为 HRVP，你会如何处理？

情景测试题：

1. 面对 Willian 在管理中的沮丧与挫败，您会如何做？

   A. 建议他要调整一下管理风格，适应本地文化

   B. 安排会议，倾听各方心声，引导讨论并促进团队一起找到解决方案

   C. 安排会议，对 William 采用教练的方式解决他的跨文化敏感与跨文化管理困惑

   D. 仔细倾听 William 在管理中遇到的问题、感受、应对方案并帮助他进行跨文化适应

2. 面对员工的投诉，您会如何处理？

   A. 安排员工会议，了解他们的心声与诉求，找出冲突与差异，并反馈给 William

   B. 分别安排跟 William 和他的团队进行会议，找出原因并策划一次团队沟通会议与团队建设

   C. 与 William 组织一次员工谈心会，倾听员工心声展示管理层的员工关怀心切

   D. 安排员工与主管会谈并让 William 理解跨文化管理中遇到

的问题，并协助他主持团队会议，引导识别找出问题解决方案

3. 有员工投诉，外派主管们开会使用中文的问题，经提醒未被采用，她主动离开会议，对此 William 很生气。您会如何处理？

A. 教育员工不应该在主管没有同意的情况下来开会场

B. 遵守公平、公正与公开原则，同时教育主管与员工要学会尊重彼此

C. 分别与主管和员工会谈，让他们明白问题的结症所在，促进他们进行跨文化交流

D. 批评主管，就不应该使用中文，这是公司的规定，并要求 William 先向员工道歉

4. 为了促进 William 及其团队彼此理解，合作共赢。HRVP 可以：

A. 举行聚餐、团队建设方案，促进彼此交流与友谊

B. 帮助他们意识到跨文化的问题并促进他们团队找到适合的方式进行多方位的跨文化理解与体验

C. 帮助 William 与其他外派干部提升语言与文化理解能力，融入团队

D. 帮助 William 及其团队安排伙伴计划与教练，提升个人跨文化敏感度

六、HR 常见误区与教训、小贴士

误区与教训:

- 忽略全球文化与国家文化内部的多元性与差异性

- 以文化作为刻板印象去解释个体性产生偏差

- 在文化价值观与道德的普适性与特殊性的过度解读

- 难以克服与超越民族中心主义、狭隘主义的偏见

- 对肤色种族性别等的多样性与背景缺少深入与细致的认识

- 总部在制定标准化计划时没考虑地方差异,出现恶意合规行为

小贴士:

- 保持一颗好奇心,通过 4T、4R 去增进对不同国家与文化的理解

- 保持开放的心态,不固步自封

- 保持一颗同理心,设心处地去认知他人的认知,感同身受

- 借助想象力,脑洞大开,去从他文化语境与背景中理解

- 通过提问去理解别人

- 减少来自预设的限制

- 了解文化维度和对人力资源实践的影响

- 了解并尊重条例、法律、规程和可接受的商业运作及实践方面的差异

七、关键术语

关键概念:

培养全球化思维 4T 工具 (The 4Ts), 全球化组织中 HR 关键技能 (Skills Needed for Global HR), 文化层级 (Layer of Culture), 文化智慧 (Cultural Intelligence), 文化理论 (Cultural Theories), 跨文化理解障碍 (文化困境调和 (Reconciling Cultural Dilemmas), 法律体系 (Legal Systems), 法律基本概念 (Fundamental Legal Concepts)。

易混淆概念:

文化理论(Cultural Theories), 法律体系 (Legal Systems)

八、拓展阅读

- 什么是全球化思维? 为什么我们需要全球思维?
  https://zhuanlan.zhihu.com/p/179203816
- SHRM 认证通关必读: 全球视野与全球化思维 (珍藏版)
  https://mp.weixin.qq.com/s/y2DiVlIwOYt3iPo4r_bY-g
- 俞可平: 全球化催变思维方式 (作者: 俞可平)
  https://m.aisixiang.com/data/31834.html
- 张蕴岭: 对全球化的思考
  http://comment.cfisnet.com/2022/0121/1324847.html

- 别一种全球化

  https://www.hendrix.edu/chinaodyssey/chinaodyssey.aspx?id=302
  8

九、参考答案

训战结合演练:

题号	答案	题号	答案	题号	答案
1.1	B	2.1	C	3.1	D
1.2	C	2.2	D	3.2	C
1.3	B	2.3	C	3.3.1	C
				3.3.2	D

案例分析题:

案例一: 1.C 2.C 3.B 4.A

案例二: 1.D 2.D 3.C 4.B

第二模块 做事 (Business)

- 商业敏感

- 分析取向

- 咨询

第二模块导读

如果说在前面一个模块中，人际胜任力帮我们奠定了一个很好的"做人"的基础，那么"做事"就是我们本章学习的重点，这也是我们在组织中赖以生存与发展的根基。

我们在教学中发现有两个关键差异：1、大多数的 HR 的商业能力，即"做事"做得并不好。反过来就不难明白大多数企业抱怨 HR 不能贴近业务、深入业务、理解业务，并为业务提供解决方案的缘故。这也是 HRBP 很火的另外的一个原因。2、在学习中我们发现，大多数 HR 不仅难以深入业务，"做事"也缺少方法训练。而 SHRM 在这一点上恰恰提供了一套系统的方法论。

商业敏感要求我们理解商业与竞争，理解战略并连接战略，还要从财务的角度理解组织运营的情况——最后一点非常重要，也有很多的误区。一些贴近销售的 HR 可能会说，SHRM 介绍的三张财务报表侧重点偏了；而在我们看来，CEO、CFO 和 CHRO 不能很好地理解三张表，以终为始，把一些概念理解透彻，又如何真正理解业务？因此，这个能力要求非常综合，也很高，还很复杂。

分析取向（Analytical Aptitude），这个术语的翻译就很奇怪，我借鉴能力与智商测试如 Aptitude Test 的翻译，即能力倾向测试、才能或能力测试而得之。我们强调这是一种能力倾向与心智，其核心就是分析与研究方法——质化与量化分析，但更注重实用性与其应用，即从倡导要有数据意识开始，到循证决策（Evidence-based

86

Decision Making, EBDM) ——基于证据的决策。SHRM 的要求不仅仅停留在"没有调查就没有发言权"，而且需要从意识上、方法论上与技能上，全面实现 HR 从思考到决策，做到训练有素、知行合一，让业务主管与高管们易于接受我们的认识与商业决策方案。

咨询胜任力，在商业敏感与分析取向的基础上就有的放矢了。但我们发现有相当一部分 HR 受到传统 HR 的思维方式，很难摆正自己的位置。在我们的课堂中，我使用了 Business Owner 与 Process Owner 以示区分业务与 HR 的主客体、互动与联动的关系。

如果把以上三个胜任力，商业敏感、分析取向与咨询进行有效的整合，HR 成为业务伙伴的可行性就增加了不少。

第四章　商业敏感

一、引子：案例

新冠来临，某餐饮企业 HR 总监花了很多时间在政策收集、报表编制，甚至向同行寻求帮助以了解当下流行的共享员工的做法与建议，沉浸在行业术语堆砌的"专业意见"中，尝试把市场的"最佳实践"在公司内推行。而此时公司管理层和业务部门正在为"活下去"作各种努力。

HR 总监在日常工作中与业务沟通得并不多。HR 总监在进行必要的沟通时，业务管理者非常不配合，财务与销售部门甚至将其拒之门外，以至于这位总监被总经理质问是否懂这个行业。HR 总监的问题到底出在哪里？

案例分析：

首先，HR 总监与业务日常沟通不多，与关键利益者未建立起信任关系，在关系管理和沟通管理存在较大差距。

其次，HR 总监在进行必要沟通时，未能有效使用业务语言，抓住业务的痛点，解决业务问题。

该 HR 总监在收集外部信息，试图"拿来主义"，将市场"最佳实践"应用在公司内部，却没有关注到公司的该阶段的主要目标是"活下去"，脱离公司目标，与战略未达一致，也未结合行业特点，给出切实的咨询意见。

二、SHRM 胜任力定义、大纲要求与自我评估

SHRM 定义，商业敏感是指理解组织的运营、职能和外部环境，以及通过应用业务工具和分析，为与组织总体战略方向一致的人力资源计划和运营提供信息所需的知识、技能、能力和其他特征（KSAO）。

商业敏感是除战略以外了解公司最重要的能力，帮助我们迅速了解公司商业状况、行业状况，是做好 SWOT 等战略分析工具的基本能力。提高商业敏感及掌握商业语言，能帮助 HR 快速了解与定位公司内部业务问题所在，与公司高层、业务部门平等对话，真正做到业务伙伴。

商业敏感是理解组织运营、职能、外部环境、企业竞争优势，以及通过应用业务工具和分析来为符合组织总体战略方向的人力资源计划和运营提供信息所需的知识、技能、能力等。运用商业敏感，人力资源人员能更好地理解影响组织战略的内外部因素，以便为利益相关者创造价值。了解决策者在制定和评估战略时所用的分析工

具和衡量指标，制定更符合企业不同状态下的人力资源策略，并熟练掌握预算、商业提案等工具，为人力资源工作获取资源支持。

大纲要求：

胜任力 子维度	水平指标	
	所有人力资源专业人士	高级人力资源专业人士
商业意识和竞争意识 了解组织的运营、业务功能、产品和服务，以及组织所处的竞争、经济、社会和政治环境。	• 借助组织内外部的资源来了解组织的业务运营、业务功能、产品和服务。 • 借助组织内外部的资源来了解对组织构成影响的政治、经济、社会、技术、法律和环境（PESTLE）趋势（例如：自动化、失业率趋势、经济繁荣或衰退、人才短缺）。 • 应用组织在业务运营、业务功能、产品和服务方面的知识，实施人力资源解决方案并为业务决策提供信息。 • 应用组织所在行业和PESTLE 趋势的相关	• 收集并应用有关 PESTLE 趋势的商业智能，以确定人力资源的战略方向和长期目标。 • 在设定人力资源的战略方向和长期目标时，应用组织在业务运营、业务功能、产品和服务方面的专业知识。 • 根据对劳工市场的了解来制定人才管理和争夺战略。 • 参与那些涉及政府政策以及与组织的人力资源战略和长期目标相关的拟议规程的倡导活动。

(续上表)

胜任力 子维度	水平指标	
	所有人力资源专业人士	高级人力资源专业人士
商业意识和竞争意识 了解组织的运营、业务功能、产品和服务，以及组织所处的竞争、经济、社会和政治环境。	知识，以实施人力资源解决方案并为人力资源决策提供信息。	
商业分析 应用业务指标、原则和技巧来了解和满足业务需求。	• 使用成本效益分析、组织衡量指标、关键绩效指标和关键数据洞见来为业务决策提供信息。 • 将财务、营销、经济、销售、技术、法律和业务系统的原则应用于内部人力资源项目、实践和政策。 • 使用人力资源信息系统（HRIS）和商业技术来解决问题并满足需求。	• 制定、实施和评估人力资源计划，同时考虑增值、投资回报率、成效、收入、损益表和其他业务指标。 • 进行风险评估，针对人力资源部门和组织的战略方向和长期目标提供信息。 • 确定人力资源计划的预算和资源需求。 • 使用人力资源信息系统（HRIS）和商业技术来解决业务问题并满足需求。 • 就整合那些能最大程度提高投资回报率和战略成效

(续上表)

胜任力子维度	水平指标	
	所有人力资源专业人士	高级人力资源专业人士
商业分析 应用业务指标、原则和技巧来了解和满足业务需求。		的人力资源解决方案而言，分析组织所面临的问题和机会。
战略一致性 使人力资源战略、沟通、计划及运营与组织的战略方向保持一致。	• 能够理解有效的人力资源与有效的核心业务功能这两者间的关系。 • 使决策与人力资源部门以及组织的战略方向和目标保持一致。 • 针对人力资源计划及其对高效组织运作的影响（人力资源计划的投资回报率）创建商业提案并就此开展沟通，或提供创建案例所需的数据。	• 确定并交流人力资源部门和组织在业务成果方面的战略、目标和挑战。 • 使人力资源的战略方向和长期目标与组织的整体经营战略和目标保持一致。 • 从系统思考的角度做出人力资源决策和业务决策。 • 制定出将被纳入高层领导意见的战略和长期目标，以推动关键业务成果的发展。 • 在财政问题、产品/服务线、运营、人力资本和技术方面充当重要的组织决策贡献者。 • 评估所有拟议的人力资源计划商业提案。

学习前评估（1-5 分）

子维度	子维度定义	自我评估	相关支持	提升计划
商业意识和竞争意识	了解组织的运营、业务功能、产品和服务，以及组织所处的竞争、经济、社会和政治环境			
商业分析	应用业务指标、原则和技巧来了解和满足业务需求。			
战略一致性	使人力资源战略、沟通、计划及运营与组织的战略方向保持一致。			

1-2 分：部分做到了，改善空间很大

3 分：基本做到了或持保留意见

4-5 分：相当有效做到

三、商业敏感与其他胜任力和模块的应用与链接

商业敏感与分析取向、战略、咨询、沟通、领导力与导航紧密联系。

四、商业敏感训战结合演练

1.1 HR 经理 Jasmine 最近加入了一家传统的 B2B 企业。与公司其他很少走出自己办公室且表现官僚的 HR 不同的是，她积极了解公司的业务与经营。三个月后，Jasmine 向财务经理咨询公司一些主要合同的完成情况，财务经理感到疑虑和不解——HR 为什么需要了解业务和财务的情况？于是，Jasmine 提出了一个问题：“如果一个快要黄了的项目，我们还要继续帮他们

招人，然后再裁员赔钱吗？ ” 财务经理觉得有理，让 Jasmine 在电话里向 CEO 汇报和获取合同数据的授权，后 Jasmine 得到了 CEO 的授权获得了相关信息。 Jasmine 成功获得财务数据的原因是？

A. 她获得了 CEO 的信任

B. 她成功使用沟通技巧，让财务经理不好意思拒绝她

C. 她展现了对商业的理解，使用商业语言跟财务经理和 CEO 沟通

D. 她跟一般的 HR 不一样，很有个性与魄力

1.2 2022 年下半年任正非发文说 “如果按计划在 2025 年我们会有一点点希望，那么我们要先想办法度过这三年艰难时期，生存基点要调整到以现金流和真实利润为中心，不能再仅以销售收入为目标”。 而华为之前的业务战略是 “通过为客户创造价值，实现收入、利润、现金流持续有效增长，成为行业领导者”。 以下哪个选项最准确地描述了为什么华为会作出这样的调整？

A. 公司的规模可能受到影响了，只好放弃营业收入的增长

B. 公司又进入了冬天，预计未来三年很艰难

C. 华为不再把销售作为第一要事，以其他业务为重

D. 为了让公司有质量地存活下来，不追求公司收入的增长，但要保证利润与现金流

1.3 HR 总监 Thomas 刚加入一家企业后发现公司高管的基本年薪都是一样的，年薪二十万，只是年终奖不同，有的高达百万，

甚至两百万，高管们的总体薪酬比市场高出 50%以上。经过咨询，公司创始人表示这个薪酬结构让公司自创业开始得以发展到今，也可以让高管们无后顾之忧全力投入工作。经过分析，Thomas 发现，高管的薪酬与贡献不成比例，未达到期望的激励效果，于是建议创始人在公司新的发展阶段对高管薪酬做出相应的调整。Thomas 发现这个差异造成的原因，主要是哪一个？

A. 公司的薪酬很有竞争力，公司对于薪酬成本的管控比较宽松

B. 公司创始人喜欢控制成本，结果却花了更大的成本

C. 公司创始人没有意识到企业的薪酬激励要与企业发展阶段相匹配

D. 公司创始人没有意识到产品周期对公司管理的影响

2.1 HR 经理 Michelle 在不断寻找财务知识如何帮助 HR 提升对业务的理解与影响的过程中，发现整个市场都没有相应的课程，于是决定组织几位专家来开发这门课程，并在公司 HR 团队试用成功。之后，将这个课程进行网络销售，结果给部门带来了一笔不菲的收入。这位 HR 在个人与团队发展上，表现出了什么成功之处？

A. 她十分好学，也有行动力

B. 她很有魄力，善于销售

C. 她善于使用技术，通过互联网实现了创收

D. 她凭借敏锐的商业意识，发现了市场的需求

2.2 某大型科技集团公司将每一个目标市场或地区称之为"山头"，单兵作战攻

下山头的营销人员被称为孤狼。原来是由孤狼负责攻一个山头，基于山头的业绩佣金制度还是不错的，孤狼也很满足，但公司希望让更多的人一起把山头的蛋糕做大，一起分佣金，于是孤狼们就产生了冲突。后来通过大规模人员辞职后再入职的方式，公司成功使用鼓励协作的奖金制取代了单一提成的佣金制。该公司这次销售薪酬调整的主要成功之处在于：

A. 对销售负责制的权责利进行了梳理

B. 有效的制衡了个人与公司的利益冲突，并向公司倾斜

C. 对那些孤狼的人性有了透彻的理解，并约束了他们的狼性

D. 站在公司战略发展的高度上制定了配套的薪酬制度

2.3 一家科技公司发展迅速，各部门组织日益壮大，HR 总监 Ellen 发现部门主管变成了总监、副总裁，他们曾经对整个公司的生意怎么来、财务的状况十分了解，但现在却渐渐远离一线，听不到客户的声音，对客户的需求也越来越不了解。现在，新升上来的部门经理们——职能管理者，却不知道生意怎么来的，公司盈利如何；职能部门也对客户的声音和公司的盈利状况不太理解。于是，Ellen 组织了一线市场与销售、财务经理、中高管一起定期开展一个业务交流会议，把客户的声音、公司的经营与战略问题暴露在管理者面前，让管理团队对公司的发展始终保持敏捷。Ellen 在这过程中哪一点做得最好？

A. 她深入了战略层，并促进了战略落地

B. 她深入业务部门，帮助业务部门进行跨部门合作

C. 她发展了一个很好的领导力提升的办法

D. 她发现了不同层级和部门的商业敏感度不一样，于是设计了一个很好的模式解决这个问题

3.1 资深 HR 总监 Yvonne，在经历过 SARS 之后，对世界传染病史进行了深入的研究，因此对天灾人祸特别的敏感。在新冠爆发之后，她迅速预警，呼吁管理层启动公司级应急方案，进入业务持续发展计划演习。虽然这场疫情远远超出公司的影响，但公司最终顽强地存活了下来。而其竞争对手有的奄奄一息，有的力量大大削弱，从而在这场疫情中让公司异军突起。Yvonne 在这场疫情中为什么能够帮助到公司？

A. 她经历过 SARS，对传染病嗅觉敏锐，危机意识强

B. 她是一名业务连续性发展专家，及时预警，挽救了公司

C. 她是一名风险管理专家，及时启动应急方案

D. 她对外部环境尤其是大事件对企业的影响有很高的敏感度，并及时启动内部经营应急方案

3.2 HR 总监 Sally 加入了一家全国性企业后，发现该企业所处行业市场竞争激烈，疫情下销售和利润均下滑严重，企业决定将"降本增效"作为新一年的主要目标。Sally 与高管团队进行一对一的深入沟通后，对公司的业务模式、人才结构、市场等作了详细的了解和分析后撰写了一份商业提案。她建议企业进行

组织架构的调整，将原来职能完整的各分公司调整为销售分公司，取消原有的技术服务职能。公司在关键技术人才集中的深圳地区建立全国技术服务中心辐射全国市场，同时辅以灵活用工方式，技术服务职能由总部统一管理，并对成本、效率的变化进行了预算，成功获得了 CEO 和高管团队的支持。Sally 获得成功的关键是以下哪个选项？

A. Sally 非常擅长沟通，能与高管团队对话

B. Sally 有很好的领导力，成功影响了 CEO 和高管团队并获得了他们的支持

C. Sally 有很好的商业敏感度，结合企业内外部因素和运营情况做出了符合企业目标的人力资源解决方案

D. Sally 擅长关系管理，通过沟通成功获得高管团队的支持

3.3 一家中国出海的高科技安防设备公司在海外以项目交付的销售模式为主，终端零售为辅。为了让各部门协同作战，公司把市场销售、解决方案、研发交付人员作为铁三角本地化运作，并与当地财务和 HR 主管形成一个项目组。刚进入意大利市场时，公司安排项目组共同办公，且共同居住在一栋由当地人管理的别墅里。这使项目组能够团队作战，既听得见当地客户的声音、准确理解客户的直接需求并交付，还清楚盈利状况。HR 主管在和当地机构沟通过程中得知，意大利下周将发布禁止人脸识别技术的条例。HR 主管组织项目组紧急开会，经商讨，该公司安防设备中原有的"人脸识别"功能紧急下线，及时避免了法律合规的风险。该 HR 主管有什么可取之处？

A. 让 HR 成为业务的一部分，服务与业务部门

B. 让 HR 变得没有那么官僚，与业务部门在一起工作

C. 让 HR 深入业务而不脱节，提升商业敏感与参与度

D. 充分发挥 HR 的优势，在开拓新市场中培养管理者的领导力

五、SHRM-SCP/CP 案例分析

总部设在南部城市的某地产公司，以大规模住宅地产开发为主，随着地产行业的蓬勃发展，以及创始人激进的业务战略，迅速成为国内排名前十的地产公司。某天，担任 HR 总监的 Anna 收到消息，国家为了抑制地产行业发展过快和控制风险，将会颁布"地产三道线"，即剔除预收款后的资产负债率大于 70%、净负债率大于 100%、现金短债比小于 10 倍，并且严控银行向越过红线的企业提供贷款。

情景测试题：

1. 如果你是 HR 总监，你第一步要做什么？

A. 向财务总监了解公司财务状况后，预计可能发生的人员流动等问题，草拟对策与 CEO 进行商议

B. 向 CEO 了解情况，并就可能出现的情况进行讨论

C. 向销售总监了解回款及销售情况，确保公司处于良性发展中

D. 财务方面的问题，与人力工作无关，不用理会

2. HR 总监收到西部区域 HRBP 的电话，由于政策的公布，西部项目由于员

工担心公司财务状况，出现了停工，这时 HR 总监**应该**做什么事来解决这个情况？

A. 召集财务总监、西部公司负责人了解项目进度以及公司回款情况，并拟定沟通方向后，向西部全体人员说明情况

B. 向 CEO 汇报西部状况，请求支持

C. 要求西部负责人自行处理本次事件

D. 要求 HRBP 了解带头停工人员，并将这些人员做劝退处理

3. 为了应对这次国家出台政策，员工间有较大的担心，甚至有些人认为公司可能要破产，HR 总监**应该**要做什么事来稳定员工的心？

A. 与法务、财务总监沟通，了解真实财务状况，通过全体员工会议形式，请 CEO 向员工说明实际情况，并希望大家一起共渡艰难阶段

B. 召集各地 HRBP 会议，共同拟定沟通方案后，由 HRBP 向各地通知

C. 通过内部公文方式，向大家说明情况，并告知没有财务风险，让员工安心

D. 所有地产公司都面临这种情况，不用特别处理

六、HR 常见误区与教训、小贴士

误区与教训：

- 参与业务就是跟随业务部门与尽力满足业务需求
- "委曲求全"在 HR 原则上让步以取悦业务，明哲保身
- 不能使用财务语言理解业务的状况并做出建议
- 缺少市场洞察与对经营管理的全方面了解，无法与业务管理者对话
- HR 对公司战略意图与方向缺少把控
- 对业务缺少战略层面的支持而在战术上忙碌

小贴士：

- 与 CEO 和 CFO 保持高度互动，使用财务语言理解公司运营状况
- 与业务部门一起把业务需求转化为 HR 行动
- 以客户为中心提供有 HR 立场的专业解决方案
- 与公司高层积极对话，从战略高度支持公司战略落地
- 与市场营销前端保持紧密联系，理解业务决策链
- 从人才、组织、激励、文化与领导力方面支持竞争、参与竞争
- 使用商业提案赢得管理层的支持

七、关键术语

关键概念:

商业意识与竞争意识、组织和产品生命周期、影响战略决策的因素分析、商业分析、战略资源的有效分配、利用与评估。价值；价值链；服务水平协议（SLA)；组织生命周期；产品生命周期；波特五力模型；人力资源倡导；供需；战略计划；竞争优势；财务预测；质量；关键绩效指标；固定成本；可变成本；商业智能；ERP；商业智能门户；平衡计分卡；在线分析处理（OLAP）；业务高级分析；仪表盘分析；预测分析；情景规划（scenario planning)；预算；商业提案；财务报表；财务比率（如：EBITDA）；非财务指标；销售管道；商业计划；组织架构图；标准操作程序（SOP）；政府拨款；业务持续发展计划（Business continuity plans）。

易混淆概念：

组织生命周期 VS 产品生命周期；毛利率 VS 净利率；战略计划 VS 商业计划。

八、拓展阅读

- HR"不懂业务"之根源：老师教不会，自己学不到
  https://zhuanlan.zhihu.com/p/587294830
- 《CEO 说》拉姆.查兰著
- 《CEO 财务分析与决策》吴世农 吴育辉著
- 《赋能未来》长江商学院案例中心 浙江大学出版社
- 《薛兆丰经济学讲义》薛兆丰著

- 《云南某企业 CEO 骂 HRD》谁敢担保比这位 HRD 的结局更好？！

  https://zhuanlan.zhihu.com/p/109355946

九、参考答案

训战结合演练

题号	答案	题号	答案	题号	答案
1.1	C	2.1	D	3.1	D
1.2	D	2.2	D	3.2	C
1.3	C	2.3	D	3.3	C

案例分析题:

1.A 2.A 3.A

第五章 分析取向

一、引子：案例

　　一家全球领先的塑料制造企业，国内一位高管评价公司的 HR 只能提供一些事务性的管理的建议，对公司业务没有创造什么价值，没有影响力。几年后，这位高管在聊天的时候却给予了公司 HR 极其高的评价，说公司 HR 组织管理层做了一个离职率对公司业绩的影响，分析了离职成本与对业务造成的实际与潜在损失，并邀请各部门总监一起来降低离职率。HR 的这个举措让管理层对 HR 的印象大为改观。为什么 HR 在几年后可以由"差评"到被管理层刮目相看？

案例分析：

　　该 HR 通过离职率数据作业务分析，以数据分析结果来和评估对组织、对业务的影响；与各门总监一起制定行动结果，切实带给关键利益者价值。

104

二、SHRM 胜任力定义、大纲要求与自我评估

SHRM 定义，分析取向是指收集和分析定性和定量数据，以及解读和推广那些对人力资源计划有评估作用并为业务决策和建议提供信息的研究结果所需的知识、技能、能力和其他特征（KSAO）。

分析取向是一种在商业决策中辅以统计技术、用数据来佐证的理性思维与能力，目的是以客观事实为基础来解决问题。

大纲要求

胜任力子维度	水平指标	
	所有人力资源专业人士	高级人力资源专业人士
数据倡导 理解并倡导数据的重要性和实用性。	• 能够理解数据在为业务决策和建议提供信息时的重要性。 • 宣扬基于证据的决策的重要性。 • 宣扬验证人力资源项目、实践和政策的重要性，以确保它们达到预期的结果。 • 识别可根据数据和证据而做出的决策。	• 宣扬证据在制定和验证人力资源战略方向和长期目标这个方面发挥的作用。 • 支持一种倡导数据（例如：风险、经济因素和环境因素）采集并将其用于决策的组织文化，并支持与此有关的组织流程、政策和程序。 • 倡导使用人力资源衡量指标来了解组织绩效。 • 让人力资源职能可以使用数据来做出决策并制定和评估人力资源计划。

(续上表)

胜任力 子维度	水平指标	
	所有人力资源专业人士	高级人力资源专业人士
数据采集 了解如何确定数据的实用性，识别和采集数据，以便为组织决策提供信息。	• 始终掌握有关数据采集、研究方法、基准和人力资源指标的基本知识。 • 识别最相关的数据来源，以解决组织问题并答疑解惑。 • 使用适当的方法来采集数据，用于制定和监督组织的解决方案。 • 详查与组织相关的外部数据来源（例如：风险、经济因素和环境因素）。 • 将人力资源计划及其成果与组织的竞争对手和其他相关对照组进行标的比较。	• 确保资源和流程部署到位，以促进系统化的数据采集，并为人力资源的战略方向和长期目标提供信息。 • 确定新的数据来源或新的数据采集方法，用于制定和评估人力资源计划。 • 与组织外部的领导互动，以采集与人力资源相关的数据。
数据分析 分析数据以评估人力资源计划和业务挑战。	• 始终掌握与统计学概念和测量学概念有关的基本知识。 • 识别可能存在误导性或缺陷的数据。 • 通过分析来确定基于证	• 始终掌握与统计学概念和测量学概念有关的高阶知识。 • 监督那些针对组织的人力资源项目、实践和政策而开展的全面且系统

（续上表）

胜任力 子维度	水平指标	
	所有人力资源专业人士	高级人力资源专业人士
数据分析 分析数据以评估人力资源计划和业务挑战。	据的最佳实践，评估人力资源计划并确定重要发现。 • 通过分析来确定基于证据的最佳实践，评估人力资源计划并确定重要发现。 • 始终客观地解读数据。 • 根据分析结果来确定数据缺口，并寻找缺失的数据。	的评估。 • 以批判的眼光来检阅和解读分析结果，以确定基于证据的最佳实践，评估人力资源计划，并确定重要发现。
循证决策 使用数据分析结果来制定最佳行动方案。	• 向业务领导和人力资源领导报告重大发现。 • 使用研究结果来评估不同的行动方案及其对组织的影响。 • 在不同情况下应用基于数据的知识和最佳实践。 • 确保在人力资源项目、实践和政策中体现研究结果和最佳实践。	• 与高层领导交流数据分析的重要发现及其对人力资源战略方向和目标的影响。 • 使用研究结果为人力资源的战略方向和长期目标提供信息。 • 根据行业文献、同行评审研究、经验和其他来源的证据来制定最佳实践。 • 发起基于证据的工作计划，以完善流程。

107

(续上表)

胜任力 子维度	水平指标	
	所有人力资源专业人士	高级人力资源专业人士
循证决策 使用数据分析结果来制定最佳行动方案。	• 根据数据，客观地检查人力资源项目、实践和政策。 • 利用数据向员工和领导解释并支持业务决策。	• 用数据支持商业提案。

学习前评估 (1-5 分)

子维度	子维度定义	自我评估	相关支持	提升计划
数据倡导	理解并倡导数据的重要性和实用性。			
数据采集	了解如何确定数据的实用性，识别和采集数据，以便为组织决策提供信息。			
数据分析	分析数据以评估人力资源计划和业务挑战。			
循证决策	使用数据分析结果来制定最佳行动方案。			

1-2 分：部分做到了，改善空间很大

3 分：基本做到了或持保留意见

4-5 分：相当有效做到

三、分析取向与其他胜任力和模块的应用与链接

分析取向和咨询、商业敏感、沟通紧密关联。尤其与咨询模块中的

"变革管理"、商业敏感中的"商业分析"关联紧密。

四、分析取向训战结合演练

1.1 在一个以研发为主的企业，一位男性主管喜欢用男性员工，认
为男员工比较吃苦耐劳，逆来顺受，可以长时间加班，在团队
建设时无所顾忌，因此更容易打造一个高绩效团队。HR 总监
Ellen 发现这个问题之后，收集了其他研发团队的一些数据，
并对照有关文献，发现性别并非一个高绩效团队的必要条件。
在这个过程中，Ellen 有什么值得我们学习的?

A. 作为女性，发挥了女性的领导力作用

B. 积极为女性争取应有的权力，反对歧视

C. 使用数据驱动来打造高绩效团队

D. 倡导数据，分析数据并使用数据帮助主管理解高绩效团队
的条件

1.2 根据统计局数据，2018 年各地非私营单位平均工资为：北京
145766 元、上海 140270 元、深圳 110304 元、广州 109879
元，引起市场一片哗然，超过 50%的人都觉得自己拖了社会后
腿。为什么会出现这种情况?

A. 50%以上的人的薪酬就是低

B. 很多人不上班或兼职，不领工资或工资低，所以感觉自己
工资低

C. 工资分布可能是一个偏态分布，平均工资大于中位数

D. 工资可能是一个正态分布，平均工资大于中位数

1.3 一位公司总经理要求 HR 经理 Mike 使用九型人格进行测试并为员工建立心理档案，以帮助管理者了解员工类型，并掌握员工心理健康状况。可是，测试结果出来后，多位办公室同事找到 Mike，他们表示对测试结果感到十分困惑，因为就在半年内，有些人的性格已经发生了变化，从其中的一型转到了另外一型；还有些人表示自己在两型性格中有重叠。有人说："如果我老公给我买的钻戒今天是 10 克拉，过了半年就变成了 9 克拉，我一定疯了！"为什么员工会有这样的反应？

A. 九型人格容易变化，会变到其他不同类型，还会变回来

B. 九型人格的信效度不高

C. 这些人的性格发生了变化，九型人格敏锐地反应出来了

D. 在测试的过程中，出现了误差

2.1 HR 总监 Yvonne 原来的薪酬 70 万。在离职后，通过几年的不断学习、总结与提升，她在市场上的曝光率越来越高。最近，她发现很多 HR 总监不如自己，但薪酬却比自己高，于是从几家著名的猎头公司获得数据，得知自己的薪酬应该定位在 100-130 万。可是，薪酬期望越高、离开职场的时间越长，就越难找工作。为什么会出现这样的薪酬期望呢？

A. 市场数据增长比较快

B. 企业的薪酬给付能力越来越强

C. Yvonne 的实力比市场薪酬发展得快，所以期望就高

D. 著名猎头公司的数据样本集中在大型、盈利比较好的行业，数据可能偏高

2.2 一家大型科技集团在年度调薪时发现，几家大型咨询公司对物价上涨的预测、调薪比例的建议都有所不同。于是，薪酬部收集了几家跟他们抢人才的若干竞争对手、不同区域的公司及本公司招聘部门收集的数据，结合公司的薪酬定位，拟定了调薪的比率。这种做法可取吗？

A. 不可取，浪费公司资源

B. 不可取，薪酬调查公司都很权威，哪个都可以满足要求

C. 可取，薪酬调查公司覆盖了全行业的数据，但统计方法与口径可能不一样

D. 可取，薪酬调查公司样本在不同行业、区域存在数据收集的目标企业和岗位都不太相同

2.3 一家 500 强零售公司新任 CEO 刚刚履职，希望了解整个公司管理层的人才分布情况，尤其是来自 985/211 院校的毕业生。于是，他要求 HR 总监 Grace 进行分析和汇报。Grace 发现，以本科学历作为统计基准，仅有 30%的高层管理者和 20%的中层管理者毕业于这些院校。如果你是 Grace，你最可能如何向 CEO 解释这个统计数据？

A. 985/211 院校书呆子多，在企业里竞争不过普通院校毕业生

B. 普通院校毕业生更务实，更有冲劲，上升得更快

C. 从基数上看，985/211 院校的数量没有普通院校高；从趋势上看，似乎越往高层名校优势越明显

D. 这个问题没有解，数据太小，需要大数据才有说服力

111

3.1 HR 经理 Lucy 刚到企业，发现 HR 花了很多时间招聘，于是
向招聘专员要了近三年的离职报告与行业分析，并跟业务部门
一起审查这些数据。她发现公司的订单相对稳定，因此每个月
的人头预算（Head Count）也相对稳定，虽然年中有一点增幅。
总体来讲，公司大概平均人数为 2400 人，每个月平均离职
200 人左右。因此，招聘专员和管理层认为公司的离职率是
8.3%，比市场上的 15%低一半，可是在她眼里，公司只有
2400 人，却有 2400 人（=200 人/月*12 个月）离职，很明显
离职率是 100%。为什么会出现这样的不同？

A. 统计的公式与口径很多，招聘专员和管理层选择了一种最
   适合公司的

B. 招聘专员和管理层其实算的是员工留任率，不是离职率

C. 统计的口径不一样，离职率 8.3%是月离职率，全年离职
   率应该乘于 12，也是 100%

D. 统计的公式错了，离职率 8.3%是月平均离职率，全年离
   职率应该乘于 12，应该是 100%

3.2 一家公司零售业受到电商的冲击之后决定转型，平衡电商与传
统店面销售。刚从高科技行业入职公司的 HR 总监 Yvonne 决
定考察一下其他转型比较好的零售业作为标杆，收集他们的成
功经验与教训，并结合公司的状况与销售副总裁向管理层做出
一个初步的建议。管理层意识到了这个转型的意义非同寻常，
也看到了困难，但信心十足。在这个转型过程中，Yvonne 在哪
个方面做出了十分关键的贡献？

A. Yvonne 与销售副总裁联手工作

B. Yvonne 引导变革，这是 HR 总监的战略贡献

C. Yvonne 参与变革并收集数据

D. Yvonne 收集了一些标杆数据，并与关键利益相关者合作，做出提议

3.3 一家 500 强消费品公司率先使用 AI 面试，从 18 万人中录用了 3 万人，为公司节省了 7 万个小时的招聘时间。这套面试首先会让候选人参加一个选拔游戏，以测试他们的潜力、逻辑推理与风险偏好，由算法将测试数据与成功的在岗人员画像进行对比，以评估他们的匹配性；然后，再通过 AI 系统测试候选人的面部表情、身体语言、语言的使用并与相应指标进行对照。如果你要评估这个面试流程的合法性与专业性，你会提出哪些问题？以下哪个问题最不相关？

A. 选拔游戏的样本是否足够大而对某些特殊群体存在偏见？

B. AI 面试的指标是否会对一些少数族裔存在偏见？

C. AI 面试是否会导致一些候选人紧张而影响发挥？

D. AI 是否可以替代人类做出更佳的决策？

五、SHRM-SCP/CP 案例分析

Jo 在一家福布斯 500 强公司任事业部 HR 总监。一些经理一直在抱怨人员流动频繁的问题。起初，这些抱怨看起来只是个谣传，可不知不觉中它就变成了个大问题。Jo 不知道这个问题有多严重，

可她认为不能因为这事让其他部门觉得人力资源部门太被动。

Jo 知道这些经理经常抱怨，她想做出迅速回应。在此之前，她决定查看一些指标，因此要求一位数据分析师提取去年的营业额数据。数据表明，营业额在过去四个季度中增加了大约一个百分点。Jo 认为没有问题，于是给经理们礼貌性地回了一封电子邮件，然后她就转移到任务清单中的下一个项目上了。

第二天，Jo 突然被叫到一个紧急会议上。她走进房间，看到集团总裁和昨天向她抱怨的经理的上级马克一起坐在那里，所有人看起来都很不高兴。马克说，他的所有直接下属都说他们失去了最优秀的人才，他请 Jo 解释发生了什么。Jo 感觉到自己如坐针毡，满脑子都是问题——营业额怎么可能不是问题？公司的离职率是多少？是高还是低？如果只有绩效最好的人离开怎么办？

最终，马克说他不在乎数字怎样；如果没有配备足够的人才，他们就无法实现目标，而这是 Jo 需要解决的问题。

情景测试题：

1. 在这个案例中，Jo 突然被叫到紧急会议上的原因是？

    A. Jo 未得到集团总裁和马克的信任

    B. Jo 让数据分析师提取的营业额数据有问题

    C. 集团总裁和马克对离职率数据有疑问，需要 Jo 去解答

    D. Jo 未对关键数据进行解读，如营业额数据对人力资源的影响，高绩效人才的流失对业务的影响等。也未提出可行性解决方案

2. 由于公司的人员流失问题，Jo 提出了做继任计划的需求。哪种做法最有助于继任计划的开展？

   A. 分析现有关键技能的缺失风险以及差距弥补的行动方案

   B. 和仍在公司的高绩效人才面谈，了解他们的想法和动态，并允诺公司将重用他们

   C. 建立针对性的情境面试问题，为筛选高绩效人才做准备

   D. 增加培训经费，让潜在人才外出培训

3. 如果 Jo 想用可视化的图表来展现出营业收入和人才流失率的关系，Jo 可用哪一种？

   A. 折线图

   B. 柱状图

   C. 散点图

   D. 直方图

4. 如果有个别部门离职率特别高，HR 应该如何进行调查与分析，并跟部门经理沟通？

   A. 将离职面谈内容分享给部门经理

   B. 审查该部门的离职面谈、离职率数据信效度，和现有关键人员一一沟通，以确定需要解决的问题，制定相关的计划

   C. 部门经理个人领导力有问题，制定一套提升部门领导力的计划

   D. 找部门经理沟通，问他对离职率高有什么想法

六、HR 常见误区与教训、小贴士

误区与教训：

- 缺少数据、证据与事实支持，凭感觉做决定，比如歧视

- 使用超出自己能力范围的工具做决策，如心理测验

- 对因果关系与相关关系缺少深入思考

- 数据与事件的关系缺少关联

- 被图标误导，记忆出错等人类偏差影响

- 缺少对社会施加影响的外界如媒体的反思与批判

小贴士：

- 学习研究方法，研读学术论文

- 提出好问题

- 使用 5WHY 不断追问

- 使用预测来验证自己的认知的偏差并及时纠偏

- 使用多种资源进行交叉验证

- 经常检视一手资料与二手资料的有效性与可靠性

七、关键术语

关键概念：

调查和评估流程（开发、管理、验证）、数据来源（面谈、专题小组、员工调查、客户调查、营销数据、分析报告）、数据分析的技

巧与方法（数据清晰、数据挖掘、可视化、大数据分析、统计分析、预测分析）、统计学和测量学基本概念（描述性统计、关联性、可靠性、确实性）、循证决策 EBDM、焦点小组、统计抽样、正态分布、商业提案

易混淆概念：

批判性思维 VS 分析思维；

中位数 median VS 众数 mode VS 均值 mean；

可靠性 VS 确实性。

八、拓展阅读

- 《掌握这套框架，你的决策能力会上一个大台阶》

   https://mp.weixin.qq.com/s/nz8rg4gTFQl6Epp7rIkWLw

- 《想要真正有未来，企业就必须争分夺秒地建立"数字分析"竞争力》

   https://mp.weixin.qq.com/s/yoHFhy4UdleE1A5op8YL9A

- 《商战数据挖掘：你需要了解的数据科学与分析思维》福斯特·普罗沃思特、汤姆·福西特著，人民邮电出版社出版

- 《简单统计学：如何轻松识破一本正经的胡说八道》加里史密斯著，江西人民出版社出版

九、参考答案

训战结合演练:

题号	答案	题号	答案	题号	答案
1.1	D	2.1	D	3.1	D
1.2	C	2.2	D	3.2	D
1.3	B	2.3	C	3.3	D

案例分析题:

1.D 2.A 3.C 4.B

第六章 咨询

一、引子：案例

某公司正在致力于从传统公司向高科技公司转型。人力资源自始参与在这一重大变革之中，并积极探讨支持转型成功的人力资源之道。在讲公司转型战略分解、落实到人力资源战略的过程中，他们分析了宏观人才市场、公司的竞争对手状况、公司内部人才盘点等；进行了公司中、高层多场访谈以了解业务战略的细节、面临的挑战以及对人力资源的要求和期待。在综合各项信息之后，确定了为确保战略转型成功，人力资源的工作重点在于"建立与新战略相匹配的组织与人才团队"；而其中的游戏规则改变因素（game changer）是：（1）重塑员工团队，制定能吸引高科技人才的雇主价值主张（EVP）和招聘体系；（2）提高组织敏捷性，进行组织机构变革并为之注入"敏捷"基因。

在上述变革中，人力资源专业人士应该使用哪些工具与方法，以促进变革的推进和预期目标的实现？

案例分析：

评估业务挑战——识别并定义"真"问题，能使咨询事半功倍。该人力资源部充分运用了数据、访谈收集信息并分析，深刻理解业务挑战，找到了业务核心需求和问题。

策划人力资源解决方案的实施——好的人力资源方案，是为业务战略而存在的；相应的，人力资源解决方案，从来都不是也不应该是单纯的"人力资源部的解决方案"。在实施过程中，人力资源部应当发挥"军师"的作用，给业务变革从人力资源角度提供专业的组织与人员咨询和支持；更应当作为方案落地的责任人，扫清障碍、识别风险、落实措施、跟踪进展等，与业务部门一同确保目标的实现。

变革管理——任何的变革都是先"破"后"立"的过程。案例中的人力资源部自始参与了变革的发起，这是非常重要的起点。在确立了"重塑员工团队"和"提高组织敏捷性"的目标后，人力资源部应当运用变革管理的方法和工具，走好变革管理的"J"曲线，以确保变革目标的实现。

在 VUCA 时代以及后疫情新常态下，该案例中的变革，是人力资源工作者需要时常面对的"新常态"。如何利用人力资源技术，在理解业务战略和需求的情况下，通过专业、独立的判断为组织探索新路径、发展新能力、形成新优势以及成就组织韧性（resilience）助力，是人力资源工作者必须思考的问题以及必须具备的能力。

二、SHRM 胜任力定义、大纲要求与自我评估

SHRM 定义，咨询是指与组织的利益相关者合作、评估业务挑战并识别变革机会，从而设计、实施和评估变革项目，以及为满足不断变化的客户和业务需求而制定人力资源解决方案提供持续支持。

"咨询"是多项能力的综合体现。它要求人力资源工作者运用业务敏感（Business Acumen）分析并发现契机，运用分析取向（Analytical Aptitude）大胆分析、小心求证，运用人际关系（Interpersonal）和领导力（Leadership）技能确保变革与项目目标得以落地、实现。

大纲要求

胜任力子维度	水平指标	
	所有人力资源专业人士	高级人力资源专业人士
评估业务挑战 与商业合作伙伴和领导合作，识别业务挑战和机会并提供人力资源解决方案	• 与利益相关者合作，理解组织当前和未来的人力资源挑战，识别人力资源需求和有待改进的方面。 • 向利益相关者介绍当前和未来与人力资源相关的威胁和责任。 • 就阻碍或支持业务取得成功的现有人力资源项目、实践和政策向利益相关者提供建议。	• 与领导合作，确定人力资源可以如何改善业务成果并支持组织的战略方向和长期目标。

(续上表)

胜任力 子维度	水平指标	
	所有人力资源专业人士	高级人力资源专业人士
设计人力资 源解决方案 与商业合作伙 伴和领导合作 设计满足业务 需求的人力资 源解决方案和 计划。	• 与利益相关者合作，提供具有创造性、创新性、有效性并基于最佳实践和/或研究的人力资源解决方案。 • 为非人力资源部门的管理者提供有关人力资源实践、合规、法律、规程和道德规范的指导。 • 为人力资源解决方案确立明确的目标和成果， • 并用它们来推动解决方案的设计工作。 • 为其他人力资源专业人士、非人力资源部门的管理者和业务部门团队提供与实施人力资源解决方案有关的指导。 • 与商业合作伙伴合作克服在实施人力资源解决方案过程中遇到的障碍。 • 为人力资源解决方案的实施工作提供后续跟进	• 与内部的主要利益相关者合作，识别那些能最大限度减少威胁和责任的计划。 • 确定人力资源相关威胁和责任的战略性补救方法。 • 与企业领导合作，制定符合并推动组织战略的，富有创意且基于证据的人才管理战略。 • 设计和监督基于证据的，长期战略性人力资源和业务解决方案。 • 为业务部门的领导提供有关组织战略方向的持续支持和人力资源解决方案。 • 鼓励员工和领导就战略性人力资源决策和业务决策提供意见。 • 与领导合作，克服实施人力资源计划时遇到的障碍。

(续上表)

胜任力子维度	水平指标	
	所有人力资源专业人士	高级人力资源专业人士
设计人力资源解决方案 与商业合作伙伴和领导合作设计满足业务需求的人力资源解决方案和计划。	和持续支持，以确保其持续有效。 • 确保人力资源解决方案的实施符合既定目标和成果。	• 将人力资源解决方案与相关的组织流程、系统和其他业务或管理计划整合起来。
变革管理 引导并支持战略、组织和/或运营的维护或变革。	• 提出改进人力资源项目、实践和政策的方法。 • 推动组织的利益相关者对实施中的变革计划予以认可。 • 推动员工对组织的变革予以认可。 • 协调和部署人力资源项目，以支持变革计划。	• 与高管合作确定何时何地需要（或不需要）变革。 • 推动领导和各级员工对组织变革的支持。 • 确立变革的目的和目标。 • 监督变革计划在各个业务部门和整个组织中的实施情况。 • 与企业领导合作，实现变革的目的和目标。 • 在变革期间为各级人力资源工作人员提供支持。

(续上表)

胜任力 子维度	水平指标	
	所有人力资源专业人士	高级人力资源专业人士
卓越服务 为所有利益相关者提供优质的服务，帮助打造强大的客户服务文化。	• 识别、确定和澄清利益相关者（例如：员工、应聘者、供应商）的需求及要求，报告所提供的人力资源服务的状态和成果。 • 及时、礼貌并公开地响应利益相关者的请求，并全心投入来满足利益相关者的需求。 • 识别并解决在满足利益相关者需求时遇到的风险和早期问题。 • 管理与供应商的互动，以维持服务质量。	• 设计并监督人力资源项目、实践和政策，确保在人力资源职能中打造优质、强大的利益相关者服务文化。 • 监督人力资源部门的利益相关者服务目标和结果。 • 识别影响市场需求的，更为广泛的系统需求和问题，并与外部利益相关者合作，帮助满足超出人力资源职责范围的要求。 • 培养并促进能出色满足利益相关者需求的组织文化。

学习前评估 (1-5 分)

子维度	子维度定义	自我评估	相关支持	提升计划
评估业务挑战	与商业合作伙伴和领导合作,识别业务挑战和机会并提供人力资源解决方案			
设计人力资源解决方案	与商业合作伙伴和领导合作设计满足业务需求的人力资源解决方案和计划。			
人力资源解决方案建议	与商业合作伙伴和领导合作,实施并支持人力资源解决方案和计划。			
变革管理	引导并支持战略、组织和/或运营的维护或变革。			
卓越服务	为所有利益相关者提供优质的服务,帮助打造强大的客户服务文化。			

1-2 分:部分做到了,改善空间很大

3 分:基本做到了或持保留意见

4-5 分:相当有效做到

三、咨询与其他胜任力和模块的应用与链接

咨询胜任力与商业敏感、分析取向强相关,也与战略、领导力与导航、关系管理紧密联系。

四、咨询训战结合演练

1.1 一位 HRBP 刚加入到一家世界 500 强企业,HR 总监对他提

出一个期望，作为 HRBP，你要服务好你的利益相关者，以业务为伴，把他们当作客户。这个导向，使得 HRBP 的工作得到了业务管理者们的高度认可。这位 HR 总监倡导了一种什么样的理念？

A. HR 的陪伴能力导向

B. HR 服务于业务的文化

C. HR 管理利益相关者的关怀文化

D. HR 的客户导向文化

1.2 一家企业正在策划一场变革，各级管理者都在吹风，整个团队都处在随时作战、势在必得的状态。资深的 HRBP Yvonne 在考察了各个部门并做了局部的访谈之后整理了一份报告。在变革启动会议的时候，Yvonne 投了反对票，表示最近 CEO 到总部出差了一周，正在争取一个新的战略项目，对此变革没做好心理准备，而且中基层有一半管理者并不知悉，底层员工在准备回家过年，时机不恰当。这位 HRBP 在从哪个方面预防变革失败的风险？

A. 人员结构

B. 变革准备度

C. 反对派的阻挠

D. 变革的时机不成熟

1.3 一位性格强势、急躁而有魄力的总监管理着一个上百人的团队，压力很大，十分需要 HR 帮助他在管理者的辅导和人员管理方面给予建议和支持，但他总是在不经意间把同级别的资深 HRBP 当作下属来使用。对此，Yvonne 作为一名资深 HR 总监刚加入企业，她有策略地帮这位总监解决了一些关键且重要的任务，并从中建立了这位总监对她的信任与信心，顺利转变了这位总监对 HR 的定位与理解，与这位总监成为了业务上的伙伴。Yvonne 在哪方面做到位了？

A. 通过信任关系转变了角色

B. 先建立了伙伴关系再转变为业务伙伴关系

C. 有策略地先做事后做人

D. 有策略地先做人后做事

2.1 一位资深 HR 总监 Victoria 刚加入一家民族企业，与各个部门管理者及核心人才做了一轮深度访谈，评估了整个公司的业务战略、业务、人才与组织匹配状况，发现匹配性十分不理想。同时，公司已经开始大力引进高端人才，但所引进人才与组织的匹配情况十分不理想。于是 Victoria 咨询公司董事长："公司最近陆陆续续引入了不少高端人才，但适应情况不佳，看不清公司方向，跟原班人马也不够默契；原来自己培养的管理者似乎也不太跟得上您的步伐。不知道您是否有新的发展方向？"经充分沟通后，董事长对 Victoria 的建议与解决方案表示认同并十分支持。Victoria 在哪方面取得了董事长的信任？

A. 理解了公司的企业生命周期，并做了正确的事情

B. 把握了公司企业生命周期的人力资源管理如何匹配战略

C. 理解了公司的企业生命周期对人才的要求

D. 理解了原班人马的诉求，也深刻了解下空降兵的特点

2.2 研发中心总监最近十分苦恼：部门离职率高居不下。为此，Stella 作为公司的 HRBP 找他了解情况，他认为竞争对手的挖墙角太疯狂，薪酬太高。Stella 结合各部门的离职数据、留任访谈和敬业度调查的数据，发现这个部门有两位经理的管理风格十分强硬、任务导向、关键员工不断流失。通过与 Stella 的分析与交流，研发总监也意识到这跟自己的管理风格也有很大关系，对于离职率问题自己也负有责任。Stella 如何成功帮助研发总监厘清离职率的问题？

A. 使用以情感人的手段

B. 使用了以理服人的手段

C. 使用了数据引导总监理解问题所在

D. 使用了人力资源一手数据而不是二手数据，很有说服力

2.3 一家制造型企业正在为客户打造一批样品，客户对质量、成本与技术创新都有相当高的要求，订单量将高达十亿。总经理把企业的制造、研发和 HR 总监们一起派驻现场，组建了一个项目团队开始打样。整个打样过程十分有序，但遇到的挑战越来越大，组装团队从三十人在一周内迅速扩张到上百人。客户驻场代表对此十分惊讶，但经过交流之后表示多了几分安心。公司派 HR 总监参与打样，以下哪一项描述跟这个举措最不相关？

A. HR 了解业务，从源头开始

B. HR 是项目的重要利益相关者

C. HR 在项目中可以提供很多的支持

D. HR 可以在项目中考察与发展高管团队的领导力

3.1 公司正在为一个新项目立项，紧急召集了相关部门负责人成立一个项目组。正要开会，老板问，HR 总监呢？项目组成员表示，项目要紧，大家赶紧开起来，到时把结果告诉 HR 总监 Yvonne 就好。对此，项目组组长坚决反对，会议不能没有 Yvonne 的参加，只有 HR 总监的支持与参与，才能在整个项目的不同阶段获得人才、组织、激励与领导力的保障。Yvonne 在团队中成了不可或缺的成员，以下哪个说法最不相关？

A. HR 把握了一些权力，大家不敢得罪

B. HR 可能成了大家的业务伙伴，举足轻重

C. HR 在项目组中能发挥很大的作用

D. HR 在支撑着业务成功

3.2 一位中小型零售企业的 HR 总监 Albert 看到市场都在流行提升人效，以此提升公司的管理效率与质量。在经过仔细思考之后，他决定从销售队伍入手。Albert 跟销售副总裁关系比较好，而且他管理的队伍比较庞大，因此想从他这里开始试点。销售副总裁听完之后，觉得 Albert 似乎说得挺有道理的，人少了，销售收入与利润不变，人效就提升了。可是，他隐隐约约地觉得似乎还有一些更重要的问题没有考虑进去。于是，他找到了作为公司 HR 副总裁的你，你会如何做？

A. 帮助他理清管理思路，从公司战略发展的角度让他理解人效提升的重要意义

B. 与销售副总裁一起评估公司战略与评估销售队伍的挑战，理解销售团队的需求与痛点，再找解决方案

C. 找 Albert 与销售副总裁一起，把人效的提升放在公司发展大战略之上，帮助销售副总裁实施人效提升策略

D. 跟 Albert 一起分析销售团队的问题，然后授权 Albert 去跟销售副总裁进一步落实人效提升方案

3.3 某科技公司总裁李某谈到"封疆大吏"的区域总裁们——公司的区域第一把手时，他指出，他们掌握着很多的行政权力，是真正掌握实权的管理者，但他们的决策对公司的影响往往是局面的、阶段性的。而总部的高层管理者，位置很高、头衔很大，但大事小事都需要和下面商量着来办，花了大量时间去沟通与协调，决策的影响是全球性的、且对组织影响时间很长。对此，作为 HR 副总裁，以下除了哪一项外，都可以在多个层面帮助区域总裁更好地适应角色与转型？

A. 引入岗位转身计划与辅导体系帮助区域总裁进行角色认知与转型

B. 做好"之"字形管理，一方面留住干部在总部，免得一不适应就想申请回区域管理，另一方面也在适当的机会回到片联参与全球战略决策

C. 引入咨询公司的领导力体系，帮助系统管理这些总裁的个人发展与组织的继任计划

D. 适者生存，让区域总裁自由流动，更符合人才市场规则，干部不是培养出来的，是打出来的

五、SHRM-SCP/CP 案例分析

一家 MC 咨询公司，主营业务是为客户提供产品营销策略策划以及设计产品推广宣传物料，总部设于上海，在武汉设有分公司。在一个项目中，上海总部技术部和武汉分公司技术部一起合作，为客户撰写产品推广宣传物料，上海总部技术部负责整体任务的分配和项目统筹管理。技术总监在上海工作，负责上海总部技术部的管理，同时武汉分公司技术部经理向他汇报工作。CEO 在一次会议中向技术总监表达了对技术部现状的不满，技术总监在与 HR 总监的日常交流中，他表示对此十分苦恼。

情景测试题：

1. 对于 HR 总监而言，以下哪一项最为合适：
   A. 告诉技术总监这是人效的问题
   B. 询问技术总监有什么可以帮忙的
   C. 与技术总监作进一步的沟通，识别真正的问题
   D. 建议技术总监与同行交流，借鉴行业最佳实践

2. HR 总监与技术总监进一步沟通时，发现上海总部的技术部的资深工程师更多，整体效率比武汉技术分部更高，但利润却比武汉技术分部低，武汉技术分部由大多数新人组成。HR 总监

应该怎么做?

A. 罗列入职、人员、绩效、潜力评估等信息，作对照分析

B. 询问同行，同等规模下的公司产能如何

C. 武汉分部技术部门主管做得不错，建议晋升

D. 为上海技术总部引入部门绩效提升项目，建议技术总监实施"敏捷开发"

六、HR 常见误区与教训、小贴士

误区与教训:

- 闭门造车，以 HR 职能而非业务需求活动为导向

- HR 与利益相关者的关系与定位颠倒错乱

- HR 对业务痛点缺少深入理解与评估

- HR 循证管理不到位

小贴士:

- 始于业务需求，而终于业务需求

- 与业务为伴，从陪伴 Companion 到合伙人 Partner

- 使用商业语言去理解商业，与业务交流商业

- 熟练使用商业模型如 GAPS 有效把商业需求转化为 HR 语言与行动

七、关键术语

关键概念:

组织变革管理理论和模型（勒温的变革管理模型、麦肯锡 7S 模型、科勒的八步变革模型、库布勒罗斯的改变曲线）、组织变革管理流程（获得领导支持、创建变革案例、吸引员工参与、就变革进行沟通、消除障碍）、咨询流程和模型，包括咨询对组织系统和流程的贡献、有效的咨询技巧（了解组织文化、了解自己专长及其局限性、设定合理的预期、避免过度承诺）、成功进行客户互动的关键因素（如倾听、同理心等）、人力资源服务职能及流程等设计和提供方式（问题追踪、客户服务）。

八、拓展阅读

- 《金字塔原理》，原作名 The Minto Pyramid Principle，[美] 芭芭拉·明托

- 《关键对话:如何高效能沟通》，原作名 Crucial Conversations: Tools for Talking When Stakes are High，[美] 科里·帕特森（Kerry Patterson），约瑟夫·格雷尼，罗恩·麦克米兰，艾尔·史威茨勒

- 《企业生命周期》，原作名 Managing Corporate Lifecycles，[美] 伊查克·爱迪思

- 《卓有成效的管理者》，原作名 The Effective Executive，[美] 彼得·德鲁克

九、参考答案

训战结合演练：

题号	答案	题号	答案	题号	答案
1.1	D	2.1	B	3.1	A
1.2	B	2.2	C	3.2	C
1.3	D	2.3	D	3.3	D

案例分析题：

1.C 2.A

第三模块　做领导（Leadership）

- 道德实践

- 领导力与导航

- 多元化、平等与包容

第三模块导读

如果说做人、做事是 HR 的本职工作，那么做领导就是更上一层楼。领导是整个组织的主心骨、操盘手与灵魂。SHRM 对领导与领导力的理解与中国是非常有默契的，如果不说是东西合璧的话——领导力（Leadership），前面指的是对人的引领 & 导航 Navigation，后面是对组织的领航、导向，因此，这个领导包含了**对人与组织的领导，对 HR 来讲，就是我们"做领导"。**

至此为此，我们就更理解我们在第一部分关于"做人、做事、做领导"的顺序，这非常符合中国传统人事对自己的理解。

第七章　道德实践

一、引子：案例

　　一家快速成长期的研发平台机构，由于业务拓展带来人力的需求缺口较大，一位资深研发主管向人力资源部推荐了一家外包公司，介绍说这家公司曾经是他之前服务公司的可靠供应商，他们可以有效解决软件方向的人力缺口。

　　人力资源部负责人 Cathy 安排 2 位 HR 进行现场考察审厂，后在业务部门施压下，省略了招投标流程，快速引入了这家公司。引入后，这家公司为研发中心服务了一年多，逐渐成为某软件部门唯一的外包供应商。在组织内部例行审计过程中，发现这家外包供应商的人员价格高于行业内和其他公司平均价格，再进一步检查，这家外包公司的实际总经理是之前推荐人研发主管的妻子，董事长则是那位研发主管的母亲。

　　Cathy 果断立即停止这家供应商的合作，并及时引入替代厂商，申请法务介入，参照签署反商业贿赂书进行经济损失追溯。内部组织廉政调查研发主管，核实情况后，参照员工守则解除了劳动关系，并内部公示处理过程和结果。同时及时组织讨论更新外包公司资质认定的要求、是否经过正规的招投标流程及审核见证性资料；是否签署《反商业贿赂书》；关联关系审核责任方；外包公司的评价维度、频率等，淘汰机制等情况。

从这个案例中，Cathy 在哪些方面可以改善，避免后续类似事件发生？在处理过程中，还有哪些地方可以优化？

二、SHRM 胜任力定义、大纲要求与自我评估

SHRM 定义，道德实践是指保持高水平的个人和职业诚信所需的 KSAOs（知识，技能和能力），并作为道德代理人在整个组织中促进核心价值观，诚信和问责制。

道德实践需要人力资源专业人士帮助组织创建合乎道德规范的工作场营造信任的氛围，吸引和保留员工，建立雇主品牌，帮助组织降低风险，提高声誉，吸引客户，实现业务目标。

工作场所中的道德问题：创造遵循道德规范的工作场所；遵循道德规范的决策；透明度、诚实、保密性。行为准则：行为准则的元素；制定有效的行为准则；内部道德规范控制；全球性组织的全球准则。

大纲要求

胜任力子维度	水平指标	
	所有人力资源专业人士	高级人力资源专业人士
个人诚信 在个人关系和行为中表现出水平的诚信度。	• 阐明并践行同一套价值观。 • 承认错误并为此负责。 • 认识到自己和他人所持有的显性偏见和无意识偏见，并采取措施提升自我意识。 • 作为个人诚信和高道德标准的榜样。	• 向领导和高管上报潜在的利益冲突或不道德行为。 • 帮助他人辨识、理解和消除其持有的偏见。 • 让他人对自身承诺负责。
职业诚信 在职业关系和行为中表现出高水平的诚信度。	• 不基于个人偏见而采取行动。 • 合理维护隐私，并按照法律和法规的要求履行上报不道德行为的义务。 • 在传达敏感信息时适当使用自由裁量权，并将保密和隐私方面的限制告知利益相关者。 • 及时掌握可能影响组织人力资源实践的道德类法律、标准、立法和新兴趋势。 • 详尽、及时并公正地引导人力资源调查。	• 在制定或实施战略、计划或长期目标时，承受带有政治动机的施压。 • 制定战略、计划或长期目标时，在道德、诚信、组织成功、拥护员工以及组织使命和价值观之间谋求平衡。 • 将人力资源团队打造为可信、可靠的资源。 • 使人力资源实践及业务实践与道德法律及标准保持一致。 • 做出符合组织价值观和道德规范的艰难决策。

(续上表)

胜任力 子维度	水平指标	
	所有人力资源专业人士	高级人力资源专业人士
职业诚信 在职业关系和行为中表现出高水平的诚信度。	• 建立自己的可信度和可靠度。 • 在必要时应用和挑战组织的道德和诚信政策。 • 在制定决策及实施和强制推行人力资源项目、实践及政策时，有效管理来自政治和社会两方面的压力。 • 在出现涉及道德问题的情况时，为同事提供公开、诚实和有建设性的反馈。 • 在道德、诚信、组织成就、员工宣传、组织使命和价值观、法律和法规、以及组织政策和程序之间谋求平衡。 • 找机会学习新的技能并提升现有技能，以成为更有效能的人力资源专业人士。 • 理解并能包容多元文化下不同的行为规范，并能在组织能寻求平衡。	• 适当运用权力或权威，不谋私利。 • 在做出困难的决定或应对具有挑战性的情形时，表现机敏且充满勇气。 • 与关键利益相关者合作，识别组织运行中潜在的道德风险，并参与制定风险管控流程和审核纠正机制。

（续上表）

胜任力子维度	水平指标	
	所有人力资源专业人士	高级人力资源专业人士
职业诚信 在职业关系和行为中表现出高水平的诚信度。	• 了解行业准则、组织中特定领域的道德漏洞。	
道德能动者 培养组织的道德环境，确保政策和实践符合道德价值观。	• 授权所有员工报告不道德行为和利益冲突，使他们不必担心遭到报复。 • 采取措施减轻人力资源决策和业务决策受偏见影响的情况。 • 确保人力资源项目、实践和政策保持适当的透明度。 • 识别、评估并向领导上报潜在的道德风险和利益冲突。 • 沟通、宣传组织的道德标准和政策，确保政策易于获取并能在组织中运行。	• 针对组织风险和利益冲突向高管层提供建议。 • 与领导合作，共同支持内部道德管控。 • 制定人力资源政策、标准和其他内部道德管控措施并就此贡献专长，以最大程度地降低不道德行为给组织带来的风险。 • 建立并监督人力资源项目、实践和政策，推动道德文化建设，鼓励员工报告不道德的行为，并保护员工和数据的机密性。 • 传达组织文化的愿景，在该组织文化中，大家阐明并践行同一套价值观。 • 制定符合高水平道德和诚信标准的人力资源项目、

141

（续上表）

胜任力子维度	水平指标	
	所有人力资源专业人士	高级人力资源专业人士
道德能动者 培养组织的道德环境，确保政策和实践符合道德价值观。		实践和政策。 • 设计并监督系统，确保详尽、及时和公正地开展所有调查。 • 审查并监督与道德相关的人力资源项目、实践和政策的遵守情况。 • 设计并监督涵盖道德内容的学习和发展计划。 • 实施并维护一套鼓励所有员工报告不道德实践和行为的文化和制度。

学习前评估（1-5 分）

子维度	子维度定义	自我评估	相关支持	提升计划
个人诚信	在个人关系和行为中表现出水平的诚信度。			
职业诚信	在职业关系和行为中表现出高水平的诚信度。			
道德能动者	培养组织的道德环境，确保政策和实践符合道德价值观。			

1-2 分：部分做到了，改善空间很大

3 分：基本做到了或持保留意见

4-5 分：相当有效做到

三、道德实践其他胜任力和模块的应用与链接

全球化 HR、领导力、关系管理、风险管理、商业敏感、沟通、敬业度、人才获取、道德实践与全球化

四、道德实践训战结合演练

1.1 一位 HR 经理 Adam，年轻未婚，最近喜欢上了财务部一位女员工。但他深知，公司以往的政策是明文规定不鼓励员工双方在工作场所中特别是利益相关岗位之间发生恋爱或其他姻亲关系以防止利益冲突。这项规定一直都没有人违反过。对此，他也曾经跟新 CEO 探讨过公司的一些规定，CEO 也对此并不在乎，即使重新修订他也同意。对此，Adam 决定修改政策让CEO 审批，最后对这位女员工求爱。Adam 这样做可能造成的道德问题，以下哪一项最恰当？

  A. 个人诚信有问题，假公济私，修改公司制度让自己免于惩罚或谴责

  B. 职业诚信有问题，向同事求爱很可能会造成骚扰问题，不符合职业道德

  C. 职业道德问题，与同事发展关系，会产生利益冲突

  D. 个人诚信与职业诚信都有问题，这是公司价值观的基线，会对个人与公司造成损失

1.2 一位 HR 经理 Anna 负责公司的安全与健康管理。她的直接下属行政主管的一项最重要的 KPI 就是安全事故率。在多项无伤害事故上以及小事故判定上，行政主管都隐瞒了，使得整个公司的安全情况看起来比较完美，可是，一旦情况爆发，却很可能会局部连环爆发。鉴于这样的安全隐患，Anna 也迫于奖金的压力，没有处置行政主管，也没有上报。对此，如果你是 Anna 的 HR 同行好友，你觉得她的行为有什么道德问题，如何防治？

  A. 道德风险，即隐瞒了对个人有利的信息却对公司造成潜在的损失，她应该要求行政主管主动汇报

  B. 道德风险，即隐瞒了对个人有利的信息却对公司造成潜在的损失，她应该重新审查制度与流程

  C. 利益冲突，行政主管的个人利益与公司利益相冲突，Anna 应该警告与辅导安全主管

  D. 利益冲突，行政主管的个人利益与公司利益相冲突，Anna 应该主动承担责任，披露问题

1.3.1 一位 HRBP 收到来自 CEO 的邀请，参加下周两个大型工厂的所在社区的政协委员选举表决，要求 HRBP 为其中一家合作工厂的管理团队成员投票，把选票指定投给合作方的管理团队。对此，这位 HRBP 内心十分复杂。如果你是这位 HRBP，你会怎么做？

  A. 主动告诉 CEO 你有道德方面的顾虑，但尽力配合

  B. 主动告诉 CEO 你有道德方面的顾虑，看 CEO 的期望再

考虑是否配合

C. 查阅公司有关行为道德手册与制度，告诉 CEO 是否有违反，再决定是否参加投票

D. 直接拒绝 CEO 的要求，告诉他这有违反公司与个人道德诚信

1.3.2 一位 HRBP 收到员工的匿名举报，举报内容提到一名供应商管理工程师（A 员工），在差旅途中让供应商派车接送，公司合规程序文件明确规定此行为不可为，举报内容还提到 A 员工管理的供应商参加了她的婚礼。A 员工绩效表现优异，深得供应商管理部门主管信任。如果你是这位 HRBP，第一步你会怎么做？

A. 主动与供应商管理部门的主管沟通，请他配合调查

B. 将此匿名举报信息与你的上一级沟通，寻求建议

C. 重申合规程序文件中关于差旅的规定以及违规的处罚，并发邮件给全员

D. 约谈 A 员工，将举报内容如实告知，并晓之以理，约定下次不能再犯

2.1 一位资深 HR 经理 Mellissa 最近自费参加了一个比较重要的职业发展项目，持续的时间长达半年。由于主讲老师不善于销售并对学员有比较积极的期待，并不催缴费用。Mellissa 的工资一般有比较常规的支出，于是在接受辅导后长达几周都没有主动缴费，虽然心里不太过得去，可是的确没有把缴费排上日

145

程。如果你是 Mellissa，从道德自律的角度来看，你会如何做更加恰当？

A. 主动告诉讲师你的个人财务问题，并制定一个缴费方案，按时缴纳

B. Mellissa 已经意识到问题，要自己负起责任来，主动缴纳，如有困难积极沟通与解决问题

C. Mellissa 不用太在乎，迟早会缴纳，讲师自己会解决问题，又不是自己一个人这么做

D. Mellissa 按照自己的实际情况进行缴纳就好，不需要考虑太多

2.2 一位集团公司 HR 总监 Michelle，在过去的几年里，由于公司预算紧张，一直都缺少经费组织 HR 部门参与外部的培训。在过年的时候，有一名公司的培训供应商知悉这样的情况之后，给了他们价值五万元的免费项目，可以派主管以上级别的 HR 参与学习。作为部门人才发展的一部分，你很想获得这样的培训，但是，这个额度又有点大，Michelle 担心未来在供应商管理中，需要筛选供应商的时候出现利益冲突，十分犹豫。对此，你会如何建议 Michelle？

A. 查阅公司有关行为道德手册与制度，如果没有违反，主动进行报备

B. 涉及可能存在潜在利益冲突，且金额较大，建议直接拒绝。

C. 反正并没有实际的利益冲突产生，正是给团队一个福利的机会，直接接纳

D. 这是人才发展的项目，利益大于一切，有没有产生利益冲突，直接向上寻求审批

2.3 一位英国企业 HR 总监 Daxton，最近有同事告诉他，公司的 CEO 与他的下属有暧昧关系，在一次外出开会的时候，从周六下午一点开始他们两人一起待在酒店里，一直到晚上两点多都没有出来过。第二天早上 6 点就见到他们在酒店吃早餐。对此，Daxton 作为他们的下属和上司，他感觉十分尴尬，不知道如何处理。如果你是 Daxton 的同行，你会如何建议他？

A. 在合适的场合提醒 CEO 公司对于职场关系的规定，并用案例说明暧昧关系的后果。

B. 太尴尬了，准备辞职，没有必要介入这样的利益冲突之中

C. 向公司有关部门进行报备，让他们介入调查

D. 找下属私下澄清情况，再看下一步怎么办

3.1 人力资源经理 Yolanda 收到匿名举报，称销售部最优秀的销售人员 Mike 有不道德行为。公司非常重视道德问题。对于这项指控，Yolanda 首先要采取什么行动？

A. 试图找到匿名举报的来源，以便获得更多信息。

B. 调查以确定与该指控有关的任何可用的事实信息。

C. 通过扣押销售人员的佣金来惩罚 Mike，因为其中一些佣金是以不道德的方式获得的。

D. 立即就这些指控与 Mike 对质，看他如何回应。

3.2 一位资深的 HR 总监 Lucy 刚加入一家民营企业，发现公司十分重视文化价值观的培训。经过调研，她发现，这些文化价值观并非董事长在创业过程中从他的性格与做事情的风格等留下来的，而是董事长倡导的伟大企业的文化与他期望理想的的行事风格。Lucy 观察到，这些价值观不仅成为了比绩效更重要的指标，即作为九宫格的两个维度之一，一旦发现价值观不符，员工就会被淘汰，甚至在工作过程中，如果发现员工或员工被判定不符合公司价值观，就会终止合同。对此，Lucy 陷入了道德两难，到底如何在工作中展开企业文化与绩效管理呢？如果你是 Lucy 的 HR 同行好友，你会如何建议她第一步做什么？

   A. 在管理层进行澄清价值观，听取员工的心声，输出符合企业发展目标的价值观和与之一致的绩效管理体系

   B. 跟随董事长的想法，并执行

   C. 收集员工反馈的意见，用以建议董事长调整绩效管理体系

   D. 分享以前公司的做法，建议董事长采用

3.3 一家全球化公司，经营足迹遍布 40 多个国家，公司将诚信经营列入了《道德准则》，并单独设置了风控部门和合规办公室，向 CEO 汇报，集团同时推行了道德合规手册、反腐败反贿赂、人权法案、数据保护、合作伙伴准则等一系列文件，旨在要求各地经营者合法合规经营。其中反贿赂法案中明确规定禁止向任何合作伙伴、政府官员送礼，也禁止职员收受礼品。这家公司在 A 国经营，A 国的习俗是逢年过节收送礼物是作为文化习俗，这家公司坚决不送礼的行为引起了客户的不理解，影响

了合作。你作为这家公司在 A 国的 HRD，深深认可集团诚信经营的价值观，但同时又需要兼顾 A 国礼节，你如何处理？

A. 向集团申请符合 A 国制度的礼品额度，并制定流程来规范申请、使用、报销、审查

B. 诚信经营是公司的价值观，反贿赂法案是诚信经营的有利保障，HRD 只需贯彻执行集团规则即可

C. 多渠道了解其他全球化公司在 A 国的做法，结合公司的反贿赂法案和关键利益相关者的建议，制定适用于 A 国国情的礼品方案

D. 将 A 国的习俗文化和现有制度带来的影响与总部法务部门进行充分沟通，要求其做出适当调整以适应 A 国习俗

五、SHRM-SCP/CP 案例分析

A 公司是一家生产精密仪器的制造型企业，其集团公司一直以来因良好的社会责任的履行而获得大客户的认可，成为业界在社会责任执行方面的典范。2021 年四季度因为订单堆积，市场人员短缺，公司面临延期交付赔偿客户高额空运费的风险。为了尽量准时交货，人力资源部紧急招聘了 50 个临时工入职公司。该批临时工入职后一周，恰逢公司最大客户 C 安排第三方审核机构前往 A 公司进行一年一度的社会责任审核。在与该批临时工进行抽样访谈时，审核员发现了一名年龄低于 14 岁的少数民族员工张三。从排班记录看，该名员工还跟其他员工一样每天都有加班。第三方审核机构在审核报告中开出严重不符合项，并在末次审核会议上告知公司管理层。

情景测试题:

1. 作为 A 公司的人力资源总监,首先应该如何处理审核中的严重不符合问题?

    A. 联合相关负责部门对问题各环节及相关人员进行调查,搜集信息并分析问题发生原因,制定出改善方案后向总经理及总部汇报

    B. 直接开除招聘专员,因为其失职导致证件审查出现纰漏

    C. 要求管理企业社会责任部门负责人解释事情前后经过,并要求其出具改善计划

    D. 向总经理说明公司本次对该批员工招聘周期的要求太短,难免出错,希望公司理解

2. 根据调查了解到该员工提供了虚假身份信息。用人部门总监认为该批员工 50%是少数民族,以后可能会出现更多问题,要求人力资源部一次性全部辞退,以后不许再录用少数民族员工。作为人力资源总监,该如何回应该要求?

    A. 用人部门总监提到的理由很充分,应该采纳用人部门的意见,尽快辞退该批少数民族员工

    B. 不发表看法,先征求总经理的意见,然后跟用人部门沟通总经理的意见。

    C. 在管理层早会上听听大家的意见,少数服从多数

    D. 同用人部门总监一对一沟通该批员工的工作表现情况,并强调除非员工本人不胜任工作,公司不应该因为该事件辞

退其他少数民族员工，并说明企业用工多元化对于履行企业社会责任的重要性

六、HR 常见误区与教训、小贴士

误区与教训：

* 在投诉和搜集员工意见渠道上保持言路畅途

* 对于 HR，法务，合规部门的架构，职责界定上清晰

* 全球化企业中语言翻译准确度很重要，不同国家和区域对于道德的标准定义不同

* 法律是道德底线

小贴士：

* HR 联合相关部门，梳理确认各类事件处理原则和流程。在规则范围内，哪些能做哪些不能做，有明确的说明，底线，红线，针对不同类型的事件，不同层级的员工，如何处理。接到了举报电话后，能做什么不能做什么

* 文化倡导，思想政治教育，结合案例分析，节假日到来的时候给员工发放廉洁守则和商业交往规范的提示信

* 定期给供应商发送匿名廉政调查，并针对反馈问题调查解决形成闭环

* 全球化企业中的 HR 尤其需要保持文化的敏感性

七、关键术语

关键概念:

Code of conduct－行为准则、Confidentiality－保密、Authenticity－保密性、利益冲突、Transparency－透明、Honesty－诚实、Due Diligence-尽职调查

易混淆概念:

道德、伦理和法律

八、拓展阅读

* 道德准则（含制定组织道德准则的指南）

  https://shrm.org/about-shrm/Pages/code-of-ethics.aspx

九、参考答案

训战结合演练:

题号	答案	题号	答案	题号	答案
1.1	D	2.1	B	3.1	B
1.2	D	2.2	B	3.2	A
1.3.1	D	2.3	C	3.3	C
1.3.2	A				

案例分析题:

1.A 2.D

第八章 领导力与导航

一、引子：案例

    Lucy 是一位具有国际化视野的 HRD，她最近新加入了一家地产公司担任海外 HRD，直接向 CEO 汇报，以积极迎接国际化的扩张中。与此同时，CEO 把自己的远亲委任为国际化团队中的 CFO，三人形成了核心管理团队。在管理中，CEO 逐步授权她介入到整体运营中。CEO 凡事都交给 Lucy，无论是节假日都给她发邮件交代一些重要的任务，在公司里把她委以重任，经常把整个公司的运营会议交给她主持。

    在整个国际化过程中，十分艰难，突发事件繁多，Lucy 无论外派团队中的公事还是私事，都全力以赴以确保所有团队成员安心工作，驻扎海外，以期有朝一日凯旋而归。

    然而，就在公司一切进展顺利的时候，全球经济形势变得不容乐观。CEO 告诉 Lucy，他决定跟她谈谈减薪计划。根据与 CEO 的谈话，Lucy 发现 CEO 对 CFO 并没有减薪的打算；除此之外，

Lucy 如果坚持不减薪的话，她很有可能会失去这份工作。

Lucy 十分困惑，她感觉 CEO 对她十分信任，经常称赞她能力十分强，经验丰富，人品好，凡事可以依托，言出必行，行必果，绝对是职业经理人中的典范。可是她万万没想到，在这个艰难的时候，为什么 CEO 对薪酬其实略比她高、对公司的贡献没有她大的 CFO 采取行动。

CFO 在整个国际化的过程中，对 CEO 的家庭和个人生活经常慰问，他也经常找国内行政与财务团队帮忙，对此 CEO 深信 CFO 是个值得信赖的人，无论公司发生任何问题，一定会同舟共济，不离不弃。

如果你是集团公司 HRVP，你已经与公司 CEO 共事十几年。虽然 Lucy 并不直接向你汇报，她向你求助，你会如何帮助她？

案例分析：

可信度是可以相信，可以依赖；而信任感是相信对方是诚实、可信赖、正直的。信任概念由于其抽象性和结构复杂性，在社会学、心理学、营销学、经济学、管理学等不同的领域定义信任是不同的。在上述案例，很明显 CEO 对 Lucy 工作安排和口头称赞是建立在可信度（Credibility）层面，但是更多是建立在可信度（Credibility）层面，而非信任感（Trust）层面。

如果想要增加职场中的信任感的话，首先需要提高自己的工作能力，更需要让自己成为一个靠谱的人。在面对团队工作的时候，我们需要不断提高员工的实际工作能力，更需要建立相应的规则来约束员工的行为，通过这种方式来提高员工彼此之间的信任感。

二、SHRM 胜任力定义、大纲要求与自我评估

SHRM 定义，领导力与导航是指为人力资源设定符合组织战略方向和文化的、令人信服的愿景和使命，实现人力资源和组织目标，领导和倡导组织变革，为组织导航，以及管理人力资源计划的实施和执行所需的知识、技能、能力和其他特征（KSAO）。

领导力需要运用多种关键技能和胜任力：发现机会和提出问题，提出不同的愿景并规划实现该愿景的路径，在组织内获取必要的支持，以及管理能够带来可衡量且可持续的利益的计划。

人力资源领导通过行动来创造价值。富有效能的领导知道如何为自己的行动赢得支持——要成功地引导组织，就必须了解组织本身，并争取从组织内富有影响力的个人那里得到支持。

组织导航

人力资源专业人士必须在现实环境中行之有效地应用正确的准则，才能够做到在组织导航方面发挥重要作用。这五条原则具体内容有：（1）组织愿景——组织在五至十余年时间内展现的外部形象；（2）核心目标——成立组织以及实现组织愿景的核心原因；（3）核心价值观——有助于实现组织愿景和核心目标的重要价值观；（4）黄金目标——组织在一定期限内需要实现的绝佳目标；（5）企训——组织的独到之处或服务内容。这五条原则相互协调一致，紧密相关，是构建组织所有其他信息的核心和基础。

愿景

组织价值观包括使命、愿景、价值观，也就是所谓的"企业文化"，那么它们的区别究竟是什么呢？

使命：我们为什么而存在？是利他的，高远的，为人类、为社会的价值。

愿景：我们要成为什么？是励己的，长期的，能时时激励自己的团队。

价值观：我们做事做人的方式，做什么，不做什么。

管理人力资源计划

人力资源计划必须要毫无偏差，以"直中靶心"的精准为企业战略服务；制定目标要符合 SMART 原则。与组织内的管理层达成一致，获取资源，监控实施，明确责任方，确保与所有利益相关方实现共赢。

影响

构建影响力是职业发展、社会交往的普遍诉求。我们无时无刻不在影响别人，同时也被别人影响着。影响力对促成合作、获得认同、领导团队有着重要作用，而影响力的构建应注重把握整体性、合理抽象、系统化并具备良好的应用能力。聚焦于影响对象的目的（而非沉溺于抱怨循环），才有机会更好地实现组织目标，并且持续、有效的交付，解决真正需要被解决的复杂问题。

大纲要求

胜任力子维度	水平指标	
	所有人力资源专业人士	高级人力资源专业人士
组织导航 在组织的层级制度、流程、系统和政策范围内工作。	• 表现出对正式和非正式工作岗位、领导的目标和兴趣，以及对员工和主管之间关系的理解。 • 促进实施计划所需的沟通和决策。 • 认识和理解组织的政治环境和文化，在此基础上实施人力资源计划。 • 理解组织的架构、流程、系统和政策，在此基础上推动人力资源计划的成功实施。	• 理解组织内领导之间的复杂关系，在此基础上促进计划的设计、实施和维护。 • 理解组织的政治环境，在此基础上制定和实施人力资源战略方向，实施所需的变革，并解决人才方面的需求和问题。 • 理解组织内正式和非正式流程、系统和政策之间的复杂关系，在此基础上推动人力资源战略方向的制定和实施。
愿景 定义和支持人力资源的整体愿景和长期目标，以支持组织的战略方向。	• 接受和支持业务部门及/或组织的文化、价值观、使命和目标。 • 为人力资源项目、实践和政策的制定和实施确立可行的目标，以支持人力资源和组织的战略愿景。 • 找出人力资源工作中有待改进的方面，以更好地符合和支持人力资源和组织	• 设想人力资源功能、组织和文化的当前状况和理想未来，以找出差距和需要改进的方面。 • 制定人力资源和组织的长期战略方向、愿景和目标，以缩小人力资源功能和组织的当前状况和理想状况之间的差距。 • 制定和推广一项广泛的计

(续上表)

胜任力子维度	水平指标	
	所有人力资源专业人士	高级人力资源专业人士
愿景 定义和支持人力资源的整体愿景和长期目标，以支持组织的战略方向。	的战略愿景。 • 支持人力资源项目、实践和政策的实施，以支持人力资源和组织的战略愿景。	划，以实现人力资源和组织的战略方向、愿景和目标。 • 征求高层利益相关者对战略方向、愿景和目标的反馈。 • 根据组织内外部的重大变化而调整人力资源战略、方法和/或计划。
管理人力资源计划 实施并支持符合人力资源和组织目标的人力资源项目。	• 定义并详述领导层提出的项目要求。 • 设定和监控项目目标以及主要进度指标。 • 管理项目预算和资源。 • 确定和开发解决方案，以克服障碍，成功完成项目。 • 确定并监控实施和维护人力资源项目所需的资源。 • 发现资源分配与项目需求不一致的情况，并按需进行调整。 • 在项目要求、目标或制约因素发生变化时，表现出	• 将人力资源的愿景、战略方向和长期目标转化为具有明确时间表和目标的具体项目和计划。 • 监控人力资源计划在实现人力资源愿景、战略方向和长期目标方面的进度。 • 与领导层合作，清除成功实施人力资源计划所面临的障碍。 • 获得并部署组织资源，并监控其有效性。 • 确保对项目规划和计划的实施采用问责制。

（续上表）

胜任力 子维度	水平指标	
	所有人力资源专业人士	高级人力资源专业人士
管理人力资 源计划 实施并支持 符合人力资 源和组织目 标的人力资 源项目。	灵活的应对能力和适应能 力。	
影响 激励同事理 解并追求人 力资源和组 织的战略愿 景和目标。	• 在组织内外建立身为人力 资源专家的良好信誉。 • 促使组织的利益相关者对 人力资源计划给予支持。 • 激励人力资源部员工和其 他利益相关者来支持人力 资源的愿景和目标。 • 发挥组织或员工拥护者的 作用，以推进组织的战略 方向和目标。 • 分享对重要议题的看法， 不怕面临风险或受到他人 劝阻。	• 促进人力资源功能在实现 组织使命、愿景和目标方 面发挥的作用。 • 作为人力资源专家，在区 域、全国或国际范围内为 组织建立良好信誉。 • 在组织内为人力资源战 略、理念和计划有效发 声。 • 主张实施人力资源循证解 决方案。 • 激励人力资源部员工、非 人力资源客户和高层组织 利益相关者来支持和追求 组织的战略方向、愿景和 长期目标。

(续上表)

胜任力 子维度	水平指标	
	所有人力资源专业人士	高级人力资源专业人士
影响 激励同事理解并追求人力资源和组织的战略愿景和目标。		• 在领导之间就组织的战略方向和长期目标建立共识。 • 运用人力资源知识和技能来影响业务战略。 • 为领导赋权，以创造一个能够容忍冒险且使员工能够自在分享想法的环境。

学习前评估（1-5 分）

子维度	子维度定义	自我评估	相关支持	提升计划
组织导航	在组织的层级制度、流程、系统和政策范围内工作			
愿景	定义和支持人力资源的整体愿景和长期目标，以支持组织的战略方向			
管理人力资源计划	实施并支持符合人力资源和组织目标的人力资源项目			
影响	激励同事理解并追求人力资源和组织的战略愿景与目标			

1-2 分：部分做到了，改善空间很大

3 分：基本做到了或持保留意见

4-5 分：相当有效做到

161

三、领导力与导航胜任力与其他胜任力和模块的应用与链接

领导力与导航胜任力与商业敏感、分析取向、关系管理、沟通有紧密联系。

四、领导力与导航训战结合演练

1.1 一位资深 HR 总监 Garl 为了扩大自己的影响力，一边广泛收集高质量的咨询公司与有价值的文章一边分享在自己的朋友圈，不断获得好评与感谢。可是，由于移民与工作的关系，她有近一年都忙得不可开交，无法再坚持原来的分享。由于真正了解他的人也不多，时间一长，他网络上的同行就忘记了她。她也觉得似乎前功尽弃。对此，以下哪一个角度最准确的描写与解释了 Garl 的问题？

  A. 她的影响力主要建立在信息共享中，而不是她自己的影响力，因此并没有形成人脉关系

  B. 她没有能够使用社会智力把追随者转化为自己的人脉

  C. 她没有建立自己的核心竞争力，不足以影响他人并与人结盟

  D. 她并不关心他人的成长与诉求，只是机械的施加个人影响

1.2 以下哪句话最能说明有效的人力资源领导者与无效的人力资源管理者的不同之处？

A. 有效的人力资源领导者发展和教练员工，无效的人力资源管理者注重关系管理

B. 有效的人力资源领导者观察组织内部，无效的人力资源管理者同时观察组织内部和外部动态

C. 有效的人力资源领导者以身作则，实践组织价值观，无效的人力资源管理者不愿意面对变革

D. 有效的人力资源领导者拒绝有挑战的目标，抗拒变化，无效的人力资源管理者关注长期目标的实现

1.3 一位 HR 总监 Jacky 对那些能力不够强的，无论任务难度如何，都尽量加以辅导确保任务完成，而对能力强的团队成员则完全授权与放权，只问结果，偶尔他也会根据任务的难度加以辅导或赋能。哪一种领导力理论比如恰当描述 Jacky 的领导方式？

A. 权变理论

B. 情景理论

C. 路径理论

D. 行为主义理论

2.1 一位 HR 总监 Michael，毕业于前五名的国内名校。除了努力工作之外，为了提升自己的影响力，他不断学习，几乎读完了自己可以承受得起的教练、名校的 MBA、EMBA、前沿 HR 与管理证书班并准备继续挑战 DBA 工商管理博士。但他发现他的付出跟他的影响力很不对称，他并没有成为顶尖的专家，

163

也没有自己的体系甚至连创新也没有．除了从同事与朋友那里获得了不少羡慕，在工作面试中极具竞争力的简历，他并没有比自本科同学在职场上发展更好．以下哪一项比较贴切的描述与解释了 Michael 的困境？

A. Michael 把自己的职场影响力建立在学术成就中，但似乎没有达到目标

B. Michael 把自己的职场影响力建立在追随学术界而不是领导他人与影响他人之上

C. Michael 具有很强的成就动机，希望在学术中获得很高的造诣

D. Michael 把自己的权力动机，希望在职场与学术上都有突破

2.2.1 一位 HR 总监 Nick 在团队管理中十分善于使用自己的权力．他在职业上发展十分顺利，并总结成文章，小有影响力．这些文章对他的团队成员也有指导意义，因此从心里佩服他．同时，他也自我激励以激励他人，十分善于给予、辅导与分享，因此，团队成员也觉得他是个十分有魅力的领导．Nick 在团队管理中分别使用了哪种权力？

A. 参照权 专家权

B. 专家权 参照权

C. 法定权 专家权

D. 参照权 奖赏权

2.2.2 在一个敏捷型开发团队中，要求理解和关注团队成员的需要和发展，促进团队尽可能达到最高绩效。在这种情境中，更适用于哪种领导模式？

A. 情境领导

B. 仆人式领导

C. 事务性领导（Transactional Leadership）

D. 变革领导

2.3.1 一位 HR 总监 Rebecca 刚加入到一家企业之后，利用组织结构与最愿意与最赏识自己的几位管理者建立了联系。与此同时，她也注意到自己最大的利益相关者之一的研发副总裁经常跟另外两三位一起吃饭。于是，她利用中午外出吃饭的时候跟他们建立联系，并敏锐地发现了他们之间还存在校友关系，在公司很低调，但却对公司的重要决策有深远的影响。以下哪一项最能全面描述了 Rebecca 的职场技能？

A. 她建立了自己利益相关者网络

B. 她善于洞察网络并洞察人性

C. 她有很高的情商，善于发现团队成员的互动关系

D. 她观察到了公司组织结构中的正式关系与非正式关系

2.3.2 Shirley 是一家跨国咨询公司中国区的 HRM。今年年初，原来的中国区总经理退休，接任的是总部在外部招聘的中国职业经理人。在与新任总经理的第一次一对一会议中，Shirley 最应该主动沟通哪些话题？

A. HR 在以往工作中的突出贡献，强调 HR 在公司的重要作用

B. HR 工作面临的最大挑战和最需要总经理哪些支持

C. 详细的自我介绍，让总经理了解自己是一位资深的 HRM

D. 探询和倾听总经理当前需求，提出 HR 可以在哪些方面给予有利支持

2.3.3 总经理上任一个季度后，发现公司花了很多精力在收入利润低、发展潜力小的中小客户的咨询服务中。于是准备对中国区的战略做出调整，把重点放在大客户的开发和维护上，并准备改革组织结构，以支持该战略。公司业务部的咨询顾问们听到风声，人心惶惶。一个部门的 HRBP 来找 Shirley，汇报了该部门近期出来的高离职率，并对公司的战略是否正确表达了怀疑。Shirley 最应该如何回应 HRBP？

A. 告诉她新官上任三把火，一朝天子一朝臣是定律

B. 批评她作为 HRBP 不应质疑公司战略，应该支持推动战略

C. 感谢她坦诚沟通自己的发现和疑虑，分享对该战略的理解，分析该转型战略中 HR 的作用和机会

D. 帮助 HRBP 分析离职率数据，辅导 HRBP 在数据中洞察趋势和风险

3.1.1 HR 总监 Mike 把几位管理团队对 HR 和她的立场，分成积极、中立与反对，并善于管理他们彼此之间以及他们与她之间

的关系，根据需要进行组合与说服，使得在一些重要的决策中可以获得比较好的支持，最终审批通过，在管理中得以贯彻。Mike 很好的使用了什么样的技能？

A. 积极协作，勇于承担责任

B. 主动管理关系，建立信任与互惠关系

C. 善于管理变革与洞察人心

D. 善于寻找与管理利益相关者中的盟友

3.1.2 人力资源部一直与业务部门关系比较紧张，人力资源部门负责人希望对这种紧张的关系做出改善。此时，HRBP 发现某位员工有严重失职行为，按照员工手册，需要处以纪律处分。HRBP 与业务主管就此事开会讨论时，该主管拒绝执行 HRBP 建议的纪律处分。这位 HRBP 应该怎么做？

A. 找人力资源部门负责人，并将该问题上报给高级管理团队

B. HRBP 一意孤行，独自将纪律处分手续履行完成

C. 与主管面谈，解释采取纪律行动的理由

D. 要求主管起到带头作用

3.1.3 Yolanda 在一家大型国有企业工作了 10 多年，刚加入到成立了十余年准备上市的民营高科技公司做 HRD，她意识到需要全面了解组织正式和非正式结构，才能有效的切入工作状态。那么她首先要怎么做，可以了解非正式组织特征呢？

A. 阅读组织的体系流程规范和相应的管理办法

B. 与相关利益者沟通，了解组织历史和文化

C. 深入组织进行观察，观察组织内部各种情况的互动方式，确定组织中其他人视为领导者的人

D. 查询组织结构图和公告，员工手册

3.1.4 Lee 作为 HR VP 新加入一家大型集团化组织，在最初的一个月内，他在组织融入（Onboarding）方面的最佳行动是什么？

A. 快速提交一份过往工作成功经验的总结分享，建立声誉

B. 针对组织现有人力资源体系框架给出战略调整建议

C. 与组织内高级管理者进行多种正式和非正式沟通，初步拓展人际关系网络

D. 不急于行动，观察组织和同事的工作模式和惯例

3.2 任正非做业务决策时，往往可以对未来作出深远和准确的预见，比如他有时让公司发展的速度降一降、刹刹车。高管们都很难理解他的想法，也不明白对公司的意义何在。但在三、五年之后，当风险发生的时候或机会来临的时候，大家往往在那时才恍然大悟。所有在他身边的高管都对任总的预见能力极为钦佩。多年的经验验证让大家懂得"不理解也要执行"的重要性，即便不能接受任总的想法，也会不打折扣地执行。对此，HRD 从以下哪一个做法能体现对有预见性的老板的配合？

A. 要等待老板

B. 对待老板的想法，要像华为高管一样，"不理解也要执行"。

C. 像阿里彭蕾一样，"不管老板做什么决定，我都要让他变成正确的决定"

D. 对于老板的愿景，要敏锐捕捉，并且充分领会、做好宣贯

3.3 任正非在培训的时候说："未来的通讯行业，一定是三分天下，必有华为。你们也会成为一个国家的首席代表，见的都是总统，都是酋长，把华为的产品买到世界的每个角落。"那个时候华为人都觉得任总真能吹牛皮，中国的前三都不一定能够进得去，世界前三简直就是痴人说梦。但是，这番话也很让年轻人热血沸腾，培训之后，一些同事就被派到农村去见村长。这个时候，一些同事就感觉更被忽悠了。有人最后离职了，而有人真的见到了总统。作为 HR，我们从中可以获得哪方面的经验与教训？

A. 吹牛可能就是愿景，愿景可能就是吹牛

B. 任正非在谈战略，而当时的华为人只活在当下

C. 愿景比战略更遥不可及却并非不可及，可能需要想象力才能理解

D. 战略实现只要大方向正确就会实现，愿景却需要很多个中长期战略才能实现

五、SHRM-SCP/CP 案例分析

ABC 企业是一家起家于医疗的投资集团，最近十年一直高歌猛进，国内外进行并购，涉及医药、地产、文化、保险等多元化产业。

为了支撑这样的企业发展，公司聘用了一支强大的 OD 团队以支撑公司的发展。

全球 OD 和 HR 部门分别由两位总监分别统管，并共同向总部首席人力资源官（CHRO）汇报。人力资源部门历史悠久，以前被称为人事部，在 ABC 集团是个比 OD 部门大很多的部门。人力资源部门主要由一批经验丰富的员工组成，他们均受过正规教育。相比之下，OD 部门的员工人数较少，所有专业人员均具有名校硕、博士研究生学位。两部门员工均分散在全球各业务部门。

至今为止，这两个部门的运营基本是独立运行的。人力资源主要面向考勤，招聘与全球派遣，薪酬福利，员工关系、培训、绩效与人才发展等。但是在过去的几年中，许多此类运营陆陆续续外包出去，而人力资源职能部门承受着越来越大的压力，需要以一种对组织更有价值的方式来重新定义其角色。因此，现在，HR 正在转型，向 OD 部门一些职能靠拢。

从过去来看，OD 部门主要负责这样的职责：参与企业战略业务例如并购，文化变革，冲突管理问题，大型团体干预，工作流程重新设计和其他相关活动。现在，CHRO 建议 OD 和 HR 协作，成为战略合作伙伴。

如果您是这位 HRD，面对变革与挑战，你将如何领导整个 HR 部门进行转型？

情景测试题：

1. 作为 HRD，您对这次 HR 部门转型第一步将如何做？

    A. 盘点一下 HR 部门人员的能力与工作找出重心

B. 找 OD 总监与 CHRO 开一个会议，理解公司的战略目标与 HR 相匹配的部署

C. 调查一下业务高管们对 HR 部门的期望

D. 给部门制定一个战略提升计划

2. 作为 HRD，这次转型中，您与 OD 总监，最需要达成一致的是：

A. 找出彼此的强弱项，并积极向 OD 靠拢，实现战略转型

B. 与 OD 总监建立良好关系，共进退，防止资源内耗

C. 承接公司的战略目标，在 HR 与 OD 部门实现协同，共同成为业务伙伴

D. 与 OD 总监多沟通，取长补短，实现 HR 的华丽转身

3. 关于 HR 部门的职能与定位，您将如何部署？

A. 把 HR 部门的事务性工作外包，向 OD 职能转变，实现 HR 部门的整
体战略提升

B. 盘点 HR 与 OD 部门的优劣势、职能特点与 HR 部门人员能力，根据业务的要求与期望，进行整合

C. 调查业务部门对 HR 的要求与期望，调整 HR 部门的组织结构、职能并适当换血

D. HR 积极提升全球化、战略对话能力，对话业务高管，成为业务伙伴

六、HR 常见误区与教训、小贴士

误区与教训：

- 转发文章或传话发挥自己的影响力

- 职位权力

- 混淆权力与影响力

小贴士：

- 领导自己以领导他人

- 激励自己以激励别人，影响周边以影响圈子

- 影响力从 HR 团队与圈子拓展到其他业务团队

七、关键术语

关键概念：

领导角色 (The Role of Leader)，领导方法 (Leadership Approaches)，领导力理论 (Leadership Theories)，组织特征 (Organizational Features)，影响力权力种类 (Type of Power)，情商 (Emotional Intelligence)，激励理论 (Motivation Theories)，个人
领导力素质 (Personal Leadership Qualities)

易混淆概念：

领导方法，领导力理论，影响力权利种类，激励理论

八、拓展阅读

- HR 问：华为"领导四力"有什么神奇之处

  https://zhuanlan.zhihu.com/p/419287321
- 商业同理心：领导力新发力点

  https://www.zhihu.com/people/jacklee-17-71/posts?page=15
- 解析世纪传奇 CEO 杰克·韦尔奇的战略领导力丨独家案例

  https://cn.ceibs.edu/new-papers-columns/21760
- 管理组织变革

  https://www.shrm.org/ResourcesAndTools/tools-and-

  samples/toolkits/Pages/managingorganizationalchange.aspx
- 冲突管理风格

  https://www.valamis.com/hub/conflict-management-styles

九、参考答案

训战结合演练：

题号	答案	题号	答案	题号	答案
1.1	A	2.1	B	3.1.1	D
1.2	C	2.2.1	B	3.1.2	C
1.3	B	2.2.2	B	3.1.3	C
		2.3.1	D	3.1.4	C
		2.3.2	D	3.2	C
		2.3.3	C	3.3	D

173

案例分析题:

1.B   2.C   3.B

第九章 多元化、平等与包容

一、引子：案例

在一家全球高科技集团的中东地区部，存在着很多跨文化管理的问题与惊喜。新加入公司的法律顾问、意大利纯白人血统的马里奥所在团队还有两位中方员工。

在休息时间里，马里奥的本部门两位同事和 HR 跟他一起待在会议室里。他的其中一位同事好奇地问他：通过观察，我觉得白人的确比黄色人种更优越，而黄色人种又比其他有色人种好一点，你觉得呢？马里奥十分震惊。他意识到，虽然他在中东工作，种族歧视并非一个严重的问题，但作为法律出身与欧洲受教育长大的他，对此十分敏感。

作为 HRD，您觉得这个时候应该如何处理？

二、SHRM 胜任力定义、大纲要求与自我评估

SHRM 定义，多元化、公平和包容性是指利用所有员工的独特背景和特征创造机会的活动，为组织的成功做出贡献。多样性是个体之间的异同，说明了一个人个性和个人身份的各个方面。包容性是组织中每个人感到受到欢迎、尊重、支持和重视的程度。公平是指通过组织结构促进公平正义。

当前环境下企业的挑战在于实现各级别的多元化员工组合，并确保每个员工都得到公平对待，且拥有平等的机会。当涉及到包容性时，HR 要能给倡导一种氛围，让各级领导者了解需要确保每个员工的想法和意见都能被听见。包容性在企业和团队层面都有体现，那些愿意倾听员工并给予他们归属感的团队将获得更高水平的员工留存与互动。

培养多元和包容的文化

如果我们要探讨全球范围内的多元化和包容性，就必须先了解主要的文化圈。"GLOBE 研究"是有史以来对国际劳动力所做的规模最大的研究。GLOBE 代表全球领导力和组织行为的有效性，最初由沃顿商学院的鲍勃·豪斯 于 1991 年提出。研究调查了来自25 种文化、951 家公司的 17300 位中层管理者。研究表明，世界上主要有 10 种文化。

结合过往的实战经验，组织会先完成给全体员工关于其种族、信仰、性别的问卷收集，通过员工的自我识别（性取向、种族、宗教信仰等）进行数据的统计。对组织同岗位序列和职级但不同性别和种族员工进行薪资和福利待遇的进一步差异分析，研究多元群体和工作绩效关联分析。

在贯彻多元及包容文化时，由人力资源部牵头，对各国合伙人及高管团队进行视频采访，并发表了全球 DE&I 声明，打造自上而下的多元包容文化。

确保公平原则的有效落实

在完成全球声明的发布后，我们对于该声明设立了明确的目标，比如：坚定并积极地支持所有员工和组织中的团体，反对种族主义；积极主动而不是被动地对应正义的诉求和权利的要求；公平透明地提供工作、机会和领导力的培养机会。

将多元化、公平和包容性与组织绩效挂钩

多元化与包容性计划要取得成功，最重要的是实行问责制。需要设定目标、衡量进度并引入当责制。部分顶级全球公司的 CEO 将薪酬与实现多元工目标挂钩。对于多元化和包容性成功与否的衡量标准如新员工多元化；晋升多元化程度、多元化员工参与度或领导雇主资源团体；员工流动率等。

多元化与包容战略实施过程 "七步法"

1. Making a Business Case 开展商业提案

2. Executive Commitment 执行承诺

3. Preliminary Assessment 初步评估

4. Infrastructure Creation 创建基础

5. System Changes 系统更替

6. Training 培训

177

7. Evolution and Integration 进化与整合

大纲要求

胜任力 子维度	水平指标	
	所有人力资源专业人士	高级人力资源专业人士
培养多元和包容的文化 营造让组织中的每个人都感觉受欢迎、尊重、支持并拥有归属感的工作环境。	• 认可、支持和拥护多元化的员工队伍（其成员的种族、性别、性取向、族裔、宗教信仰、原籍国、教育和胜任力背景各不相同，或兼具多种背景）。 • 确定和落实工作场所解决方案。 • 识别、对抗并应对工作场所中的偏见、刻板印象、微歧视和微妙的排斥行为。 • 为组织内的各级员工提供有关文化和多元化差异及其实践的专业培养、指导、教练和指引。 • 确定并向员工和领导传达多元化、公平和包容性的益处。	• 向领导层倡导提升员工队伍的多元化，纳入种族、性别、性取向、族裔、宗教信仰、原籍国、教育、能力背景各不相同的员工，以及兼具多种背景的员工。 • 与企业领导一起制定、实施并监督对员工队伍多元化和包容性有促进作用的企业级项目、实践及政策。 • 确保人力资源部的员工及时了解与多元化、公平和包容性有关的当前趋势和人力资源管理最佳实践。 • 使用多元化、公平和包容性衡量指标来评估组织的包容性、多元化以及各类人才的保留率。

（续上表）

胜任力子维度	水平指标	
	所有人力资源专业人士	高级人力资源专业人士
培养多元和包容的文化 营造让组织中的每个人都感觉受欢迎、尊重、支持并拥有归属感的工作环境。	• 认识并持续了解与多元化、公平和包容性相关的当前趋势和人力资源管理最佳实践。 • 落实人力资源项目、实践和政策，以鼓励员工把握机遇，与拥有各种经验和背景的人员共事。 • 对鼓励人际冒险、支持相互尊重和信任，并且不因团队成员的坦率发言而使其陷入麻烦或受到惩罚的工作场所文化和团队提供支持。	• 制定和管理人力资源项目、实践和政策，以鼓励员工把握机遇，与拥有各种经验和背景的人员共事。 • 制定政策和计划，以打造支持和强化心理安全原则的工作场所文化和团队。 • 营造积极向上的文化，以鼓励员工做真实的自己，提倡围绕多元化、公平和包容性开展勇敢和坦诚的对话，支持员工之间结成盟友关系。
确保公平原则的有效落实 确保工作场所内的所有个人都能在资源获取、机遇和晋升方面获得公平的待遇。	• 促进培养并强化组织文化，以便为所有员工提供资源、机遇和公平待遇。 • 识别那些提升组织政策和程序公平性（对所有员工而言）的机会。	• 设计并监督人力资源项目、实践和政策，以提倡一种为所有员工提供资源、机遇和公平待遇的组织文化。 • 计划干预措施，以解决发现的不公平问题。

179

（续上表）

胜任力 子维度	水平指标	
	所有人力资源专业人士	高级人力资源专业人士
确保公平原则的有效落实 确保工作场所内的所有个人都能在资源获取、机遇和晋升方面获得公平的待遇。	• 使用工具评估公平性，以确定同理心、包容和行为之间的关系。 • 实施和管理支持员工队伍多元化和公平性的福利和计划。 • 与管理者商讨绩效问题与多元化、公平和包容性差异之间的行为区别。 • 与人事经理合作，从各类群体中招聘背景多元化的新员工。	• 将公平性评估结果纳入人力资源战略和计划。 • 确定、倡导并监督为员工队伍多元化和公平性提供支持的福利和计划。 • 选聘一支背景多元化的人力资源专业人士队伍。 • 就如何以更能体现同理心和包容的方式行事，向企业领导提供建议。
将多元化、公平和包容性与组织绩效挂钩 展示多元化、公平和包容性工作对实现组织长远目标和关键目标的重要性。	• 向组织内外的利益相关者展示对组织多元化、公平和包容性工作的支持。 • 设计并执行有效的多元化、公平和包容性计划，以实现业务目标。 • 收集、审查、分析并有效沟通多元化、公平和包容性衡量指标结果，以显示对组织目标和生产力的可量化影响。	• 创建并倡导多元化、公平和包容性的组织商业提案。 • 与领导联手将多元化、公平和包容性目标纳入组织的战略规划。 • 设定并跟踪多元化、公平和包容性目标及衡量指标，以衡量对组织目标和生产力的影响。 • 将多元化、公平和包容性目标及最佳实践纳入

(续上表)

胜任力 子维度	水平指标	
	所有人力资源专业人士	高级人力资源专业人士
将多元化、公平和包容性与组织绩效挂钩 展示多元化、公平和包容性工作对实现组织长远目标和关键目标的重要性。	• 收集、审查、分析并有效沟通多元化、公平和包容性衡量指标结果，以显示对组织目标和生产力的可量化影响。	所有的人力资源项目和政策。 • 确定与多元化、公平和包容性相关的，对帮助组织实现关键业务目标而言非常必要的员工队伍和工作场所调整。

学习前评估（1-5 分）

子维度	子维度定义	自我评估	相关支持	提升计划
培养多元和包容的文化	营造让组织中的每个人都感觉受欢迎、尊重、支持并拥有归属感的工作环境。			
确保公平原则的有效落实	确保工作场所内的所有个人都能在资源获取、机遇和晋升方面获得公平的待遇。			
将多元化、公平和包容性与组织绩效挂钩	展示多元化、公平和包容性工作对实现组织长远目标和关键目标的重要性。			

1-2 分：部分做到了，改善空间很大

3 分：基本做到了或持保留意见

4-5 分：相当有效做到

181

三、多元化、平等与包容与其他胜任力和模块的应用与链接

推动组织走向领导力与导航，需要人力资源专业人员使用他们的几项行为能力，包括领导和导航、关系管理、道德实践及全球化思维。

四、多元化、平等与包容训战结合演练

1.1　一家出海中资企业外派来一位在外资企业工作了十几年的 HR 总监 Mike 到一个发达国家开拓市场。Mike 原以为西方发达国家的人都像他在国内的美国同事一样，应该是十分职业化、高效办公、说话直截了当。结果他发现他们在咖啡室聊天的时间特别长，但却准时下班，下班之后不接电话也不看邮件，以至于一些国内总部的会议只有中国人跟中国人一起开会，对此，Mike 十分困恼。Mike 想改变一下这样的职业文化，让他们像中国人一样自律、多做事，少闲聊，否则以后老板过来视察的时候都不知道怎么交代。对此，如果你要给 Mike 建议，你觉得你最可能挑选以下最佳方式？

 A.　要求各级主管传达并严肃办公纪律与环境

 B.　理解不同文化的差异，并提前向老板解释以免尴尬，造成不必要的惊讶

 C.　检查公司制度与并做好培训，并向各部门主管强调保证公

司的 8 小时工作制度

D. 整顿企业文化，把原来美国人在中国的那一套和中国人的多做事少说话的文化植入到公司里

1.2 一家高科技企业的 HR 总监 Danielle 与业务部门负责人，经过海选找到了一位核心骨干人才。在面试的时候，这位候选人的简历上的性别是男性。当入职报到的时候，这位候选人告知 Danielle 她刚完成了变性手术，现在是女性了。对此，公司管理层十分震惊。但经过讨论之后，他们决定继续录用。可是，这位员工表示自己在公司上洗手间十分不方便，女性同事在洗手间里十分恐慌与不安，也经常给她投以各种复杂的眼光，这让她觉得公司对她十分不包容。对此，作为 Danielle，你建议公司或员工决这个问题？

A. 建议员工继续去男洗手间，以前怎么样，现在怎么样

B. 建议员工继续去女洗手间，既然已经做了变性手术

C. 把选择权继续留给这位员工，按照自己的偏好去选择洗手间

D. 建议公司设置一个单独的家庭洗手间，不标注性别但同时兼顾残障人士

1.3 一位中资企业出海的老板爱抽烟，刚到达一个西方发达国家，HR 总监 Amaya 就很犹豫如何让老板不在办公室里抽烟。由于老板不认识英文，因此需要翻译与提醒。可是在国内的时候，谁都不敢让老板不抽烟。因此 Amaya 十分着急。对此，你对

183

Amaya 采取以下哪一种方法更有效?

A. 在进出办公室的时候, 假装不经意看到不许在办公室大楼里抽烟的法律法规读一遍

B. 找一个时间给老板讲一次跨文化敏感与法律法规的一些基本常识

C. 在适当的第一时间里, 主动把老板带到抽烟区借机会分享同事们对他抽烟的担心

D. 借同事担心老板抽烟影响他们的身体健康和触犯法律并对公司造成不好的影响

2.1 一位中资企业出海的创始人一般不面试, 面试必问及家庭情况, 以表示领导的关心与恩惠。只要面试团队评估觉得可以录用, 他不会在综面的时候投否决票。因此, HR 总监 David 在国内的时候都觉得合作挺愉快的, 这意味着快要结束一个岗位的面试了。可是, 在北美他却开始担心起来, 这可能跟工作没有关系, 甚至在文化存在差异的情况下, 创始人变得也谨慎了很多。因此 David 十分担心创始人会拒绝录用而造成影响创始人因非工作方面的因素导致歧视。你觉得 David 采取以下哪一种方法更有效?

A. 在面试前向创始人说明法律风险并提醒他后果很严重, 也给创始人一个犯错误的机会

B. 在面试前, 向创始人和候选人都一起说明情况, 并视情况执行

C. 给创始人做一个面试官培训, 确保老板遵法守纪并能承担

责任

D. 在面试前向候选人说明文化差异并征得知情同意方可继续，否则提醒创始人可能涉嫌歧视的风险

2.2 一位穆斯林员工加入到一个几万人的工厂，发现公司餐厅里并没有穆斯林餐厅，因为很担心吃到大油（猪油），于是发起并组织了穆斯林员工的一次几十人的聚会。经过讨论之后，他们决定向公司申请单独开设一个穆斯林餐厅，集中用餐。对此，作为公司的行政与 HR 决策机构的核心成员，你将如何面对这样的要求？

A. 给予否决，不予采纳，不搞特殊政策

B. 由于人数较少，建议穆斯林员工自己解决个性化的食品问题

C. 向公司提议，从宗教信仰的角度向公司高层解释，并向穆斯林团体征求餐厅标准与意见

D. 向管理团队解释并获得理解，同时向穆斯林提供清真标准与标识的食品标准

2.3 一家高科技企业，公司发展扩展较快，离职率也高达 10%左右。一位印度经理加入了公司之后，一个团队经过不到两年的时间整个部门都几乎变成了印度人的团队。与此同时，其他部门的印度人也开始迅速增加。公司的 HR 总监 Tom 经过调查，发现印度人的内部推荐比较多，团队内部也有抱团的迹象，从某种程度上不利于公司的多元化发展。鉴于此，你觉得 Tom 采

取以下哪种方式可能更有效地制止与预防这种现象的蔓延?

A. 与印度员工沟通,询问造成这一现象的原因并要求停止继续拉帮结派

B. 审核目前的招聘录用制度和流程,将多元化作为招聘目标的标准之一

C. 制定多元化与包容的相关制度,成立公司内部多元化委员会,定期开展员工跨文化培训

D. 将团队/部门多元化及包容作为经理或经理以上级别的绩效考评目标

3.1 一位 HR 总监 Yolanda 经过分析发现,作为一个以女性主导的部门,HR 部门的薪酬比起其他部门,所有层级的薪酬都低于同等级别的男性,并且培训与发展的预算与机会都显著较少。作为一个维持公司公平的部门,Yolanda 决定不再容忍,要从我做起,从 HR 部门做起,她把整个报告向管理层汇报并需要一个行动方案。对此,HR 总监在众多举措中,如何很好的迈出第一步?

A. 从薪酬调整开始,从根本上撬动男女平等的杠杆

B. 从培训与发展开始,用钱不多,但容易让 HR 感到福利

C. 挑选一个管理层容易接受但有影响力的切入点的做成一个商业提案

D. 使用咨询公司的权威数据向管理层说明,凡是有女性在管理层的公司,在财务表现上的优越之处

3.2 一位出海企业资深 HR 经理 Amanda 被委派担当公司的 DE&I 总监，在上岗之前。公司派她参加了三天的外训。受训之后回到企业，发现一个企业有那么多的事情要做，突然感觉束手无策，十分无助。虽然她知道像女性领导在公司占的比例明显很不成比例，公司女性居多，各级管理层的比率均不足三分之一，女性在薪酬上也明显低于男性，发展机会也略低于男性，甚至在招聘一些比较重要的岗位也明显偏向男性。HR 部门就是一个很明显的缩影，基本上具备所有以上特征。以下哪个方案比较能够帮助 Amanda？

  A. 从最简单与直接的招聘入手，防止歧视，并作为试点工程打响第一炮

  B. 从最有挑战性也是关键一环，从中基层管理者的女性比例开始着手，撬动整个组织的比率平衡

  C. 提议成立一个多元化、平等与包容委员会，对公司的 DE&I 项目的章程、战略与优先级进行

  D. 对所有管理者进行培训与辅导，之后再看形势发展再做决定，排优先顺序

3.3 一家高科技全球化企业的管理层曾经被人诟病，清一色的中国人，几乎是清一色的男人，清一色的中老年人。经过几年的发展，女性占比不断提升，30 席占了 5 席，老中青搭配，虽然其他族裔的脸孔依然没有突破，但在担当着顾问的角色。如果你是这家公司的 CHRO，你最可能会如何做更恰当？

  A. 什么事情都不用做，让时间去说话，公司已经在努力，公

司的商业成功才是最重要的

B. 跟管理层提议，设一些虚职，让年龄、肤色与性别等看起来更均衡

C. 帮助其他族裔的管理者进行角色认知与转身，在管理层出现更多不同的面孔

D. 在内外部宣传公司在多元化、平等与包容的努力与进展，作为一个长期的政策，结果需要时间呈现

五、SHRM-SCP/CP 案例分析

在一家全球高科技集团的中东地区部，存在着很多跨文化管理的问题与惊喜。新加入公司的法律顾问、意大利纯白人血统的马里奥所在团队还有两位中方员工。

在休息时间里，马里奥的本部门两位同事和 HR 跟他一起待在会议室里。他的其中一位同事好奇地问他：通过观察，我觉得白人的确比黄色人种更优越，而黄色人种又比其他有色人种好一点，你觉得呢？马里奥十分震惊。他意识到，虽然他在中东工作，种族歧视并非一个严重的问题，但作为法律出身与欧洲受教育长大的他，对此十分敏感。

作为 HRD，您觉得这个时候应该如何处理？

情景测试题：

1. 作为 HRD，当您听到他们的谈话，第一件事情你要做的是：

A. 制造其他话题，打断这个不恰当的话题的讨论

188

B. 及时打断他们的谈话

C. 耐心等待他们的谈话结束，看一下事情如何发展

D. 以一种幽默的形式介入对话，引导话题

2. 对于这样的话题，如果您也不懂，您会怎么办？

A. 利用这样的一个机会获得个人的学习机会

B. 通过这个机会了解情况，之后找相关书籍与视频进行补课

C. 通过这个机会，通过马里奥的介绍，与他们团队一起学习

D. 这不是一个恰当的学习机会，停止这种学习机会

3. 如果您对种族歧视比较了解，您会以哪一种方法进行引导？

A. 借这个机会，让马里奥的同事们做学生，倾听他的分享

B. 让马里奥来主动与选择一种恰当的方式来进行分享

C. 与马里奥一起引导他展开种族歧视的历史背景与最佳实践，进行深入探讨与学习

D. 让大家各抒己见，头脑风暴，毕竟在中东这不是一个敏感的话题

4. 作为 HRD，您对这件事情最重要的关注点是：

A. 如何通过这个歧视性话题提升马里奥部门同事的的跨文化敏感性

B. 不让让事态往坏的方向发展，造成不良影响

C. 利用自己的跨文化敏感，帮助马里奥解围，通过解决这件事情，并与部门建立更深的关系

189

D. 做好员工关系调解，并考虑是否需要在公司层面进行教育，坚守公司价值观

六、HR 常见误区与教训、小贴士

误区与教训：

- 民族主义中心
- 缺少同理心
- 歧视
- 文化刻板效应
- "统一"思想
- 粉饰 Cover

小贴士：

- 利用文化理论帮助认识国家文化的差异
- 觉察文化与个人的差异性
- 意识到国家文化、地区与族群文化的存在

七、关键术语

关键概念：

- Diversity - 多元化 （个体之间的相似点和不同点，说明了一个人的个性和个人身份的所有方面）

- Inclusion – 包容性 （组织中每个人作为团体成员感受到欢迎、尊重、支持和重视的程度）

- Cultural taxation – 文化税

- Impostor syndrome – 冒充者综合征，自我能力否定倾向。少数籍（女性或者有色人种）无法相信个体成功是自身努力的结果，或是不相信个体成功是自身努力或自身技能过硬的结果。

- Employee resource group (ERG) – 员工资源组 （ERG） 也称为亲和组或网络组，是共享特定多样性维度 （种族、宗教、种族、性取向等） 的员工的志愿组。

- Diversity Councils – 多元化委员会

- Covering – 同化 （包含以下几个方面）
  - 外表：调整着装、仪容和举止以"融入其中"。
  - 从属：避免与自己"身份群体" （文化、少数民族、性取消等） 相关的行为。
  - 倡导：避免参与代表自己"身份群体"的倡导。
  - 来往：避免与自己"身份群体"的成员来往。

- Neurodiversity – 神经多样性 （指的是使用可能源于非典型大脑结构的不同概念思维方法来解决问题的员工队伍，例如注意力缺陷障碍 (ADD)、注意力缺陷/多动障碍 (ADHD) 以及任何归类为存在于自闭症谱系中的事物 （自闭症谱系障碍，或 ASD)

易混淆概念:

- Diversity 多元化 与 Inclusion 包容性
  - 多样性和包容性是整体的两半；

- ○ 多样性是为更大的创新和创造力提供潜力；
- ○ 包容性是组织能够实现这种潜力的商业利益；
- ○ 多样性是有效包容的衍生物

- Equality 平等 与 Equity 公平
  - ○ 平等指的是一种公平状态——所有员工在组织内都享有平等的权利和机会，并受到公平对待。
  - ○ 公平是指通过组织结构促进公平和正义——也就是说，组织确定承认特定人群需求和挑战的方法，并将它们纳入其 DE&I 决策。

八、拓展阅读

- 2022 年工作场所多元化及包容性报告
  https://www.cultureamp.com/resources/report/2022-workplace-dei-report

- 5 步法建立你的第一份多元化及包容性报告
  https://www.cultureamp.com/resources/report/5-steps-to-building-your-first-diversity-inclusion-report

- 从上到下创建多元化和包容性公司的 5 个步骤
  https://www.etoobe.com/2021/07/28/5-steps-to-creating-a-diverse-and-inclusive-company-from-the-top-down/

- How Diversity And Inclusion Drive Business Transformation
  https://www.forbes.com/sites/forbesbusinessdevelopmentcouncil/2022/10/31/how-diversity-and-inclusion-drive-business-

transformation/?sh=2f5053f16561

- How Diversity of Thought Can Fit into Your DEI Strategy

  https://hbr.org/2022/09/how-diversity-of-thought-can-fit-into-your-dei-strategy

- The Five Stages of DEI Maturity

  https://hbr.org/2022/11/the-five-stages-of-dei-maturity

九、参考答案

训战结合演练:

题号	答案	题号	答案	题号	答案
1.1	B	2.1	D	3.1	C
1.2	D	2.2	C	3.2	C
1.3	C	2.3	C	3.3	D

案例分析题:

1.D 2.C 3.C 4.C

第四模块 人员 (People)

- 人力资源战略

- 人才获取

- 学习与发展

- 全面薪酬

- 员工敬业度与留任

第四模块导读

我们在第一部分阐释了 SHRM 成功方程式，50%行为+50%知识=成功，以及知行合一的重要性。相信通过前面三个模块的深入学习，一部分优秀的读者已经领略到了 SHR 的优越之处。我们反复强调 HR 是干出来的，但前提是把行为做到位，就像跳芭蕾舞、游泳或跳水，通过大量的练习与矫正，自然会有好结果。不要问 HR 有没有前途而要问你有没有前途，不要问 HR 行不行而要问你自己行不行——SHRM 在 HR 问对问题或问错问题之前，已经给出了解决方案——提升自己的行为能力。

通过前面的学习，我们理解了"做人、做事、做领导，服务于战略"——理解 HR 的目的与方向在于支撑商业的成功、组织的长久发展。2017 年以前，战略是单独的一本书。从测试学的角度，SHRM 做了非常大调整——把战略合并到人员，权重大幅度降低。对此，我感到非常遗憾。2017 年前 SHRM-SCP/CP 认证，胜任力占 50%，SHRM-SCP 战略就占 20%，其他三个模块各占 10%，十分符合 20/80 原则，即非常薄的两本书胜任力与战略，从篇幅上仅占了不到 20%，却占了 80%的权重。

其他四个职能比较传统，大家都较为熟悉，除了敬业度与留任较新一点——这一职能还整合了绩效管理与员工体验，这一部分对中小型企业 HR 的学习有一定的困难。对于每一职能的深入的学习，我们会发现 SHRM 对我们这些传统、成熟的模块阐述非常细致、深入与系统，当我们理论结合实践的时候，即使对大型企业的职能副总裁来讲，也会发现受益匪浅。

第十章 人力资源战略

一、主题概述

人力资源战略是企业发展、实施和管理战略方向所必需的活动，这些活动是为了实现组织成功并为利益相关者创造价值。没有适当的战略规划，组织将很难生存和成长。人力资源战略必须与组织战略保持一致性。

战略规划包括组织的使命和愿景，这有助于创建品牌形象，并为组织实现其战略目标奠定基础。创建战略规划可能需要使用多个模型和分析，包括 PESTLE 分析、SWOT 分析、增长-份额矩阵、情境分析等。为了成功地驾驭战略制定的过程，人力资源领导者和专业人员必须非常熟悉用于制定战略的工具和过程。一些任务，如确定组织的使命和愿景，将由组织领导和人力资源领导合作完成；但是创建和实施战略相关的许多其他任务将完全落在人力资源专业人员的肩上。沟通和评估组织战略的过程是战略成功的关键。

简言之，战略就是实现目标的路径和方法，在战争中叫打法，要打赢一场仗，你会运用什么样的方式方法与敌人展开斗争，这对于赢得战争至关重要。

二、大纲要求

水平指标	
适用于所有人力资源专业人士	**适用于高级人力资源专业人士**
• 从系统思考的角度来理解组织的运作方式。 • 基于对人力资源部门和组织的战略及目标的了解来协助做出业务决策。 • 制定并实施个人行动计划，以执行人力资源战略和目标。 • 使用基准、行业指标和劳动力趋势来理解组织的市场定位和竞争优势。 • 向人力资源领导报告新的或被忽视的机会，以使人力资源战略与组织战略保持一致。 • 及时向人力资源领导提供战略决策所需的准确信息。	• 识别人力资源功能可以通过哪些方式来支持组织的战略和目标。 • 邀请企业的其他领导参与战略分析和规划。 • 使用成本效益分析、收入和损益估值及其他超前指标或滞后指标来评估人力资源关键活动在增值、影响和效用方面的表现。 • 制定并实施符合且支持组织战略和目标的人力资源战略、愿景和目标。 • 在制定组织的战略和目标时，为企业的其他领导提供以人力资源为核心的专长。 • 确保人力资源战略能够创造并维持组织的竞争优势。

三、关键概念

知识框架：战略的计划和管理、战略形成、战略发展、战略实施和评估。

关键知识：组织的使命、愿景、价值观；差异化战略；成本领先战略；绿地经营 Greenfield Operation；棕地经营 Brownfield Operation；精益制造 Lean，六西格玛 Six Sigma，IPO 模型，PESTLE 分析，SWOT 分析，平衡记分卡，关键路径分析，系统思维、改善（kaizen）、敏捷 Agile、设计思维、项目管理流程、行业分析、情景分析 scenario planning

易混淆概念：战略联盟和合资；Turnkey Operation 交钥匙运营

2022 年新增知识点：系统思考、独立依存 interdependence、location-specific analysis、波士顿咨询市场份额成长矩阵 growth-share matrix、蓝海战略

关键胜任力链接：商业敏感、关系管理、风险管理、管理劳动力、敬业度与留任、管理全球劳动力

四、人力资源战略训战结合演练

1.1 《华为基本法》规定"华为永远不进入信息服务业，永远不进入主行业以外的行业"，这属于哪个层次的战略：

    A. 运营战略

    B. 职能战略

    C. 业务战略

    D. 集团战略

1.2 全球剃须刀第一品牌公司的亚洲副总裁对于其第二梯队同行的

模仿与激烈的竞争表示不在意，其最基本的原因：

A. 成本战略

B. 战略定位

C. 品牌战略

D. 战略执行

1.3 某一高科技企业集团管理层在收集竞争信息与进行标杆行业分析，考虑要进入手机业务，从 2B 业务转入 2C 业务。这属于战略的哪个阶段？

A. 战略制定

B. 战略发展

C. 战略实施

D. 战略评估

2.1 一位外企资深 HRBP 应聘民族企业 HR 总监，经常被拒的原因是缺少战略思维与经验。这里所指的战略思维与经验最接近的含义是：

A. 在集团总部关于企业的长远的和全局性的战略制定，或执行的思维方式以及相关经验

B. 在公司愿景、使命与文化价值观的思维与管理经验

C. 企业竞争与业务思维

D. 战略框架、模型与落地执行的思维

2.2 某高科技集团在《HRBP 工作学习手册》中要求 HRBP 团队

应该花 50%的时间在战略性工作上，以下哪一项不属于这样的战略性工作：

A. 打造企业雇主品牌，在校招中招到最优秀的人才

B. 能用业务的语言来谈论业务需求并转化成 HR 管理的问题

C. 能理解业务部门的问题，给出具体的分析、诊断以及人力资源管理解决方案

D. 积极推动业务结果导向的绩效管理模式

2.3.1 某医药集团请咨询公司来梳理其组织战略并进行战略解码，这会对 HR 部门产生哪一项最关联的人力资源战略：

A. 基于平衡积分卡的绩效推动业绩成果达成目标

B. 梳理企业文化价值观的匹配性

C. 梳理企业、愿景、使命和价值观

D. 盘点企业人才与组织是否可以支撑这样的战略

2.3.2 在经济下行情况下，ZZ 公司从长期考虑，计划结合互联网打造一款针对职场精英的简约时尚且价格适中的女装，预测市场前景很好。供应商 A、供应商 B 均是 ZZ 公司的 top 供应商，为了拿到该订单，供应商 A 计划调整竞争战略：（1）针对 ZZ 公司产品定位，公司根据 10 月份初的客户订单预测得知公司对现有人力及工艺流程进行优化，加强技术人员及蓝领的操作培训，在人力减少 20%情况下，人效提升 20%；（2）总经理牵头审核和优化供应链流程，跟公司最大原材料

供应商协商通过签订长期战略合作协议将原材料成本降低
15%，交付周期缩短 15%，确保产品总成本较市场任何一家
竞争对手低 15%-20%。该公司采用的是哪种竞争战略类型？

A. 蓝海战略

B. 成本领先

C. 差异化

D. 管理合约

3.1.1 一位 HRBP 为了提升自己的战略参与度，找到资深业务副总
裁表示希望参与到业务单元的战略管理中，这位副总裁听完
她的诉求之后表示他当前最大的挑战是如何降低成本。这位
HRBP 感觉到自己被拒绝了，因为她觉得如何降成本是一个：

A. 集团战略问题

B. 业务战略问题

C. 职能战略问题

D. 战术问题

3.1.2 A 公司每年年底都会组织公司高管基于公司的战略目标对其
达成结果进行衡量，在 2021 年的评估中发现达成情况不佳，
主要是年初制定的 3 年战略目标因为行业趋势发生变化，政
府对环境治理方面的力度越来越大而影响了目标达成。因此，
必须尽快调整。后因为这次调整，公司短中期战略目标得以
实现。上述案例充分说明了战略管理中哪个环节的重要性？

A. 战略制定

B. 战略沟通

C. 战略执行

D. 战略评估

3.2.1 两个通讯行业的竞争对手，其中一个对另外一个在在全球范围内在不同的阶段，使用了比如"遏制"、"打压"等，这属于：

A. 竞争战略

B. SWOT 分析

C. PESTLE 分析

D. 绿地/棕地运营策略

3.2.2 一家传统服饰行业，主要客户群体为国内企业主及其关联客户等高端客户群体，但受到政策影响，送礼政策受限，企业主及其关联客户的市场份额大量缩水，销售额即将减少三分之一。但高管团队认为，这样的政策影响只是短期的，于是继续从一线城市向二线城市转移，维系其原有的战略方向。这种现象属于：

A. 战略漂移

B. 战略下沉

C. 战略稀释

D. 战略缩水

3.3. 某一高科技代工企业的客户（全球第一大手机品牌）把组装基

地转移到东南亚，该企业因此也把部分产能从中国迁移到东南亚。相对于整个集团战略，这一举措是：

A. 战略制定

B. 战略发展

C. 战略实施

D. 战略评估

五、SHRM-SCP/CP 案例分析

【案例一】：

一位 HR 总监刚加入一家服饰零售企业并参与了公司战略回顾会议。得知公司已经通过 SWOT 分析，识别了公司的短板——缺少电商的意识、能力与人才。其实，公司的电商业务一直没有发展起来，因此公司整体业务受到很大冲击，且大幅度下滑。除此之外，公司也经常收到 VIP 客户的投诉，无法在网上下单买到自己心仪的产品。

这一块业务由销售副总裁下属的一位销售经理掌管。公司依赖传统的销售模式，即销售人员在实体门店靠面对面地跟客户互动，因此他们根本就没有互联网意识。销售经理与创始人的儿子一起负责电商模块。创始人的儿子是一位刚从英国毕业的文科毕业生，他虽然从英国回来，但也不懂电商。

HR 总监很清楚，打造组织能力是 HR 的职责。这恰恰是个展示 HR 作为战略业务伙伴的机会，于是跟集团总裁毛遂自荐，提议

由 HR 来主导"打造公司电商能力大计"。集团总裁同意了，并把它列入了自己的议程。

情景测试题：

1. 第二天，销售副总裁告诉 HR 总监，集团总裁已经决定让他来掌管"打造电商能力大计"项目。您觉得 HR 总监应该怎么办？

   A. 对销售副总裁表示感谢

   B. 不同意这事，要跟集团总裁再理论一下

   C. 趁机会成为业务的伙伴，自荐 HR 总监可以与销售副总裁一起参与，提出一个切实可行的方案，呈现给管理层

   D. 主动要求参与到销售副总裁的项目，帮助招聘、培训与设计激励方案

2. 公司总裁办公室主任管理着 IT 与仓库部门，总裁办主任觉得这事应该由总裁办来张罗更适合，而且 IT 更有技术能力与电商意识，于是提议把电商经理放在总裁办。您认为 HR 总监应该怎么办？

   A. 跟总裁办主任充分讨论，一起找管理层成员推进此事，考虑电商经理的放置的不同方案及其对业务的影响，进行最终决议

   B. 建议总裁办主任直接跟总裁、销售副总裁说这事，他们会决定

   C. 建议总裁办主任放弃这个想法，毕竟管理层都已经做出了

决议，不能出尔反尔

 D. 建议总裁办主任小心一些，多考虑一下后果，万一拖了时间，影响了业务发展，对自己、对公司都不利

3. 鉴于优秀的电商经理很贵，公司的预算也有限，管理成员也倾向于从内部找适合的人担任这个职位。HR 总监做过人才盘点，深知公司内部人才状况不佳，而且行业标杆企业都是跨界挖了一批人来做的。您认为 HR 总监如何做？

 A. 放弃这个想法，胳膊扭不过大腿，内部找人，搞定这大事情可以邀功

 B. 不放弃自己的想法，内外部同时找人，让管理层最后定夺

 C. 分享一下标杆实践与对公司业务的洞察，影响管理层的决策

 D. 公司的业务会发生很大的变化，赶紧布局招聘培训的人员

4. 后来管理层决定招聘了一位专业的电商经理来负责电商业务。可是，过了半年，突然有一天集团总裁跑到 HR 总监办公室说："我们做错了一个重大的决定，那电商经理根本就没啥用！"这时，HR 总监应该怎么办？

 A. 咨询法务律师，了解有哪些解雇的风险，并进行风险评估

 B. 召集集团总裁和电商经理正式开个调解会议，听取双方的意见

 C. 跟集团总裁约见，充分了解他的顾虑，对整件事情进行充分了解

D. 评估电商经理怎样才能顺利开展工作

【案例二】：

　　某公司为国内某家电制造厂家，产品主要为厨房小家电产品，销售遍布全球。根据公司战略发展规划，每年 9 月份会启动三到五年战略规划讨论，确定接下来的三年战略规划和次年重点经营事项。

　　在今年的战略研讨会上，某团队建议公司推出某新品类。根据对市场全景图的分析，该品类产品属于某细分市场的品类。在该细分市场，消费者对该产品需求旺盛，该品类主要被某对手垄断，且根据分析，该品类属于高毛利产品。通过多轮研讨和分析，公司决定将该新品类产品列入公司未来的战略增长点。给予支持和投入。

情景测试题：

1. 该团队在提出该产品列为公司战略发展项目时，需要进行环境分析，环境分析不包括以下哪一项：

A. PESTLE 分析

B. SWOT 分析

C. 增长-份额矩阵与情境分析

D. 价值链分析

2. 在确定了进入该新品类的战略目标后，公司各职能模块也需要支撑该战略目标。人力资源部门的战略不包含以下哪一项：

A. 设置匹配该业务的组织架构

B. 匹配该业务品类需要的人才供应链的质量和效率

C. 匹配该业务需要的激励机制

D. 设置绩效 KPI 考核该新品类

3. 在确定该项目是公司三年战略规划后，研发和制造产品都需要正常的周期，在前期投入过程中，由于处于投入而未见产出阶段，半年后的公司内部会议会出现摇摆的声音，认为该项目投入过大。此时，处于 HR 总监的你需要做什么？

A. 根据平衡计分卡原则制定关键绩效指标

B. 与业务部门一起收集标杆对手在项目投入阶段的做法和经验，拿出分析数据，支撑该战略的坚定落地

C. 与集团总裁讨论并沟通下一步收缩计划

D. 与业务沟通减员计划

六、常见误区与教训、小贴士

误区与教训：

- 把人力资源规划视同于人力资源战略规划
- HR 战略规划制定时闭门造车，脱离业务，变成 HR 部门自嗨，无法支撑组织战略目标达成
- 组织战略是总经理要负责的事
- 只有战略制定与执行没有复盘、跟进与评估，导致一错再错
- 战略制定走捷径，缺乏深度研究
- 公司战略让外部顾问全权负责，缺乏内部管理层投入，导致没

法执行下去

小贴士：

- 深度调研，获取充分全面的信息是制定战略规划的基础
- 与关键利益相关者建立合作关系，取得支持是确保 HR 战略规划执行的关键
- 通过有效渠道了解行业信息、关注行业动态，熟悉公司产品价值链，是 HR 管理者与业务对话、建立合作关系的有效途径
- 人力资源战略来源于组织战略与业务战略，并且需要始终保持一致性。重视战略沟通的作用
- 清晰的业务战略是制定人力资源战略规划的前提，人力资源部门主动影响和推动业务部门建立清晰的业务战略

七、扩展阅读

- 不懂战略的 HR，永远得不到重用！
  https://mp.weixin.qq.com/s/LhX3oXjnSbYDHs8LXV_6nA
- HR 部门与业务脱节？只需 3 点快速推进 HR 战略转型
  https://mp.weixin.qq.com/s/Oqv_SQ9m_2svMlzqc4NPbw
- 战略解码系列：BLM 业务领先模型的解读与思考
  https://baijiahao.baidu.com/s?id=1739247294081529276&wfr=spider&for=pc
- IBM 公司战略管理案例（背景、战略发展、收入分析）
  https://doc.mbalib.com/view/2ec41e13477a2fc907f3808a0b1666fe.ht

ml?rcd=news-pc

八、参考答案

训战结合演练:

题号	答案	题号	答案	题号	答案
1.1	D	2.1	A	3.1.1	D
1.2	B	2.2	A	3.1.2	D
1.3	A	2.3.1	A	3.2.1	A
		2.3.2	B	3.2.2	B
				3.3	B

案例分析题:

案例一: 1.C 2.A 3.C 4.C

案例二: 1.D 2.D 3.B

第十一章 人才获取

一、主题概述

人才获取是比招聘更系统更全面的概念。在全球化组织竞争激烈和科技日新月异的背景和挑战下，人才获取和管理至关重要。SHRM 要求企业人才获取要突出组织关注雇主品牌、员工价值主张和员工职业生命周期（Employee Life Cycle）等对人才获取的影响。

人才获取是一项周期性长、消耗时间及金钱巨大的投资工程。人才获取必须与组织战略关联，人才的获取是为组织战略的实现支持人才支持。基于对组织战略及目标的深入理解，对业务部门经营目标及用人需求的掌握，制定人才获取战略，选择合适的人才获取渠道和方法，搜寻和招聘人才，经过筛选与评估，找到最佳候选人。

人才获取是员工职业生命周期的起点。选对人很重要，优秀的人才不仅能促进业绩增长，还可以降低管理成本。此外，优秀人才可以定义战略、定义未来。如何识别与甄选出优秀和高潜的人才，是面试官最大的挑战。除了掌握相应的面试技术，还需要培养一支强大的面试官，让"牛人招牛人"成为一种常态。

在多元化的背景下，人才吸引是招聘中的另一大挑战。人才争夺，已成为组织、政府乃至国家抢人的主旋律。既然是抢人，就应该有抢人的态度、抢人的姿势和抢人的本钱。另外，找到更多的优秀人才，也可以用人才密度吸引人才。

人才获取，以人才真正融入组织、融入组织文化为原点。HR需要帮助新员工快速地、恰当地与组织、与团队整合。

二、大纲要求

水平指标	
适用于所有人力资源专业人士	**适用于高级人力资源专业人士**
• 了解组织或业务部门的人才需求。	• 分析人员编制的水平和预期，以预计劳动力需求。
• 使用各种人才来源和招聘方法来吸引合格且背景多元化的申请人群体。	• 制定人才搜寻和招聘战略，以便建设一支能够满足组织需求的员工队伍。
• 使用技术来支持有效且高效的人才搜寻和招聘方法。	• 确立员工价值主张（EVP）和雇主品牌，以支持招聘优秀的申请人。
• 宣扬并利用员工价值主张（EVP）和雇主品牌来搜寻和招聘申请人。	• 制定和监督合格人才的搜寻、招聘和评估战略。
• 使用最合适的招聘方法和评估手段来评估应聘者的技能、组织契合度以及与组织职责能力需求的一致性。	• 设计并监督员工入职流程。
	• 设计并监督妥当和系统化的人才获取评估项目，以评估满足组织需求的人才获取活动的成效。

(续上表)

水平指标	
适用于所有人力资源专业人士	**适用于高级人力资源专业人士**
• 在聘用前进行适当的筛选。 • 为新员工实施有效的人员入职和介绍计划。 • 编写职位描述，以满足组织的资源需求。 • 遵守当地和所在国家/地区有关人才获取的法律和法规（避免违反法律法规的面试问题）。 • 就职位描述、面试、入职和应聘者体验的最佳实践向招聘经理提供建议和指导。	

三、关键概念

知识框架：组织与战略招聘、工作分析、人才搜索与招聘、选拔、报到与入职。

关键知识：雇主品牌（Employment Brand）、员工价值主张（EVP）、员工职业生命周期（Employee Life Cycle）、HR 指标与分析（Metrics & Analytics）。

混淆概念：CV & Resume, Onboarding, Onboarding & Assimilation.

全球化 HR：全球化战略人才配置、全球化背景下的 JD、招聘与选拔流程

战略 HR：通过外包获取关键人才与打造全球人才雇主品牌

2022 年新增知识点：人才梯队、伙伴计划 buddy system、候选人体验感

关键胜任力链接：战略管理、员工敬业度与留任、咨询、管理全球劳动力

四、人才获取训战结合演练

1.1 一位拓展北美市场的总经理，在面试前，猎头顾问给他做了一对一的面试辅导并提醒他不可以问及候选人的个人家庭及其私人生活，因为很可能引起不快，甚至被误认为歧视，触犯法律。但是他在面试过程中还是问及候选人的个人情况，作为翻译与面试官之一，你会怎么办？

   A. 翻译之前跟总经理再次确认是否要问这类问题然后再决定

   B. 翻译并咨询候选人是否介意回答这类问题，把决定权交给候选人并解释这种文化差异并不影响面试、不列入选拔决策的考虑因素

   C. 不进行翻译，并告诉总经理这个问题很尴尬，你不能明知故犯

   D. 不进行翻译，帮助候选人找一个借口扯开话题

1.2 以下关于人才获取相关的陈述哪一个不恰当：

   A. 人员配置是根据通过劳动力规划确定的组织人力资本的需要，提供足够的合格人员来完成组织财务成功所需的一系

列工作

B. 人力资源部门必须考虑组织的战略和目标，并实施让组织领导能执行这些战略和目标的人才获取计划

C. 人力资源团队把自身工作与组织的长期业务目标及战略相结合，既关注眼前的员工配备需求更关注为组织的未来获取人才

D. 战略人才获取应该把员工的职业生命周期与组织的雇主品牌、人力规划与战略紧密结合

1.3 一家高科技企业出海欧美，对于职位说明书的内容感到十分痛苦，因为总部就没有很好的整理与更新职位说明书，新开公司面临更多的不确定，因此整个集团都没有一份可以参考与使用的职位说明书，招聘的时候却面临着岗位说明书的职业化与法律的要求与挑战。以下哪一个比较恰当?

A. 教育用人经理关于岗位说明书在人力资源管理中的位置，并与用人部门一起协商确认并撰写

B. 按照国际案例撰写一份专业的岗位说明书，并发布招聘

C. 借这个机会培训或辅导用人部门，并了解有关部门运作，一起完成撰写与人员招聘，加强伙伴关系

D. 请用人经理撰写一份岗位说明书

2.1 招聘经理为英国项目总监寻找一位英语流利的项目经理，寻找了三个月未果。招聘经理突然遇到一位从美国归国的项目经理候选人，项目管理经验比较丰富、英语流利，但是人员管理能

216

力欠缺，可能不足以担当一个三人以上的项目组的管理者。因此在项目总监面试完之后，招聘经理决定额外增加招聘环节，请自己的上司和项目总监的上司来进行把关，得出类似的结果。作为招聘经理的您会怎么做？

A. 继续 Offer 这位项目经理

B. 在 Offer 这位项目经理之前，发一封邮件给你的上司、项目总监及其上司，请求项目总监作出承诺，帮助项目经理提升管理能力以免出现试用期不通过或者下属离职的情况

C. 与项目总监讨论招聘项目的任用风险并建议他备选方案如考虑暂时修改部门组织结构，项目经理在试用期内不带下属并进行进一步考察，逐渐授权并帮助提升人员管理能力

D. 不 Offer，继续招人，并告诉项目总监这样的用人风险太高

2.2 中国企业出海过程中，他们首先招聘到了当地讲中文的 HR 与管理者，发现沟通顺畅了很多，但总是发现一些问题。您会给什么建议？以下哪一项不太恰当：

A. 当地华人有语言的优势，却不一定有文化和心理的优势，需要结合企业发展战略去评估短期与长期的优劣势

B. 可能需要评估一下当地的多元化、平等与包容文化的建设与法律要求

C. 华人之间语言相通、文化同源，可以加班，应该大力使用

D. 要基于工作、绩效与战略为导向，合规、合法招募与使用人才

217

2.3 以下关于雇主品牌打造的实践，哪一项不太准确？

A. 无论是用什么社交媒体平台，雇主品牌打造最重要的方面是要有一个连贯的信息。

B. 雇主价值主张必须与组织的战略规划、愿景、任务、价值观相一致，并且必须建立有吸引力的形象。

C. 打造雇主品牌是把组织塑造成为劳动力市场"最佳雇主"的过程

D. 雇主品牌是组织展现给现有员工和潜在员工的形象；它是组织对整个就业体验的承诺价值，主要是对外吸引潜在的求职者

3.1 在一次大型招聘中，HR 总监与技术专家一起组成专项小组。他们一起从公司的业务、组织结构和各岗位设置进行了了解之后，分工合作，进行人才招聘。面试中，他们一起出题、各自问问题并做笔记，之后坐在一起讨论并决定录用哪些候选人。以下哪个流程比较恰当：

A. HR 总监应该主导这场面试，主动规划面试并陈述自己的面试结果，并与技术专家一起讨论面试结果，最后由技术专家完成综合面试并决定候选人

B. 技术总监应该主导这场面试，主动规划面试并陈述自己的面试结果，并与 HR 总监一起讨论面试结果，最后由集团总裁或其他高管完成综合面试并审批 offer。

C. HR 总监应该主导这场面试，主动规划面试并陈述自己的

面试结果，并与技术专家一起讨论面试结果，最后由 HR 总监完成综合面试并决定候选人

D. HR 总监应该让技术专家主导这场面试、规划面试并先分享面试结果，把自己的面试结果交给技术专家，最后由集团总裁完成综合面试并决定候选人，把否决票留给自己

3.2 在 2020 年，任正非在《人才很关键，面试最重要》如是说"牛人才能识别牛人，要选拔有开放思维和战略洞察能力的人"，您认为哪一项的理解比较不准确：

A. 在综合考察的时候，需要权高位重，站得高看得远的人才把关更容易识别未来的牛人

B. 有些人才有能力的潜伏期，可能短时间发挥不出作用来，需要有开放思维和战略洞察能力去观察他是不是有能力

C. 根据现在的岗位说明书，需要预测性的战略人才洞察找到适合现在岗位要求的人

D. 抓住了人才，就是抓住了事物的主要矛盾和矛盾的主要方面。什么事都是需要人去做的，同样一件事，有的人怎么做都做不成，有的人要好几次才做成，而有的人一次就能成功。因此人才很关键

3.3 从 2006 年开始，华为在集体面试中引入领军人才的五项素质，从一个人过往的素质行为表现，推测他未来能不能干成事、适合干什么事，以此实现人尽其才。以下哪一项理解不准确：

A. 华为素质要求五项主动性、概念思维、影响力、成就导向

与坚韧性，来源于合益咨询，在很大的程度上帮助华为招聘到了一支高素质的未来人才

B. 这几项素质属于行为胜任力，行为在短期内比较稳定，可以比较好的预测人才

C. 这几项素质不具备全球性，跨行业性，只适合华为

D. 一套合适的胜任力模型，可以保证人才获取、绩效管理、人才培养与任用等保持一致，更好地实现"有人可用、人尽其用、人尽其才，乐尽其能"

五、SHRM-SCP/CP 案例分析

一家全球化高科技集团下属的一个拥有几百人的国家子公司，高管团队在战略与年度运营计划制定中提到，公司将会签订几个大项目，公司的规模将翻番。由于与客户签订了几个大型新项目，需要大量招聘工程技术人员，并且需要从总部调配一些年轻的干部，尤其是需要招聘几位行业资深专家。

会议上，经过战略分解，工程交付部将负责几位行业专家的招聘，人力资源部紧密配合，全球网罗人才。同时，人力资源部将要承担干部的培养、新员工赋能与文化融合等工作。作为 HR 总监，你将如何展开工作？

情景测试题：

1. 作为 HR 总监，您将如何与工程交付部进行行业专家的招聘？

A. 积极跟进招聘事宜，准备岗位说明书并通过全球猎头与

    HR 同事搜索人才

B. 等待工程部确定好相应的招聘需求与岗位说明书，并提前进行人才搜索

C. 授权招聘专员跟进招聘，并要求他们每周汇报进展

D. 确定工程部作为招聘第一负责人，积极配合并提供专业服务

2. 总部调配的年轻干部在管理本地员工经常有文化冲突，您会如何处理？

A. 寻找第三方机构对他们进行跨文化敏感管理训练

B. 请本土管理者教授当地语言与文化

C. 给年轻干部配备跨文化管理经验丰富的导师与教练，并组织研讨学习

D. HR 定期组织年轻干部进行案例讨论，分享心得

3. 一位项目经理投诉外派干部总是不能把话说清楚，非黑即白之间总是灰。您对此怎么办？

A. 教育项目经理要适应企业文化，而不是让企业文化适应我们员工

B. 分别安排会议了解问题与诉求并找出问题所在，一起找出解决方案

C. 教育外派干部要适应当地文化，提升跨文化敏感，这是基本的管理能力

D. 结合国家文化与企业文化，为他们提供一个解决方案并要

求执行

4. 在访谈中发现高潜员工留任时间比较长、忠诚度高，但竞争对手以三倍薪酬进行挖掘，对此您怎么办？

A. 进行人才盘点，对部分人才进行加薪并配备团队，激发他们的管理才能，高薪留人

B. 跟管理层报备，并了解高潜员工留任的动机并制定留任与激励计划

C. 不要着急，等他们拿到聘任书之后再制定更优的个性化方案留任

D. 做好人才储备，及时补救，获取更优秀的人才

六、HR 常见误区与教训、小贴士

误区与教训：

- 用人部门与 HR 对招聘的人才标准没有形成统一意见，面试时持不同的标准

- 用人部门经理在招聘中，利用熟人圈子，私自对候选人进行背调，引发争议

- 没有做好新员工的试用期管理，试用期内辞退员工面临风险

- 思想上好像对人才招聘非常重视，但行为上却很懒，如投入到面试的时间很少

- 社交媒体招聘时，信息安全隐患与风险

- 发布招聘信息时的 JD 与实际不一致引起的争议

小贴士：

- 招聘完整的流程包括招聘需求澄清、搜寻简历、面试、入职与融入。

- 招聘需求，需要在招聘启动前跟用人部门界定与澄清，确保有统一的共识。

- 需要接受面试官培训后才能担当面试官，让候选人有良好的面试体验，并确保人才识别的质量

- 对于新员工，应当分别制定与约定试用期工作目标，并帮助其快速融入组织与融入文化

- 良好的雇主品牌，是吸引人才的一大利器

七、扩展阅读

- 任正非谈《人才很关键，面试最重要》看牛人如何识别、吸引牛人

  https://mp.weixin.qq.com/s/79MjkGGuS--CkP0X_gVeYQ

- 人才获取与招聘：理解差异

  https://zhuanlan.zhihu.com/p/443386398

八、参考答案

训战结合演练:

题号	答案	题号	答案	题号	答案
1.1	B	2.1	C	3.1	B
1.2	A	2.2	C	3.2	A
1.3	C	2.3	C	3.3	C

案例分析题:

1.D　2.C　3.B　4.B

第十二章　学习与发展

一、主题概述

培训到学习与发展，是从课堂到工作全方面的改变，从静态到动态，从短期到长期，从战术到战略的一个转变。通过学习与创新，增值无形的人力资本的软竞争力，获得商业的成功。

与培训相比，学习与发展作为内部人才供应的链路，除了关注提高员工当前的工作能力外，从更长远的角度看，同时关注组织或岗位的未来需求，提前做好能力储备。根据组织战略，制定人才发展战略，通过学习与发展，打造学习型组织，让员工在组织内部成长，形成强大的内部人才库，满足业务对人才的需求。

学习与发展，必须关注成年人学习的特点，关注 70:20:10 规则在成年人学习中的应用，遵从"仗怎样打，兵怎样练"的训战结合的方式，同时与员工的职业发展相结合，形成闭环。

二、大纲要求

水平指标	
适用于所有人力资源专业人士	**适用于高级人力资源专业人士**
• 运用最佳实践来评估有关员工能力和技能缺口的数据。	• 设计并监督与员工能力和技能的重大缺口有关的数据收集工作。
• 运用最佳实践来开发和提供学习与发展活动，以填补员工的能力和技能缺口。	• 提供指导，帮助识别和培养满足组织人才需求的关键能力。
• 使用所有可用的资源（供应商）来开发、提供和评估有效的学习与发展项目。	• 监督与新领导和领导力发展有关的项目的成效。
• 创建内部社交网络（员工资源型小组），促进员工之间的知识共享。	• 制定人才培养的长期组织战略。
• 与主管和员工合作制定个人发展计划。	• 制定战略以确保员工持续具备组织相关知识。
• 管理和支持那些促进知识转移的项目。	

三、关键概念

知识框架：当今时代的学习趋势、成人学习、学习与发展全流程管理、职业发展与趋势、领导力发展与知识管理

关键知识：学习型组织、组织学习、702010 原则、学习类型、ADDIE 模型、传统与当代的学习类型、学习保留率、学习的迁移、实验田（Pilot Program）、柯式评估法、IDP、领导力评估与发展方

式、学习系统、聊天机器人（chatbots）、个人发展计划 IDP

混淆概念：培训、发展与教育；翻译与阐释（Translation 和 Interpretation）；职业规划与职业管理；导师与教练；领导力与发展领导（Leader Development）

全球化 HR：全球文化对 ADDIE 全流程的影响、文化对职业管理的影响、全球领导力发展

战略 HR：通过学习与职业发展提升人才与领导力发展项目，提升竞争优势

2022 年新增知识点：知识地图（Knowledge Map）、知识咖啡厅（Knowledge Cafe）、职业匹配（Career mapping）、行为匹配（action mapping）、连续接近模型（successive approximation model）、Bloom 的分类学、infographics 信息图像学、成长型思维、员工资源小组

关键胜任力链接：管理劳动力、全球化思维、管理全球劳动力

四、学习与发展训战结合演练

1.1 一位 HR 决定提升自己，参加了市场上各种时髦培训，几年下来，她最后发现自己的能力非但没有提升，反而连基本概念和常识都不懂。她犯了哪个错误？

A. 她没有厘清自己的职业发展规划与学习需求

B. 培训机构不够专业，学习的知识无法迁移到工作实践中去

C. 培训机构不注重实战，实现训战结合，结果导向，产生成效

D. 她对自己的学习目标不明确，缺少确定的发展方向

1.2 一位 HR 总监从来没有做过职业规划及其路径分析，没有意识到 32 岁到 40 岁可能会出现瓶颈，突然之间发现 35 岁的歧视现象落在自己的身上，由于职业转换频繁，虽然能力在上升，但期望薪酬也依然在上升，因此她的受雇力大大打折扣。该 HR 总监面临如此困境的最可能的原因是什么？

A. 职业缺少规划

B. 职业生涯管理不当

C. 职业发展不顺

D. 运气不好，生不逢时

1.3.1 一位 HR 总监通过教练技术学习与实践，兼职辅导外面的企业高管，积累了一定经验之后，她回到公司推广管理转身计划并亲自辅导一部分管理者，成功的帮助了几位管理者转身，也获得了他们的上司的一致好评。这位 HR 总监主要担当了哪一个角色：

A. 导师

B. 教练

C. 学习与发展专家

D. 变革专家

1.3.2 任正非指出"华为大学的老师在后备干部培养这一系中，是组织者，不是传授者，如果他们是传授者，水平就限制在一定高

度了，我们的学习就是启发式的学习，这里没有老师上课，只有"吵架"，吵完一个月就各奔前程，不知道最后谁是将军，谁是列兵。"对于老师的定位，你觉得哪个选项理解最不正确：

A. 老师应该是组织者，以学员为中心，这突出老师的引导与组织学习功能

B. 老师也应该是传授者，老师是权威，传道授业解惑是老师的天职

C. 老师仅限在传授者，只输出没有输入，无法向学员与课堂互动中学习

D. 后备干部本来就是一群有一定经验的管理者或骨干，应该以他们为重，发挥同伴学习的优势，让他们在各种辩论中发展自己

2.1 在学习过程中，一位位于西方国家的 HR 讲师努力引进参与式讨论，他的西方同行听了之后，摇了摇头，觉得他的挑战会很大，效果也很令人担心。您觉得他担心的原因最不可能的是：

A. 权利的距离影响参与度

B. 发言害怕犯错误丢面子

C. 学习比较被动

D. 希望平等，提倡公开对峙与公开辩论的方式

2.2 经过一段时间哈佛翻转课堂的学习之后，一位学习与发展专家决定回到公司的人才发展项目进行试点，引入翻转课堂，效果显著。哈佛翻转课堂的基本原理是：

A. 讲师按照可汗课堂的方式，进行知识分解，讲清楚要点并提供及时反馈

B. 主要是依赖学员的同伴学习，老师进行引导

C. 讲师重在引导，同学在于演练

D. 哈佛翻转课堂就是案例分析与角色扮演的组合

2.3 根据 DDI 在 2018 年的调查结果，外部企业导师的辅导在高潜领导的学习与发展方式排名中排在第一，而这个放在 HR 提供的方式中排第五，排第一的却是课堂学习、课程培训与研讨会，存在一定的错位。作为 HR 负责人，对此您第一步会如何做：

A. 在成本有限的前提下，进行调整，在 HR 兼教练圈寻找优质可靠的导师进行互换资源

B. 优化学习与发展方式，为高潜领导提供外部企业导师资源，并及时评估效果

C. 评估本企业高潜领导对学习与发展所期望的方式是否与 DDI 一致并采取措施进行调整

D. 强推 70-20-10 原则，把高潜管理者期望的方式调整过来

3.1 一位公司培训部的讲师到外地分支机构授课，为了创造良好的学员学习体验，取得好的学习效果，他最应采取哪些行动？

A. 课上鼓励学员直呼起名，拉进彼此的距离

B. 应用角色扮演，案例讨论的方式让大家练习

C. 提前访谈分公司领导，了解他们的期望

D. 了解组织和当地的文化，访谈利益相关者，采用适当的授课方式

3.2 一家公司旨在打造学习型组织，通过企业大学、工作历练与管理实践进行赋能。对此，公司通过集团总裁讲话通过层层下达推行组织学习来打造组织心智。这种做法体现了组织学习的哪一方面？

A. 这是组织学习中的心智模式

B. 这是组织学习中的系统思维

C. 这是组织学习中的共同愿景

D. 这是组织学习中的团队学习

3.3 一家大型跨国公司总部的 HR 副总裁和销售副总裁一起跟一位国家代表沟通，指出根据国家代表的能力与职业优势，希望他在未来五年到十年能够担当总部的 HRBP 领导。因此，国家代表在后来的几年里，经历了从全球调配副总裁、区域总裁，再到总部 HRBP 领导几个岗位。这种做法体现了下述哪一项？

A. 70-20-10 原则

B. 领导培养的之字型培养路线

C. 体现了 4T（Travel, Teams,Training &Transfer）模型

D. 体现了 4R（Recognize, Respect, Reconcile & Realize）模型

五、SHRM-SCP/CP 案例分析

【案例一】：

Lynn 拥有英国硕士学位，她回国后在其他工作岗位上工作了几年并转型 HR 两年。她仔细地审查了自己的简历，觉得这样的"简历"不值钱，不像一个高潜人才的简历。于是她开始寻求突破。

经过初步评估，Lynn 初步规划了自己的职业发展路径，希望从民营企业 HRBP（主管级别）做到外企 HR 总监。根据职业规划，Lynn 首先要实现第一个转变——跳槽转型进入外企，并且要在第一个三年实现一个升级，成为一名经理级别的 HRBP。于是她决定寻找一个高端国外职业发展项目，实现第一次转变。

经过各种项目的刷选，Lynn 做了两件事情：第一，她选择了 SHRM 认证。在整个学习的过程中，Lynn 从众多的 HR 经理、HRBP 的交流中，发现自己十分善于提出问题，并有十分强大的主动性、商业敏感与案例总结能力，也识别了自己的弱项。第二，通过认证之后，她继续确认了一位资深的职业导师，进一步指导她未来的职业发展道路。

按照计划，她顺利实现了第一次突破——从民企到外企，接着她又从外企实现了从主管级到经理级的提升。

对于 Lynn 未来五年如何从经理级别向总监级的 HRBP 或 HR 总监迈进，你有什么建议？

情景测试题:

1. 以下哪个选项最能概括案例中 Lynn 的一系列行动?

   A. 绩效管理

   B. 职业管理

   C. 职业发展

   D. 职业规划

2. Lynn 在加入该外企的第二年,公司总部启动了一项亚太区域的变革项目,其中之一便是 Lynn 所对接的事业部将部分调整产品线,Lynn 此前没有参与变革的经验。你认为 Lynn 第一步应该如何做,以便更有效地支持到事业部的该项变革工作?

   A. 第一时间向事业部负责人表态,说明自己愿意尽最大努力配合相关工作

   B. 查询新产品线的相关知识,邀请外部培训机构为事业部负责人及业务骨干提供培训

   C. 研读公司战略,查询竞争对手产品线并与自身公司作对比,找事业部负责人和 HR 总监访谈

   D. 查询公司过往的变革项目,参照北美区域做法制定一套人力资源综合方案,以便让事业部负责人尽早对自己的能力建立信心

3. 起初事业部的变革进展并不顺利,事业部负责人对 Lynn 的能力表示质疑并向 HR 总监投诉,要求更换 HRBP。假如你是 HR 总监,你认为应该如何做?

A. 向事业部负责人解释 Lynn 的专业能力，建议让 Lynn 留下一个月再观察观察

B. 本着"服务好业务部门"的原则，立即安排让 Lynn 和另一位 HRBP Susie 互换了事业部

C. 安排 HR 部门的一位高级经理对 Lynn 进行辅导

D. 和 Lynn 谈话后亲自去到该事业部，向事业部负责人和其他同事了解情况后再做决定

【案例二】：

一家中小型企业的 HR 负责人 Amy 和公司总经理 Bob 都觉得人才盘点很重要，而继任计划尤其重要。于是他们对公司人才进行盘点之后，对一直勤勤恳恳的运营经理 Chow 进行了评估，一致认为他是运营总监的候选人，并且认为一旦把他培养起来，总经理就可以委之以重任。

于是 Amy 和 Bob 为运营总监 Chow 制定了一个详尽的 IDP（个人发展计划）。他们彼此对这份 IDP 十分满意，有发展路径、有培养计划——Chow 需要参加的课程包括公司提供的 MBA，甚至包含了组织期望给他晋升的时间与职级，连诱人的薪酬待遇都准备好了！

当 Amy 与 Chow 约好一个会议，谈到他的 IDP 的时候，Chow 一脸诧异。不到三分钟，Chow 就表示，他对这样的一份个人发展计划没有兴趣！

Amy 十分震撼。她不知道程序到底发生了什么问题。如果你是

HR 总监，你会给她什么建议？

情景测试题：

1. Chow 对 Amy 和 Bob 为他制定的 IDP 没有兴趣，你认为以下哪一项最不可能是问题的根源？

   A. 此前 Bob 没有让 Chow 充分了解到公司对他的认可与期望

   B. Bob 和 Amy 没有在 Chow 之外物色另一个人选，没有让 Chow 感觉到竞争

   C. Bob 和 Amy 此前没有和 Chow 深入沟通从而未能了解 Chow 本人的职业兴趣和职业规划

   D. 公司此前没有形成系统性的人才发展机制，更没有继任计划先例

2. 尽管 Chow 已经明确表示对公司为他设计的 IDP 计划没有兴趣，但 Bob 在出国度假期间仍授权 Chow 代其履职，以下哪一项说法最不准确？

   A. 公司此时实施的是继任计划

   B. 公司此时实施的是接替计划

   C. Bob 的做法有助于锻炼 Chow 的领导力

   D. Chow 有可能在代 Bob 履职期间重新评估 IDP 计划并改变主意

3. 以下哪项做法不利于 IDP 计划的实施？

A.　公司建立内部职业导师制

B.　各级主管日常主要负责绩效考核，绩效面谈由 HR 负责

C.　就 IDP 计划达成共识后，员工本人、主管及 HR 共同签署一份《IDP 计划协议书》

D.　公司建立"双通道"职业发展机制

六、HR 常见误区与教训、小贴士

误区与教训:

- 误认为或让内部利益相关者误认为培训是解决公司一切问题的"良药"

- 未了解利益相关者诉求或未与利益相关者达成共识，强行推行培训或其他人才培养工作;

- 对公司战略及业务了解不深刻，培训项目设计不解决实际问题，流于形式

- 人才培养体系性建设不足，未与 HR 其他模块有效整合，孤立运作

- 误以为人才培养工作就是培训

- HR 对人才培养工作"大包大揽"，没有充分发挥业务部门、直线经理的作用

- 什么热门就培训什么，培训完后不知道怎样落地

小贴士:

- 培训前需要界定问题，以解决问题为导向，"仗怎么打，兵怎

么练"

- 培训不是以培训结束为闭环，而是员工行为改变为闭环

- 训战结合，才能最大保障培训效果

- 遵从成年人学习的 10:70:20 规则

七、扩展阅读

- 员工资源小组 (ERG)

  https://www.seagate.com/cn/zh/jobs/diversity-and-inclusion/employee-resource-groups/

- 大多数人的学习=碎片化学习，缺少系统是硬伤!

  https://zhuanlan.zhihu.com/p/521847469

- HR 行业不缺"老师"，缺导师

  https://zhuanlan.zhihu.com/p/467229967

- 卓越之道 (2) 诺奖学者提出的顶流人才学习大法

  https://zhuanlan.zhihu.com/p/589487295

- 卓越之道 (3) 认知决定高度，欲扬认知，必先自知

  https://zhuanlan.zhihu.com/p/588977153

- 斯坦福思维 (1)：成长思维再造 HR 职业与组织

  https://zhuanlan.zhihu.com/p/595788488

八、参考答案

训战结合演练:

题号	答案	题号	答案	题号	答案
1.1	A	2.1	D	3.1	D
1.2	A	2.2	B	3.2	A
1.3.1	B	2.3	C	3.3	B
1.3.2	B				

案例分析题:

案例一: 1.D 2.C 3.D

案例二: 1.B 2.A 3.B

第十三章　全面薪酬

一、主题概述

传统的薪酬福利的称谓变成了全面薪酬，这不是一个简单的字面变化。理解全面薪酬的构成，这只是理解这个概念的第一步。要想真正发挥全面薪酬的威力，必须从战略高度上制定全面薪酬战略，通过研究、设计、实施、评估四个步骤，建立对内公平、对外具有竞争力的全面薪酬体系，保持全面薪酬体系与组织战略的一致性。

薪酬理念在全面薪酬管理中是一个非常重要的概念和要素，它是薪酬设计与管理的起点，需要建立与组织战略、价值观相匹配的全面薪酬理念，希望通过薪酬向员工传递什么信息，鼓励与倡导员工哪些行为，引导员工往哪个方向努力，为薪酬管理的一致性和透明度提供了基础框架，是解决薪酬管理过程中出现分歧的指导原则。

在薪酬管理中，容易忽视的是薪酬沟通。员工对全面薪酬无感，最可能的原因是缺乏薪酬沟通与宣导。利用全面薪酬沟通工具，可以提升员工对薪酬的感知，包括全面薪酬各个组成部分的功能和作用。只有员工感知，才会让全面薪酬更好地发挥激励效果。

全面薪酬，是把雇主品牌、企业文化、人才发展等整合在一起的综合的实践与体系。

二、大纲要求

水平指标	
适用于所有人力资源专业人士	适用于高级人力资源专业人士
• 收集、汇编和解读来源各异的薪酬和福利数据。 • 实施适当的薪酬、福利、奖励、离职和遣散制度及项目。 • 遵循有关薪酬和福利的最佳实践、法律和规程。 • 区分政府授权的、政府提供的和自愿提供的福利方案。 • 开展准确的工作评估，以确定适当的薪酬和福利。	• 设计和监督符合组织战略方向和人才需求的组织薪酬和福利理念、战略及计划。 • 设计和监督高管薪酬方案，将个人绩效和期望的行为与组织成功直接挂钩。 • 确保薪酬制度的内部公平性。 • 定期重新评估组织的全面薪酬方案，并根据需要进行调整。

三、关键概念

知识框架：全面薪酬战略、薪酬体系设计、薪酬体系、福利体系与津贴

关键知识：全面薪酬、全面薪酬管理哲学、薪酬战略、员工自助服务、岗位评估与薪酬职级、薪酬调查、薪酬数据老化与权衡（Aged, Leveled）、薪酬对标（Benchmarking）、薪资比对率（Compa-

Ratios）、宽带薪酬、延递薪酬（deferred compensation）、薪酬压缩
（pay compression）、全面薪酬（total rewards）、保险参与率
（insurance participation rates）、员工价值主张（EVP）

混淆概念：Pay，Compensation，Rewards

全球化 HR：全球配置对薪酬福利的影响，全球薪酬福利法律与遵
从

战略 HR：全面薪酬强化雇主品牌、企业文化，高管薪酬激励

2022 年新增知识点：员工股票购买计划 share purchase plans；住房
伙伴计划 housing partnership，员工外置服务 outplacement services

关键胜任力链接：战略管理、员工敬业度与留任、人才获取、咨询、
分析取向

四、全面薪酬训战结合演练

1.1 华为的"力出一孔，利出一孔"，符合以下哪一种激励理论的
体现？

    A. 双因素理论

    B. 期望理论与公平性原则

    C. 马斯洛需求层次理论

    D. 归因理论

1.2 在职级评估的过程中，同样的一个岗位名称，在不同的地区与
国家评估出来的结果出现了职级不一致的现象，最不可能的原
因是：

A. 对岗位的要求以及管辖的范围与影响有差异

B. 职位评估出现偏差

C. 文化的因素

D. 人岗匹配出现的差异

1.3 对于某高科集团的薪酬"以岗定级，以级定薪，人岗匹配、易岗易薪"十六字，最需要企业文化的强大支持才可以实现：

A. 以岗定级

B. 以级定薪

C. 人岗匹配

D. 易岗易薪

2.1 一位当地的政府关系主管，在当地十分不受欢迎，当地同事十分不喜欢他。他在公司做了近十年，享受着企业高管的待遇如配车、汽油费和自由上班时间等。经过访谈，HR 总监发现他是知道公司管理者不重视他的，他自己拥有诸多政府资源，没有发挥出价值，也有困惑和迷惘。正值公司的新国家总裁上任，需要熟悉政府关系并提升国家品牌度，作为 HR 总监，您将如何做？

A. 趁这个机会找人替代他

B. 把他的情况反映给总裁，让总裁决定

C. 跟他沟通，了解工作情况和他的想法，重新组合他的薪酬激励方案实现个性化激励，并给他设置一个短期激励方案

D. 先激励，后出成绩，即在公司里大力宣传他过去十年的业

绩，再给他一个挑战性的任务

2.2 在全球招聘的情况下，一家公司经常会面临这样的困境：因为地区差异，东南亚工程师与欧美工程师期望薪酬可能相差一倍以上。不同国籍与背景是一个团队的优势，可以优势互补，因此 HR 往往会按照他们的期望薪酬来满足他们的需求并发放聘任书。这就造成了同工不同酬的问题。对此，作为 HR 总监，您会如何和处理这样的问题？

A. 做好薪酬保密工作，不让员工对此进行交流，以确保产生这种同工不同酬的问题

B. 个别问题个别解决，以免造成成本大幅度提升

C. 做好"人岗匹配"评估工作并考虑工程师的绩效，对各部门类似的受影响的员工一步到位，把薪酬调整到一个水平

D. 做好"人岗匹配"评估工作并综合考虑工程师所在的国家与地区的薪酬状况，在对内公平与对外有竞争力的原则上，有步骤、有计划的根据业绩与薪酬比对率 CR 调整到合适的位置

2.3 中国企业推崇绩效文化，在国内也取得显著成绩，因此想在全球推广，并配予股权激励，效果却不是很理想。您会如何分析？

A. 通过了解各国文化对绩效管理的影响并采访管理者以了解其适应性。

B. 本国管理有效的方法一定也适合其他国家，只是需要做一

些调整

C.　高绩效团队与股权激励都是有效的激励方式，应该让当地高管享受到好处再逐步推广

D.　把当地管理者与 HR 拉到国内来考察，做试点工程，先观摩再推广

3.1　一位高科技企业的全球采购部的 HRBP 在年度薪酬比对的过程中发现，有几位同等级别的高级采购经理，因招聘过程中他们的来源背景不同（比如台湾企业与欧美企业背景）导致薪酬差异超过三倍。对此，作为 HRBP，您将如何处理？

A.　个别情况个别对待，直接把薪酬调整到位

B.　维持现状，员工及其部门总监没有提出问题，不需要处理

C.　如果业务部门没有提出问题或要求，不需要做出任何对策

D.　进行留任访谈并与其部门总监研讨并为员工制定一个绩效与个人发展计划，并给与调薪追赶计划

3.2　一家在新加坡上市的美国高科技企业集团，旗下某一事业部副总裁在做完业务发展计划与人才盘点之后，决定对其在中国的研发中心的一位经理进行迅速提拔，给予高级总监的头衔与现有薪酬三倍的薪酬包，以提升中国的研发中心和这位研发经理的领导地位。对此，作为事业部的 HRBP，您将如何处理？

A.　向副总裁进行解释，这样的解决方案不可行，并按照正常的晋升程序对其进行调整

B.　按照副总裁的要求，完成薪酬调整与晋升程序，并向公司

宣布这一个方案

C. 对这位研发经理所负责的业务及其战略地位进行研究，并咨询事业部或区域薪酬总监与业务领导，对他的晋升和调薪准备三套方案 ABC，然后向副总裁推荐与解释

D. 拒绝副总裁这一个不合理的要求，并根据继任计划，准备好人选，向副总裁提议，以免人才损失而造成对业务的影响

3.3 为了平衡全球外派员工的薪酬包，一个全球高科技集团采用"艰苦补助"作为津贴，这会带来什么利弊。以下说法比较不恰当的是：

A. 鼓励员工向艰苦地区倾斜会起到比较大的效果

B. 在不同国家与地区流动的外派员工起到一个平衡作用

C. 这对在国内的员工不公平

D. 可以鼓励一部分员工出海发展，支撑业务的发展

五、SHRM-SCP/CP 案例分析

LY 公司是一家科技企业，主要制造消费电子产品零部件。LY 公司经历了近十年的发展，进入了高速发展期，在国内外进行扩张并在中西部重要城市与沿海地区进行布局，目前员工数量在上万人。企业管理正在以深圳集团总部，梳理治理关系进行集中管理。LY 公司有十几间工厂、公司，主要集中在中国，业务涉及欧洲、美国。

LY 公司经历了从创业期到高速发展期，决策权主要集中在几

位 CXO 的核心决策团队，管理集中高效而不缺灵活性。公司现有的薪酬一直沿用创业期的模式：支付比较低的基本工资，并支付高额绩效奖金。普通工程师与办公室职员的浮动薪酬可以占到总薪酬的 50%以上，而高管仅获得 20 万元的固定薪酬，年终绩效奖金则是固定薪酬的好几倍。一部分中高管享有车房长期激励方案，他们与公司签订长期服务合同，服务期满后，车房的所有权转让归中高管个人所有。

公司大部分管理者均由董事长一手培养起来，十分吃苦耐劳，高度服从。但很明显的是，在公司的高速发展中，原来的管理者已经不太能跟上董事长的期望，个人的发展速度已经跟不上公司发展的速度。

新加入的 HR 总监经过组织与人才访谈和盘点后发现，公司缺乏优秀的高管团队，薪酬结构不太符合现阶段的企业成长周期。对此，他让董事长意识到了这些差距，董事长也认可这些发现。

因此董事长明确表示，公司打算进行集团化并为未来的国际化与上市做好铺垫，需要重新梳理并建立一套能够支持公司成长的 HR 体系，尤其是人才发展与薪酬激励。

面对董事长与高管团队这样的诉求，在这样的转型升级中，满足公司发展需求的 HR 体系。如果你是这位 HR 总监，你打算如何展开？

情景测试题：

1. 开展集团高管薪酬体系改革，HR 总监第一步应该做什么？

    A. 召开集团高管会议，讨论薪酬体系中存在的问题，确定下

一步的改革方向

B.　设计薪酬满意度调查问卷，通过问卷了解各位高管对其薪酬结构、薪酬水平等是否满意，根据调查结果确定调整方向

C.　分别访谈各位高管，理解他们对目前的薪酬模式的看法、以及对组织未来的发展和个人在组织中的发展的期待

D.　拟定一份项目计划草案，与董事长进行探讨

2.　针对 LY 公司的薪酬体系现状，在薪酬设计中，以下哪个选项是最能紧密地匹配到目前发展阶段的薪酬体系？

A.　根据公司的发展阶段，采取市场领先型薪酬策略

B.　结合公司的发展需求，识别关键激励对象，根据不同的员工类别设计不同的薪酬方案

C.　进行市场薪酬调研，根据市场同行业的薪酬水平和薪酬模式进行设计

D.　进行工作分析和职位评估，先建立标准的职级体系，然后根据职级体系定薪

3.　面对高管关于薪酬策略和薪酬架构有多种声音和质疑，以下哪一项做法更为恰当？

A.　购买咨询公司的薪酬调查报告

B.　找出同行业中具有代表性的多家企业的实践

C.　集思广益，让高管们提出自己的看法，再折衷取一个平衡的方式

D. 跟董事长探讨，结合公司发展选择薪酬定位，并向高管们说明

六、HR 常见误区与教训、小贴士

误区与教训：

- 对所有员工采用同样的薪酬组合模式，未考虑不同级别、不同性质职位的需求特点

- 直接借用头部企业或其他优秀企业的薪酬模式，未能考虑企业的实力、文化是否匹配

- 薪酬管理的目标就是帮助企业降低薪酬支出成本。改为"把帮助企业降低薪酬支出成本当成了薪酬管理的主要目标。"

- 构建新的薪酬体系时，没有进行薪酬测算或测算不精准，导致工资总额远超出预算

- 薪酬体系缺少系统性考虑，遇到问题倾向于用薪酬方案来解决

- 喜欢用加薪的方式激励员工，不断地刺激员工对加薪的欲望，停止加薪，员工的积极性打回原形。另外，员工时不时提出加薪需求，始终处于救火状态

小贴士：

- 薪酬的核心是激励，需要结合激励理论，设计能够激发员工工作热情和动机的薪酬体系

- 薪酬设计需要考虑企业的文化和发展阶段，没有放之四海而皆准的薪酬方案，需要因时因地制宜，将激励员工和帮助企业实

现战略目标作为重要考虑

- 沟通在薪酬管理中具有非常重要的作用，应该花更多的精力用在于薪酬沟通，特别是薪酬理念的宣贯
- 对不同员工划分类别，对不同类别的员工可采取不同的薪酬策略、不同的薪酬固浮比例
- 每次调薪的幅度不宜过高。对于明显低于市场水平的员工，可以分期结合绩效调薪，没有必要一次性调薪到位

七、扩展阅读

- SMALL STEPS TO MITIGATE RISK AND CREATE RESILIENCE IN EXECUTIVE COMPENSATION GOALS
  https://worldatwork.org/resources/publications/workspan-daily/small-steps-to-mitigate-risk-and-create-resilience-in-executive-compensation-goals
- Stave Off Employee Turnover with More Transparency and Flexibility | WorldatWork
  https://worldatwork.org/resources/publications/workspan-daily/stave-off-employee-turnover-with-more-transparency-and-flexibility
- 《业绩是公司尊严，全面薪酬让人有尊严（珍藏版）》
  https://mp.weixin.qq.com/s?__biz=MzA4MDcxNTg0NQ==&mid=2651236290&idx=1&sn=7ca6ddfd15a41b117abd55f26552cafc&chksm=84520ee8b32587fe7c13313016a697f9d7b43101d73f32b145d6b9fa1233c2540e89c2959afc&token=218600760&lang=zh_CN#rd

八、参考答案

训战结合演练:

题号	答案	题号	答案	题号	答案
1.1	B	2.1	C	3.1	D
1.2	C	2.2	D	3.2	C
1.3	D	2.3	A	3.3	C

案例分析题:

1.C　2.B　3.D

第十四章 员工敬业度与留任

一、主题概述

员工敬业度事关客户满意度、企业盈利能力、员工效能与员工体验等；这些是企业总裁们极其关注的人力资源指标。在飞利浦和华为，敬业度与组织气氛分别作为管理者的重要管理指标。

研究表明，员工敬业度与企业经营指数有明显的正相关关系。评估员工敬业度，掌握员工敬业度水平及其驱动因素，制定计划保持和提升员敬业度，是人才管理和人才留任的重要内容。与员工离职管理一样，留任才是最终目的。留任面谈，是一项有效的举措。通过留任面谈，了解员工留在组织的原因以及想离开组织的动机，有助于留任率和敬业度。员工敬业度与留任，应该贯穿员工职业生命周期的整个流程，包括录用、融入、发展和异动。

获得组织领导包括总裁和各部门高管的支持，是员工敬业度顺利推行的重要前提。制定员工敬业度的商业提案，连接敬业度与商业结果，按照衡量一贯性的原则，定期、长期坚持，以促进组织长期保持高敬业度的员工队伍。

251

二、大纲要求

水平指标	
适用于所有人力资源专业人士	**适用于高级人力资源专业人士**
• 采用最佳实践来设计、管理、分析和解读针对员工敬业度、工作满意度和文化的调查。	• 与企业领导合作制定一项组织战略，以提供积极的员工体验，建设敬业的员工队伍。
• 管理和支持旨在改善员工敬业度和文化等员工体验的人力资源项目及组织项目（例如：社交活动、远程办公政策、认可、工作设计、灵活办公）。	• 在人力资源项目、实践和政策中实施员工保留方面的最佳实践（例如：实际工作预览、职业发展项目、员工社会化）。
• 发现项目机会，以创造更具吸引力或更能调动员工积极性的工作（工作丰富化/工作扩展）。	• 基于员工敬业度、工作满意度和文化调查的结果，设计和监督一项行动计划，并就此开展沟通。
• 监控人员变动和保留指标的变化，并确保领导了解此类变化。	• 就员工态度和文化调查的结果开展沟通。
• 对主管提供教练，使其与下属员工建立积极的工作关系。	• 设计和监督旨在改善员工敬业度和满意度的人力资源项目和组织项目（例如：社交活动、远程办公政策、认可、工作设计、灵活办公）。
• 培训利益相关者学会使用组织的绩效管理系统。	• 从整体着眼，监控组织在员工态度、变动和保留方面的指标，以及有关员工敬业度与留任的其他信息。
• 帮助利益相关者了解什么是令人满意的员工绩效和绩效管理。	• 设计和监督基于最佳实践的，能满足组织人才管理需求的员工绩效管理系统。
• 实施和监控衡量绩效管理系统成效的流程。	• 设计和监督用于衡量绩效管理系统成效的流程。

三、关键概念

知识框架：理解员工敬业度与留任、员工敬业度评估、员工敬业度与留任项目开发、绩效管理、员工敬业度与留任战略评估

关键知识：敬业度及其类型、Q12、员工幸福感（员工综合健康 Well Being）、组织文化、商业提案(Business Case)、实际工作预览（Realistic Job Previews)、留任面谈法、绩效提议（Performance review calibration）、绩效管理系统（Performance Management System）、员工社会化（employee socialization）、职位扩大（Job enlargement）、职位充实（Job enrichment）、个性化融入计划(Personalized Onboarding）

混淆概念：满意度、忠诚度、敬业度、参与度，工作与生活有效性、表面敬业度、行为敬业度，经理、直线经理、直线上级

全球化 HR：不同国家的敬业驱动力、留任的跨文化考量因素。

战略 HR：通过员工体验、敬业度与幸福感提升人才的潜力与组织活力、对组织的盈力能力产生影响

2022 年新增知识点：积极组织文化、远程工作(telecommuting/WFH、Work From Home)

关键胜任力链接：战略管理、管理全球劳动力

四、敬业度与留任训战结合演练

1.1 一家欧洲公司在对高级总监或副总裁以上的管理者考核中，将他们所在的部门或公司的敬业度作为他们的其中一项管理指标

253

KPI 进行考核。哪一项对这样的管理描述最不恰当：

A. 这样会极大的塑造一个重视敬业度的文化

B. 绩效考核标准就是管理的风向标，奖惩分明，有助于提升公司的敬业度

C. 如果公司从上到下都一致（Align）并把行动方案做到位，将对企业管理很有帮助

D. 也应该把它列入作为 HR 总监的 KPI 进行考核，因为敬业度是 HR 的指标，因此 HR 应该对此负责

1.2 以下哪一项陈述更符合高敬业度的人才描述？

A. 高敬业但不开心的人才绩效水平也高，但容易倦怠

B. 高敬业且开心的人才绩效水平中等

C. 敬业度低且开心的人才往往在组织里更容易生存

D. 敬业度低但不开心的人才不应该留在组织，影响不好

1.3 一家几万人的公司引入敬业度调查，高层一直未达成一致意见。公司 HR 副总裁决定无论如何，还是要引入敬业度调查。在执行的过程中，HR 部门发现有一位高级副总裁重视程度不够，阴奉阳违，言行不一，每次说好要执行却没有结果。对此，HR 副总裁十分恼怒，把这事情汇报给集团总裁。集团总裁十分惊讶，他表示对公司引入敬业度调查这件事情闻所未闻。对此，你怎么看？

A. 暂停敬业度调查，直到所有高管达成一致意见

B. 与集团总裁解释敬业度的调查计划，同时告知集团总裁，

敬业度已经开始，一定要坚持做下去

C. 将商业提案展示给集团总裁，获得他的支持，再邀请集团总裁与高级副总裁一起开会

D. 与所有相关高层及集团总裁开会，在会上展示商业提案，让大家在会上尽快达成一致意见

2.1 有一位招聘经理和他的一位外国上司一起在他所属的国家工作，他觉得外国上司既不尊重本土 HR 实践，语言文化也不熟悉，因此十分我行我素，但他的招聘业绩还可以。你作为招聘经理的上级领导加入公司之后，HR 副总裁决定让你来决定是否挽留他。你会如何处理？

A. 深入交流，了解他的业绩、能力并决定去留计划

B. 给他制定一个短期绩效计划，去留全看计划完成情况

C. 深入交流，了解他的业绩、能力并评估他的潜力，从个人与组织发展综合考虑如何安排，并报备 HR 副总裁

D. 直接炒掉，不要影响团队氛围

2.2 某互联网公司在分析公司近三年的离职数据时发现公司整体离职率在行业的平均水平；在进行不同团队员工离职率分析时发现其中一个团队初级和资深级别的员工离职率很高。在进一步查看该部门员工离职面谈记录信息时，排名前三的主要离职原因分别是：其他公司更好的发展机会、家庭与生活的平衡、其他公司更高的薪资福利。人力资源部接下来需要做什么？

A. 查看该部门已离职初级和资深员工近三年的绩效情况

B. 在全公司范围进行满意度问卷

C. 组织留任面谈（stay interview），收集该部门目前在职的初级和资深员工反馈

D. 整体离职率正常，不需要做什么

2.3 一个中国的跨国公司的中方主管在各个国家都加班时间很长，但下属却严格实施朝九晚五的上班制度，因此中方主管总是不得不承担更多原来应该属于团队成员的工作。对此，您有何建议帮助中方主管？

A. 进行团队建设，让本地下属了解企业文化，加入到加班中

B. 从招聘开始把关，尽量招聘跟中国文化认可度与弹性比较大的员工并进行文化交流与教育，建立认同感

C. 实施弹性工作制

D. 多招聘华人员工解决加班问题

3.1 在敬业度调查前，一位 HR 经理发现有一些员工不是很愿意参与敬业度调查。以下哪种原因最不相关？

A. 保密制度欠缺，员工没有安全感

B. 有一些主管可能会进行打击报复

C. 公司或部门缺少重视与行动计划

D. 公司采用的盖洛普调查太复杂，耗费的时间太长，可信度也不高

3.2 一家跨国企业把敬业度列入各大业务群、地区和具有一定规模

的工厂与部门的关键绩效指标。对此，如何提升敬业度就成了管理者的一项重要指标。对此，HR 部门可以做哪些事情来提升员工敬业度并留任员工？哪一项最不相关的？

A. 加强员工活动并规划系列团队建设，提升员工的幸福感

B. 与各级领导对公司的关键敬业度驱动因素进行探讨，并制定改善举措

C. 通过敬业度调查结果分析，举行焦点访谈，理解公司与各级部门的敬业度情况并采取关键措施

D. 对公司与各部门的敬业度行动计划进行贯彻并及时收集信息并评估效果

3.3 一家跨国企业在全球不同的地区开展了敬业度调查，有第三方的组织参与整个过程，全球用同样的调查问卷，一位高级副总裁发现他团队中在不同区域分数差距很大，特别是对一些"对于你对上级的看法"的这类问题上，欧洲团队的得分明显低于亚洲地区，HR 可以怎样帮助高级副总裁解读调查报告？

A. 直接邀请第三方的组织将调查结果报汇报给高级副总裁

B. 告诉高级副总裁数据的统计是没有问题的，这正好反馈的欧洲团队的敬业度需要改善

C. 抓住这个机会，与高级副总裁讨论敬业度改善的行动方案

D. 将敬业度分数以同样的区域过去的分数以及不同部门，当地市场的分数进行多维度的比较和分析

五、SHRM-SCP/CP 案例分析

【案例一】：

Amy 是一家跨国制造型公司的 HR 副总裁。她在一个国内顶尖的商学院的 EMBA 学习中，经一位咨询公司的咨询总监同学认识到了敬业度，并了解到敬业度的仪表盘可以精确反映员工的士气水平所在位置。如果敬业度低于一定水平可能有巨大的管理风险。

于是她经过一番了解并跟几位管理团队进行了讨论并获得了一位副总裁 John 的高度支持，于是 Amy 以这个比较有危机意识且管理十分不顺畅的一个事业部作为试点，引入了敬业度测试。结果敬业度调查结果仅有 45%，这验证了 Amy 和这位副总裁对这个事业部管理的一些理解与预测，简直就像算命一样准。对此，Amy 想引入敬业度调查帮助公司发现公司的管理问题并想以此作为自己的研究论文。

Amy 拿着这样的一些数据，跟 John 在高管团队进行了呈现，大部分管理团队成员都十分赞同，集团总裁对这项调查表示挺有意思，但在开会的中途因为紧急事情离开了就把这件事情委托了给Amy。

在过去的几个月里，Amy 的项目推行总体来讲十分顺利。可是就是有一位副总裁言行不一，不太配合，步步找借口推迟，不提交或晚提交结果。对此 Amy 十分困惑。

另外，Amy 也发现在不同的区域对调查结果的解读十分不一样，但总体来讲，在中国的分数普遍偏高，而在欧洲和北美相对低。但是，这跟好几位高管的理解相反，比起自己事业部的欧美公司或工

厂的员工，中国员工敬业情况应该让他们更担忧。

对此，Amy 最后决定还是把调研的结果向集团总裁汇报，希望他可以参与进来，让 John 和各国重视起来，积极推进敬业度的改进计划。对此，他表示对敬业度调查这件事情的进展并不了解。

如果作为这位 HR 副总裁的同行，你对他如何建议往前推行？

情景测试题：

1. 集团总裁表示对敬业度调查这件事情的进展并不了解。那在敬业度调研中，高层管理团队敬业度调查中有什么作用？

    A. 项目的发起人

    B. 项目的推动者

    C. 项目的第一责任人

    D. 项目的实施者

2. 如果企业已经决定开展敬业度调查时，首先第一步要做什么？

    A. 成立工作小组，建立机制，权责明确

    B. 与员工沟通并邀请他们积极参与调研

    C. 向公司管理层定期汇报进展

    D. 将敬业度指标纳入管理者考核

3. 当敬业度改进计划完成后，如何评估其有效性？

    A. 与去年同期相比，主动离职率有所降低

    B. 与去年同期相比，员工的在岗时长有所增加

    C. 与去年同期相比，员工的请假天数减少

D. 与同行业相比，用于员工的离职成本有所下降

4. 对于另外一位不配合制定改进计划的副总裁，Amy 有哪些事情需要做或需要分析？

A. 将事情汇报给集团总裁，由他来做推进副总裁去执行这项工作

B. 展示行业数据及敬业度调查的分数给副总裁，让他了解敬业度改善计划的重要性

C. 与副总裁深入沟通，理解他不愿意进行改进计划的真实原因及想法

D. 先把这部门放在一边，等其他部门都做完改进计划后，再看怎么解决这位副总裁的问题

【案例二】：

一家跨国高科技集团为了打造高绩效组织，每年实施一次组织氛围调查，在不同区域、事业部、部门与国家等各级团队进行。调查结果将把团队分成高绩效团队、激发型团队、中立型团队与消极型团队。

一位部门总监很惊讶看到自己的部门被归入消极型团队，十分恼怒与沮丧。跑到 HR 部门，强烈要求看到调查的细节，找出哪些员工对其部门打了差评，做一下思想工作或者重新调查。

作为 HR 总监，你将如何回应这位工程部主管？

情景测试题：

1. 面对工程部总监要识别打低分的员工与可能的打击报复，作为 HR 总监，您会：

   A. 直接拒绝他不合理的要求，敬业度调查是保密的，我们不可以违反 HR 的职业道德

   B. 仔细倾听他的诉求与担忧，安抚好他的情绪，并安排下一步的会议讨论他的诉求

   C. 告诉他由于 IT 的原因，调查是匿名的，很遗憾没有办法满足他的要求

   D. 认真倾听他的诉求，了解他的动机与担忧，并委婉拒绝他的诉求

2. 经了解与调查，作为 HR 总监，您通过干部任用的访谈资料了解到这位工程部总监的跨文化敏感有些欠缺，对此，您会：

   A. 与他一起分析这次部门差评的原因，并引导与教育他

   B. 借调查的机会，让他的下属们发出声音，让他进行反省与改进

   C. 通过这次机会，通过部门焦点访谈与人才诊断，帮助他提升他的跨文化敏感

   D. 对他的下属进行采访，收集资料并反馈给他

3. 这位工程部总监反映，我们的敬业度调查有问题，并不能真实反映他的组织的气氛。对此，作为 HR 总监，您如何反应？

   A. 跟他分析组织氛围的调查的结构、内在关系与结果，说服他接受

B. 借这个机会，跟他建立良好的关系，帮助他提升人员管理水平

C. 理解他指出的问题所指，并了解他的动机，对他的质疑与疑问做出回应

D. 咨询敬业度专家或供应商，理解整个敬业度的逻辑

六、HR 常见误区与教训、小贴士

误区与教训：

* HR 部门独立主导敬业度调查，没有得到 CEO 及高层支持
* 只有敬业度调查，却没有改善行动计划
* 将员工满意度等同于员工敬业度
* 频繁更换不同的敬业度调查问卷，数据没有可比性

小贴士：

* 获得领导支持，是开展敬业度项目成败的关键
* 长期坚持并遵从一贯性的原则
* 敬业度调研需要匿名
* 留任从招聘开始
* 积极主动的参与敬业度调研的项目，积累实战的经验
* 理解业务，站在业务的角度制定相应的行动计划，有专项的行动资金，在 business case 时就要预先提出来

七、扩展阅读

- Re-engaging With William Kahn 25 Years After He Coined Term Employee Engagement

  https://workforce.com/news/re-engaging-with-william-kahn-25-years-after-he-coined-term-employee-engagement

- 28 Years of Stock Market Data Shows a Link Between Employee Satisfaction and Long-Term Value

  https://hbr.org/2016/03/28-years-of-stock-market-data-shows-a-link-between-employee-satisfaction-and-long-term-value

- How Employee Engagement Actually Drives Stock Price

  https://joshbersin.com/2011/01/how-employee-engagement-really-drives-stock-price/

- History of employee engagement – from satisfaction to sustainability

  https://www.hrzone.com/engage/employees/history-of-employee-engagement-from-satisfaction-to-sustainability

八、参考答案

训战结合演练：

题号	答案	题号	答案	题号	答案
1.1	D	2.1	C	3.1	D
1.2	A	2.2	C	3.2	A
1.3	C	2.3	C	3.3	D

案例分析题:

案例一: 1.C   2.A   3.A   4.C

案例二: 1.D   2.C   3.C

第五模块 组织 (Organization)

- 人力资源职能结构
- 员工与劳资关系
- 技术管理
- 组织效能与发展
- 劳动力管理

第五模块导读

如果说人员模块的职能是 HR 的基础职能的话，那么组织就是 HR 的高级职能了。除战略管理之外，其他人员模块的职能在大型企业往往设有专业发展阶梯，是纵向发展的；而在组织里的这些职能却往往包含在 HR 中高层管理者的职责里，牵一发而动全身，是横向的，的确是"组织"层面的职能，也是 HRD 与 HRBP 的工作重点。

相信不少专家教授对于这些职能的设置值得商榷与进一步探讨。但我个人建议以动态的眼光来看待这些模块的发展与演变。从教与学的角度，我发现 SHRM 的职能设置是基于实证的，十分前瞻也非常实用。另外，从我们学习、教学与编书的角度来看，本部分职能掌握起来其实难度非常大。

首先我们发现 HR 并不了解 HR，人力资源职能结构系统整理了 HR 管理中的几个关键议题并梳理 HR 的利益相关者及其职能。员工与劳资关系则为绝大多数中国 HR 陌生的职能，完全西方的，为此我们加入了本土化 HR 管理的内容，以启发本土 HR 对思考；我们也期望影响 SHRM，在未来认证中也考虑本土化实践。技术管理涉及面非常广，掌握起来却很有难度，对于大多数缺乏科技基础的 HR 来讲，的确挑战巨大。组织效能与发展倒是个十分新颖的话题，非常值得 HR 与 OD 专家的重视，SHRM 非常有技巧的处理了一些非常基础且重要的组织效能与发展的概念。管理劳动力的知识非常综合与浓缩，包括人力资源规划、灵活用工与组织重组、人才管理与继任计划，领导力发展与知识管理等，这需要 HR 与讲师们在教与学中加以展开。

最后，希望通过这个模块的学习 HR 可以夯实基础，在未来理解热点问题上可以更立足自身需要，理性学习，克服盲目性。

第十五章　人力资源职能结构

一、主题概述

　　人力资源职能结构是人力资源部门为组织内部各相关利益者提供服务的组织形式。人力资源结构取决于其组织和职责范围，人力资源专业人士应熟悉各种人力资源结构的优点和缺点。人力资源战略需与组织战略保持一致性，其流程、活动也必须符合组织的整体战略，满足各相关利益者的需求。人力资源部门通常担当三种职能，分别是战略职能、行政职能、运营职能。

　　识别内部利益相关者是关键，人力资源部门的内部利益相关者包括：高管层、财务与会计职能、市场营销与销售、研发、运营、信息技术等，人力资源部门应对他们的观点、业务目标、面临挑战和对人力资源的预期服务需求了如指掌，并且掌握与他们保持良好的互动，这对人力资源部门作为组织内部的战略性业务合作伙伴的角色而言是至关重要的。除此之外，人力资源部门还有外部利益相关者，包括政府、社区、客户、人力资源供应商等。

人力资源部门的活动结果，必须与商业结果、组织战略绩效链接一起，在组织内部创造出人力资源的价值；同样地，人力资源部门必须向整个组织展示与衡量其自身的价值。通过人力资源审计，可以全面地评估人力资源的战略、政策、程序等方面的实践是否足以支撑组织目标的实现，是否与当前的组织目标保持一致，提前干预纠偏。

二、大纲要求

水平指标	
适用于所有人力资源专业人士	适用于高级人力资源专业人士
• 调整工作方式以适应组织的人力资源服务模型，以确保及时、一致地向利益相关者提供服务。	• 为组织设计、实施和调整人力资源服务模型，以确保高效、有效地服务利益相关者。
• 寻求利益相关者的反馈，以识别出人力资源职能中待改进的地方。	• 根据利益相关者的反馈制定长期目标并实施变革，从而确定人力资源职能中有待改进的方面。
• 作为部门或集团内主要利益相关者的人力资源服务接口人。	• 确保将人力资源职能的所有要素协调并整合起来，并及时、一致地向利益相关者提供服务。
• 与各级领导和管理层商讨人力资源问题。	
• 与其他人力资源功能协调开展工作，确保及时、一致地向利益相关者提供服务。	• 通过外包工作或应用人力资源功能的自动化技术来识别人力资源运营中有待改善的方面。
• 确保经过外包和/或自动化的人力资源功能与其他人力资源活动相	• 设计和监督相关计划来收集、分析和解读人力资源功能的衡量指标，以评估人力资源活动在支持

(续上表)

水平指标	
适用于所有人力资源专业人士	**适用于高级人力资源专业人士**
结合。	组织成功方面的成效。
• 确保经过外包和/或自动化的人力资源功能与其他人力资源活动相结合。	
• 分析和解读关键绩效指标（KPI），以了解人力资源职能的成效。	
• 与非人力资源类部门协作，提供和支持与人力资源有关的功能（如与信息技术部门合作，以实施人力资源信息系统）。	

三、关键概念

知识框架：HR 的职业化与专业化、HR 的战略与战术角色、HR 的利益相关者、HR 在层级与角色、HR 外包、HR 的组织价值与绩效及其衡量指标与分析、HR 审计、流程及类型、设计与组织相匹配的 HR 组织

关键知识：HR 的职业化、HR 的战略角色、HR 三支柱、CEO、HR 审计、HR 指标与分析（Metrics & Analytics)

混淆概念：集权与分权、职能型与专项 HR（Functional &Dedicated HR)、共享服务、COE、外包与合包 Co-sourcing

270

全球化 HR： 全球化 HR 的组织与汇报关系

战略 HR： HR 的战略角色、组织与公司战略的匹配

关键胜任力链接： 关系管理、商业敏感、咨询

四、人力资源职能结构训战结合演练

1.1 一位资深的学习与发展专家被晋升为事业部的 HRBP 总监，管理几名研发与工厂的 HRBP。她的新工作需要不断地与业务管理者开会了解他们的业务特点、需求，并给他们建议、方向、辅导与解决方案，但这些都不需要调查需求、设计流程、组织活动、辅导管理者。这跟她以前的工作很不一样，全部都不需要她自己亲力亲为，而重在决策或辅助决策，对此她感到难以适应。为了感觉更踏实一点，她决定跟她的 HRBP 们一起做他们的事情。这位资深 HRBP 转型有一定困难，以下哪一项对她的转型最有指导意义？

A. 了解 HRBP 和 COE 专家的工作特点，帮助 HRBP 过渡与适应

B. 她应该识别关键的利益相关者，并与他们建立伙伴关系，解决他们在实现目标中的人员、组织、激励与业务需求，缩小经营目标的差距

C. 她应该放手让 HRBP 去做履行他们的角色

D. 她应该理解职能 HR 与专门服务业务的 HRBP 的差别，并寻求帮助进行转型

271

1.2 以下哪些工作属于 HR 运营工作，而不是战略或者行政工作？

    A. HR 外包发薪、尽职调查、流水线员工与高管招聘等职能活动，专注于核心职能

    B. HR 专注于提升业务部门的领导力、人员激励与敬业度

    C. HR 专注于业务部门的能力与绩效提升，人才的获取与留任

    D. HR 专注于业务部门的组织气氛、知识管理

1.3 一位学习与发展专家 Annie 转型做 HRBP 之后，她发现在角色转身的过程中，她总是像以前一样很执着去制定方案，而不是去紧贴业务部门去理解业务，并在与业务部门合作中挖掘他们的需求并提出有效解决方案。针对她的问题，以下哪一项建议对她可能最没有帮助？

    A. 提升咨询关系，以客户为中心，理解并评估业务挑战，为业务提供建议或解决方案

    B. 与业务部门一起制定解决方案并实施，并在执行方案中辅导业务管理者

    C. 与业务部门建立伙伴关系，帮助业务执行与贯彻解决方案

    D. 充分利用学习与发展专家的技能，辅导业务管理者，提升其管理能力，实现其业务目标

2.1 以下概念哪一个对 HRBP 理解比较恰当？

    A. 在一个三支柱模型里，HRBP 属于服务业务的职能型 HR

    B. HRBP 不属于传统六大模块的范畴，它来自尤里奇提出的

三支柱模型

C. HRBP 属于业务或其他组织内的专属 HR，致力于理解业务并解决业务中的 HR 问题

D. HRBP 应该直线汇报给 HR，虚线汇报给业务部门更有优势

2.2 关于 HR 对职能与作用，以下哪一项最不可能？

A. HR 服务于组织战略，应该提升自己的战略理解和合作水平

B. HR 帮助组织培养与发展人才，应该独立制定各部门的人才培养与发展方案

C. CHRO 应该获得与财务负责人一样的影响力，与 CEO 协作，引领组织

D. HR 团队应该有自己的胜任力体系，并且与组织领导力体系协同

2.3 关于 HR 的组织结构，以下哪一项陈述比较恰当？

A. 集权与分权的 HR 组织结构与三支柱模型是不兼容的

B. 集权与分权的 HR 组织结构与三支柱模型属于不同分类和范畴

C. HRBP 可以属于分权的 HR，也可以属于专项服务业务的 HR

D. HRBP 如兼任传统的模块专家职能，不会产生利益冲突而影响服务效果

273

3.1 对 HR 实践与理念，以下哪一项描述不恰当？

A. HR 部门应该准确识别利益相关者并服务好他们

B. 人力资源外包把服务与风险外包一起转移出去

C. HRBP 满足业务需求并提供有价值的解决方案是向整个组织呈现人力资源价值的关键所在

D. 人力资源部门应该培养向外服务的文化

3.2 对 HR 的战略职能，以下哪一项描述不恰当？

A. HR 要参与制定与执行战略

B. HR 确保人力资源战略与组织战略保持一致

C. HR 支持其他部门以帮助他们发挥战略作用

D. HR 利用技术提供数据与报表为业务提供管理支持

3.3.1 有一家公司把 HR 团队根据这样的一个 3D 模型进行了划分：发现 Discovery、设计 Design 和交付 Delivery。你认为 HRBP 应该属于哪一个团队？

A. Discovery，发现业务的需求，并在领导力、人员激励等提供解决方案与建议，帮助业务实现目标

B. Design，根据企业文化价值观、业务单元的特点设计人才获取、学习与发展、薪酬激励等职能的政策、流程、方法论，并提供有效管理的工具与表格等

C. Delivery，交付业务需要的人才、学习方案等

D. 利用科技、优化流程，提升效率与减小冗余、重复的工作

3.3.2 人力资源审计及其功能，以下哪一项比较符合其定义并能够促进 HR 职能管理？

A. 人力资源审计受内外部因素的影响

B. 人力资源审计对人力资源管理政策、流程、制度或战略进行系统的评估，审查其是否支持目标的实现

C. 人力资源审计包括合规审计、专项审计、最佳实践审计，但不可包括战略审计

D. 人力资源审计有助于发现问题、薄弱环节并改进以支持战略

五、SHRM-SCP/CP 案例分析

【案例一】：

一家科技上市公司为了支撑未来五年实现业绩翻翻的战略计划，决定采取一系列措施包括并购、全球资源整合与集中化管理等。公司在全球包括中国设置了五大研发中心，并在中国招聘了一位经理级别的 HRBP。Luke 具有跨国公司背景，直线汇报给一位具有丰富跨国经验的中国区 HRD Shelly，同时也虚线汇报给管理全球研发中心的总监级 HRBP。在这个中国研发中心里，分别由三个不同的事业部的研发中心总监负责，并没有统一的大老板。

这是一家典型的跨国科技公司，其 HR 部门由全球著名的 RBL 公司设计的三支柱模型，分别由 HRBP 团队负责发现业务需

求（Discover），负责领导力、组织设计、变革、薪酬激励等以支持业务发展，以及各职能专家团队（Design）分别负责全球招聘、学习与发展、薪酬绩效管理、全球派遣等政策制度、流程、工具与方法等，而由具有丰富经验的 HR 管理者负责（Deliver）交付服务。因此，研发中心的 HRBP 的工作更多在于向研发中心提供人力资源管理的解决方案的设计与咨询，并不需要具体执行，这一部分内容更多由传统的 HR 经理与专员们负责。而作为 HRD 却要协调 HR 三个团队的分工合作，确保交付优质的服务。

Shelly 把所有的部门负责人视为客户，在团队内建立了一个很好的服务文化，她要求 Luke 对客户直接负责。对此，Luke 建立了一个以客户为中心的服务计划，从时间分配到相应的沟通与服务的重点都做出统一的行动计划。他把 50%的时间花在研发中心，跟总监与经理们定期见面、参与项目会议并通过自己的专业解决方案与咨询帮助他们解决各种人员管理与发展问题；20%的时间跟 Shelly 沟通、汇报并探讨在管理中的问题与挑战，以确保上下对齐；而把30%的时间与交付团队沟通协调并给予一定的辅导——这些年轻的专员们直线汇报给 HRD，间接汇报给 HRBP。

经过近 2 个月的磨合期，Shelly 对 Luke 的时间分配和服务并不满意，于是初步决定要延长他的试用期。可是，消息传得特别快。Luke 服务的三个研发中心总监们迅速反应，表示要跟 Shelly 谈一谈以帮助他们的和伙伴度过这个艰难的时刻，他们都纷纷表示他们对 Luke 的专业与服务特别满意。

Luke 的试用期满恰好在春节之后，还有一个月的时间。Shelly 决定给予 Luke 一次特别的辅导，看是否要改变主意。在辅导的过程，Luke 恍然大悟，他把他的关键利益相关者、客户有点搞错了，并重新识别了谁是最大的客户并赋予新的权重，把他分配给日常业务时间，关键利益者沟通，团队辅导的时间改成了 40:40:20。

在接下来的一个月中，各方沟通更顺畅，Luke 的时间能够花在刀刃上，于是顺利通过试用期。Shelly 在 Luke 的试用期约定中说，没有试用期工资调整，已经一步到位。一般来讲，入职半年之内的员工也不参与年度调薪。但是，在 4 月份的年度薪酬调整中，Luke 收到了额外加薪，他的调薪幅度占到了其他四位专员总调薪数额的总和还多。他因此也感觉特别受到鼓舞，十分感谢 Shelly 和他的业务伙伴们的支持。

情景测试题：

1. Luke 的时间改成了 40:40:20，能够取得预想不到的效果，最主要的原因是？

   A. Shelly 才是最关键的利益相关者

   B. Shelly 感觉到不受被重视

   C. Shelly 很多想法无法在工作中得到落实

   D. Luke 与研发中心的总监走得太近，Shelly 担心自己没有存在感

2. Luke 直接向中国区 HRD 汇报，虚线向研发中心的 HRBP 总监汇报，她发现研发中心总监在执行薪酬激励政策的时候跟 HRD 的想法不一样，但是 HRBP 总监是支持研发中心总监的。HRBP 总监提醒 Luke，她经常在业务线，比中国区 HRD 更

清楚研发中心的需求，而且，没有支持研发中心的想法落地，HRBP 是很难获得工作支持的。Luke 应该怎样做？

A.　坚持按中国区 HRD 的意见，毕竟她才是自己的直接领导

B.　向中国区 HRD 报告，跟她讨论研发中心的需求，评估是否需要调整方案

C.　邀请研发中心总监、HRBP 总监、中国区 HRD 一起讨论

D.　与中国区 HRD 沟通，争取她对研发中心的支持

【案例二】：

一家中国民营企业经过多年的发展，由单一业务向多个业务发展，由此公司成立了四个事业部。HRVP 根据集团公司的组织结构，相应地调整了 HR 组织结构，由原来的六大模块的 HR 组织结构向三大支柱模型转变。HRBP 团队负责各个事业部的 HR 需求对接、政策和方案落地，COE 专家团队负责人力资源政策和工具的制定，SSC 共享服务中心负责人力资源集约化服务的处理。HRVP 将原来的各模块经理及团队进行重组，将招聘经理、培训经理、员工关系经理等人调整为 HRBP 经理，外招了一位 HRBP 经理。COE 则由绩效经理、人才发展专家组成，因为各 HRBP 的招聘能力不一，COE 团队中还设置了招聘部门，负责整个组织的人才招聘。

经过一段时间的磨合，新的问题开始涌现。事业部认为 HRBP 并不理解他们的业务，并没有给他们带来帮助。HRBP 提出，COE 对他们的支持不够，他们是清楚业务的需求，但 COE 往往制定不出有效的解决方案，只靠自己在跟业务互动，非常吃力。COE 认为，

各个事业部太多个性化的需求，目前没有精力顾及，COE 可以制定整体的政策，但个性化的需求应该由 HRBP 解决。但 HRBP 经理们的能力不一，有些 HRBP 经理尚不具备此能力。招聘部门提出，HRBP 转达的招聘需求信息不完整，影响招聘工作的进展。

有公司高管向 HRVP 建议，可以替换掉一些能力弱的 HR，再从外部补充更优秀的 HR。HRVP 不愿意大批量的换人，毕竟这些 HR 跟随了自己多年，从情感上放不下，而且跟他们也有比较好的合作基础。

接下来该怎么办？HRVP 陷入了思考。

情景测试题：

1. 面对新涌现的问题，HRVP 下一步首先需要做什么？

    A. 分别与 HRBP 团队和 COE 团队沟通，让他们思考并提交解决方案

    B. 召开并主持 HRBP 与 COE 的沟通会议，重新确定他们的工作边界，并提出工作要求

    C. 与各事业部负责人分别沟通，了解问题及他们的期望，并征询他们的建议

    D. 向 CEO 报告面临的问题，请求增加编制，补充 HR 团队的力量

2. 事业部认为 HRBP 团队并不理解他们的业务，HRVP 应该怎样做最能解决此问题？

    A. 补充 HRBP 的力量，招聘行业内更懂业务的 HRBP 加入

279

B. 跟 HRBP 团队沟通，给他们制定提升业务能力的辅导计划

C. 向事业部表示，HRBP 团队刚组建不久，他们成长需要一些时间

D. 邀请事业部对 HRBP 进行业务能力的培训

3. 招聘经理提出 HRBP 转达的招聘需求不完整、更新不及时，HRBP 经理们应该如何解决招聘经理的诉求？

A. 让招聘经理直接跟事业部负责人对接招聘需求，更直接高效

B. 与招聘经理一起，跟事业部负责人沟通所有的招聘需求

C. 跟事业部负责人做更细致完整的招聘需求沟通，尽可能保持信息完整

D. 跟招聘经理沟通，询问他们希望什么方式

4. 一位事业部总经理 Tom 对 HR 非常挑剔，对不满意的 HRBP 经理总是直接向 CEO 投诉，已有多位 HRBP 经理扛不住压力离职。其他 HR 也不愿意担当该事业部的 HRBP 经理。HRVP 十分苦闷，一时不知如何是好。HRVP 想到公司内另一个部门的总经理助理 Lucy，业务能力强，她可能是一位适合 Tom 的 HRBP 经理。为了让 Lucy 能得到 Tom 的认可，以下哪一项措施可能最有效？

A. Lucy 主动找 Tom 沟通，就 Tom 的期望达成共识，并说明他们两人的目标是一致的，是伙伴关系，她会全力以赴，

唯一的要求是不要投诉。

B. HRVP 找 Tom 沟通，表明 Lucy 是最合适的 HRBP 人选，很艰难才从其他部门调过来的，希望 Tom 支持。

C. HRVP 组织一次与 Tom、Lucy 的沟通会议，并邀请 CEO 参加，制定达成共识的计划。

D. 请 Lucy 的原部门的总经理帮忙跟 Tom 沟通，帮助 Lucy 融入。

六、HR 常见误区与教训、小贴士

误区、教训

- 泥菩萨过河：HR 的专业能力不足以支撑业务管理却盲目融入业务

- 不同业务部门的需求对 HR 的要求不同

- 一味追求量化而无法彰显 HR 的价值

- 盲目追求三支柱或 HRBP 而忽视 HR 自身配套能力

小贴士：

- 提升 HR 职业化与专业化服务能力

- 打造以客户为中心的文化

- 提升 HR 的战略匹配与衔接能力

- HR 团队的胜任力提升

七、扩展阅读

- 从 HR 三支柱到 HR 三张牌

  https://mp.weixin.qq.com/s?__biz=MzA4MDcxNTg0NQ==&mid=265
  1236821&idx=1&sn=445a71cd9d70eba37e4d78192aefbe7e&chksm
  =845200ffb32589e92edb5f966cc588fe6d8f7a5da22367dab1b9a346b
  a5c8dac2ee6e855939b&scene=21#wechat_redirect

- HR 不了解 HR：从业十几二十年却不知道 HR 职业发展三通
  道模型

  https://mp.weixin.qq.com/s/Av4VAihSKiUeKgcdL0sgXQ

- 继字节跳动撤除人才发展中心团队后麦肯锡发文《市场化 HR
  职能》，2022 年狼来了吗

  https://mp.weixin.qq.com/s/juvlf06LJVZStqtHJFqJSQ

八、参考答案

训战结合演练：

题号	答案	题号	答案	题号	答案
1.1	D	2.1	C	3.1	B
1.2	A	2.2	B	3.2	D
1.3	D	2.3	B	3.3.1	A
				3.3.2	D

案例分析题：

案例一：1.A　2.B

案例二：1.C　2.D　3.B　4.A

第十六章　员工与劳资关系

一、主题概述

　　西方员工与劳资关系几乎涉及到一切与雇佣关系的方方面面。而雇佣关系本身就受到一个国家的商业管理、历史、文化、政治、经济与法律道德的影响，非常复杂。员工与劳资关系包括却远远不局限于集体合同、工会与行业协会、沟通、敬业度，心理契约管理。而国内这一块的内容也十分丰富，颇具特色，除了日常的员工关系、纪律处分与离职管理之外，可能涉及到企业文化、社群关系、与街道办的关系等等，这需要我们结合自己本土实践来综合考虑本国雇佣关系。

　　在跨国组织实践中，总部与国家之间的劳资关系战略管理对员工关系影响很大，各国法律、工会、员工委员会、职工代表大会等扮演的职能也很不一样，甚至对类似的法律概念与规定也不同，因此需要我们深入了解其微妙的差别对企业实践的影响。

　　明确雇主与员工的权利与义务并理解劳资双方以及相关利益方

在其中的关系中扮演的角色至关重要。理解双方在履行权利与义务中不到位的地方对各种员工劳资关系与实践如知识产权、竞业协议、集体劳动合同、建议性惩戒、不当劳动行为等都会有很好的帮助。

二、大纲要求

水平指标	
适用于所有人力资源专业人士	**适用于高级人力资源专业人士**
• 制定和实施工作场所政策、手册和行为守则。	• 就有效、有序的劳工战略开展咨询和制定工作，使组织对其自身及其员工队伍施加需要的影响。
• 针对员工就业协议的条款及其影响以及组织的政策和程序（例如：员工手册、行为守则）为员工提供指导。	• 向各级员工、管理者和领导传达组织的劳工战略及其对实现组织目的和目标的影响。
• 就如何督导棘手的员工、应对破坏性行为并采取适当的纠正措施，向经理提供建议。	• 向各级员工传达组织的政策变化。
• 调查员工的不当行为，并在必要时提供惩戒建议。	• 就如何在工作中遵守组织政策、劳动协议和就业协议的条款而对管理者进行教练和指导。
• 管理员工的申诉和惩戒流程。	• 监督员工调查和渐进性惩戒工作。
• 在组织内部解决工作场所劳资纠纷。	• 管理与员工代表（例如：有组织的劳工、政府层面、法律层面）的互动和谈判。
• 支持与员工代表（例如：有组织的劳工、政府层面、法律层面）的互动和谈判。	• 在有组织劳工管理活动（例如：谈判、争议解决）中充当组织利益的主要代表。

三、关键概念

知识框架：员工关系的全球与国家法律法规、员工关系及其战略选择与全球员工关系战略类型、员工手册、企业/行业工会及其类型、员工关系的基本知识与趋势，集体谈判、员工纪律处理流程、ADL的类型、报复与调查

关键知识：员工关系、自由雇佣（Employment at-Will）及其赦免的例外情况，集体谈判的影响因素与流程、共同决策 Co-determination 及其类型，产业行动（industrial action）的类型，雇主与员工与工会不当劳动行为 Employer& Employee/Union/Unfair Labor Practices（ULPs）

混淆概念：劳资双方的权力、员工委员会（Work Councils）与工会，预防性与建设性惩戒（Preventive vs Constructive Disciplines）

全球化 HR：全球文化、工会与法律的影响

战略 HR：全球员工关系战略与类型

关键胜任力链接：沟通、咨询、分析取向、全球化思维、领导力、多元化、平等与包容

四、员工与劳资关系训战结合演练

1.1 马斯克曾公开说"谁都不能阻止特斯拉筹建工会，但员工为什么要白白缴纳会费，而放弃特斯拉的股票期权呢？"让马斯克陷入了与美国汽车工人联合会（UAW）的法律纠纷中。美国法官裁定，特斯拉涉嫌违反美国劳工法。为什么特斯拉被判违反

劳工法?

A. 员工拥有享受股票期权的权利,不能歧视与区别对待

B. 员工加入工会需要缴纳会费,雇主不可以质疑与挑战

C. 雇主给员工发股权激励,成为公司合伙人

D. 员工加入工会是员工的选择,雇主无权干涉

1.2 《美国工厂》是由前美国总统奥巴马拍摄的纪录片,讲述中国出海公司福耀玻璃在美国开厂。公司董事长曹德旺认为美国的工会制度已经不适合制造业发展,工会的存在影响工厂生产效率的提高,因此坚决拒绝成立工会。其实从根本上说,这与福耀美国工厂采取的是哪种劳资关系战略有关?

A. 接受型

B. 回避型

C. 适应型

D. 对抗型

1.3 在处理员工争议的过程中,以下哪一个管理手段是需要 HR 与管理者始终坚持的:

A. 在各个流程中收集好书面资料

B. 争取双方协商解决

C. 打击员工不当行为,树立公司价值观

D. 根据公司行为准则 COC 做出判断

2.1 在北美,以下哪项**不属于**"不当劳动行为"?

A. 非工会成员的员工能在企业得到更好的晋升机会

B. 解雇参加罢工抗议的员工

C. 工会未能代表工会会员进行集体劳资谈判

D. 员工在洗手间贴宣传单发起组织工会的聚会

2.2 一家日本外资企业企业职工代表大会为了有效减少日本管理者与中国员工可能的民族冲突，特别成立"员工同伴评审小组"来处理员工纪律与争议。这个同伴小组有什么特征：

A. 代表日本公司管理者，执行政策

B. 代表员工意见，参与公司政策修订

C. 主管与 HR 难以解决的员工关系的棘手问题，帮助执行解雇

D. 经过一定的训练，主要听取员工投诉并进行调解

2.3 2006 年，某个全球零售巨头 W 在中国首个工会在福建泉州晋江店成立，W 公司而一直被认为是跨国公司里最强硬的"反工会"代表。以下哪个理由最不相关：

A. 商业的考虑，W 公司如果抵制成立工会，很可能是丧失在中国的发展前景。

B. "中国工会与美国工会不可同日而语"——W 公司坚决抵制的，是美国式的工会，是那些组织罢工罢市、与老板讨价还价的工会，而中国工会"完全可以建立起劳资两利的关系。"

C. W 公司不会改变 W 公司的劳工策略，在中国的特殊国情

下，中国工会并不站在公司利益的对立面，因此采取了因地制宜的策略。

D. 在全球范围内，工会在原则上就是一种商业模式，收了工会成员的钱，大搞福利，是一种稳赚不赔的生意。

3.1 工会在很多方面都可以帮到员工，以下哪一项除外？

A. 当员工的工作条件达不到有关法律法规或合同规定的条款时

B. 保证就业机会，当企业采取措施或新技术导致裁员、造成失业

C. 雇主的加薪幅度不足与抵消通货膨胀造成的个人损失

D. 当员工与主管发生冲突，工会代表可以介入惩罚主管

3.2 特斯拉在德国 G 地开工厂，德国最强大工会 IG Metall 负责人称"如果 G 地的团队加入，我们将与员工建立一个工作委员会，并将他们组织起来。"关于德国工会与员工委员会（Works Council）在公司中的作用，以下哪个陈述不正确？

A. 在美国员工委员会是违法的，它违反了《国家劳动关系法》，因为一旦有管理者参加就被企业主导

B. 在德国，工会与员工委员会可以共存。员工委员会可成为工会的补充，参与集体谈判

C. 员工委员会旨在与管理层合作，提高效率，促进工作场所的和谐，建立安全健康，监督薪酬福利等

D. 员工委员会是代表员工，以集体合同制度进行工作条件、

薪酬福利等进行谈判，介入雇佣关系的管理

3.3 新京报新媒体报道 2016 年 7 月，因全球零售巨头 W 公司在中国区推行新"综合工时"制度把原来的标准工时更改为按小时计薪，引发了 W 公司南昌、成都、重庆、深圳、哈尔滨多地门店的基层员工罢工。对此美国大型工会组织进行了声援。对此，HR 要理解与提防工会的以下属性？

A. 工会形成之初就具有国际性，也有国际劳工组织进行管理与规范，因此要预防工会事件的影响升级

B. 即使在跨国组织中，工会也具有相对的独立性、区域性

C. 对于很多全球性组织或者拥有全球供应链体系的组织来讲，体系庞大，工会的影响相对就比较小一些

D. 雇佣关系受国家经济、历史、文化、制度、行业惯例、雇主与个人关系发展影响，具有相对独立性

五、SHRM-SCP/CP 案例分析

一家高科技企业在海外公司招聘了一位政府关系主管 Ali。在过去十年里，国家总经理已经换了好几波，而 Ali 一直在公司，没有什么特别的工作；但是，他享受着公司配车、燃油费和其他只有外派高管方有的待遇。

在过去的三五年里，根据 Ali 的看法，国家总经理们都没有给他机会，没有重用他。而其他的当地员工却觉得他没有什么政府关系，混吃混喝，坐吃等死，拿着高薪和特殊福利，因此被绝大多数

同事孤立。对此，他对 HR 总监 James 表示，公司对他并不太公平。

新国家总经理刚调到公司，希望与政府走得更近以获得更多的曝光。总经理问及 HR 总监这位政府关系官员的情况时，HR 总监把之前了解到的有关调查反馈给总经理了，并表示要进一步跟 Ali 谈谈公司的新目标，看看他是否真的有关系、能否帮助公司牵线搭桥，并有什么样的诉求需要满足的。总经理对此表示同意，往前走一步。

经过与 Ali 的深入交谈，HR 总监了解到他并不想使用公司的特殊福利，并表示过往的多任总经理和 HR 总监都没有人重视他，也因此也很多年没有调薪了。于是，HR 总监满足了他所有的基本诉求，并决定给他一个机会，带领公司高管团队去见总理、科技司、教育司、劳工部、高校司和其他掌管经济与教育的部门。

经过一段时间的努力，Ali 竟然顺利打通了各级部门的关系，整个高管团队与政府各重要部门建立了良好的关系。于是，国家总经理让 HR 总监草拟了一份表彰信，并发给了全公司。从此他重新融入了公司，并成为了当年的明星员工。

情景测试题：

1. 虽然 Ali 不受欢迎，HR 总监 James 没有立即解除 Ali 的雇佣关系，以下哪一项描述体现了其中的关键：

   A. Ali 没有犯错误，没有证据他的绩效差

   B. Ali 所在国的员工雇佣关系十分复杂，不容易炒掉

   C. Ali 拥有一些政府背景的后盾，不能轻易解除劳动关系

D. James 做了充分与深入的调查，理解了 Ali 的雇佣史

2. Ali 立功之后，有同事实名检举他在奢华酒店款待了劳工部部长全家人，他对部长进行了行贿。对此 James 应该如何做？

A. 进行调查，并把结果告诉员工

B. 查询公司的政策与当地的法律法规，看员工是否违反了有关规定

C. 告诉员工这是 Ali 的正常工作，是他的政府关系经营的一部分

D. 告诉员工 Ali 本来可以向公司申请经费的，但 Ali 自己掏钱，应该是私人关系与家庭会餐，不给予置理

六、HR 常见误区与教训、小贴士

误区与教训：

* 对全球不同国家的劳资关系的多样性与复杂性缺少认识
* 简单粗暴解除与终止劳动关系
* 民族中心主义取向，缺少全球化劳资关系管理流程
* 对工会与行业协会缺少理解

小贴士：

* 与专业机构或专业人员保持紧密联系，及时咨询并采取措施
* 不断完善、更新员工手册并进行培训
* 做好员工关系的记录与保存

- 理解全球劳资关系采取的策略

七、扩展阅读

- Employee Relations Issues: Be Proactive to Stay Union-Free

  https://projectionsinc.com/unionproof/employee-relations-issues-be-proactive-to-stay-union-free/

- 美国劳资关系：除了对抗 更需平衡

  https://mp.weixin.qq.com/s/ngIBAdP7ciud6meGIP-vSQ

- 在美国做生意｜美国劳动法介绍

  https://mp.weixin.qq.com/s/YQGJaiS7A1DRDEth3tDFAg

- 加拿大劳资关系的法治化进程

  https://mp.weixin.qq.com/s/DCKBjbpWp-0kf7knUG-V0Q

- 论欧洲劳动标准的输出—以两大欧洲跨国企业的海外劳动关系治理实践为例

  https://mp.weixin.qq.com/s/a_q00BoW3v7XZoUziW8ZLQ

八、参考答案

训战结合演练：

题号	答案	题号	答案	题号	答案
1.1	D	2.1	D	3.2	D
1.2	B	2.2	D	3.2	D
1.3	A	2.3	D	3.3	C

案例分析题:

1.D 2.B

第十七章　技术管理

一、主题概述

"所有的行业都值得用数字化的方式再做一遍"。

从早年的 HRMS（HR Management System，人力资源管理系统），HRIS(HR Information System，人力资源信息系统)，到后来的一系列创新，再到今天的 DHR（Digital HR），人力资源职能一直行进在数字化的路上。关于数字化，人力资源从业者肩负着双重使命，即：

——人力资源职能自身的数字化建设与变革；

——通过人力资源专业手段与方法，助力组织的数字化建设与变革的进程。

科技管理既是科学，又是艺术。是科学，是因为它有章可循，并且非常讲究方法论。是艺术，是因为没有任何一个人力资源信息化、数字化的项目的结果是一样的——"操刀"项目的人员的综合素质（competency）和经验有时可能对项目的结果产生决定性的影响。当下进行的"数字化"、"数智化"进程，对传统的人力资源管理提出了全新的命题和挑战，要求人力资源从业者培养自己全新的能力维度。

二、大纲要求

水平指标	
适用于所有人力资源专业人士	适用于高级人力资源专业人士
• 实施和运用相关的技术解决方案，以支持或促进有效人力资源服务的交付和关键应聘者及员工数据的存储。	• 评估、倡导、实施和淘汰技术解决方案，以实现人力资源的战略方向、愿景和目标。
• 实施与其他企业信息系统、软件和技术兼容并互补的技术。	• 评估和挑选人力资源技术解决方案供应商。
• 制定并实施组织标准和政策，以维护应聘者数据和员工数据的保密性，并限定适当的访问权限。	• 设计和实施可优化和集成人力资源功能范围的技术系统。
• 以保护劳动力数据的方式使用技术。	• 开发和实施技术驱动型自助服务方法，使管理者和员工能够自行获取服务并执行人员管理操作（例如：调度、计时、薪酬管理、福利登记、信息变更）。
• 就有效的工作场所技术使用标准和政策为利益相关者提供指导。	• 评估和实施能增强员工技能的自动化技术。
• 对实施人力资源技术解决方案的供应商进行协调和管理。	• 与企业领导协作，确定数字化在整体业务、新产品或服务、新市场和增长战略中的作用。
• 使用技术来收集、访问和分析数据及信息，以了解业务挑战并推荐基于证据的解决方案。	

295

三、关键概念

知识框架：技术在 HR 管理中的应用、HRIS、ERP、技术服务交付方式，协作与 Groupware 工具、社交媒体（Social Media）与社交网络(Networking)、人工智能、数据诚信、安全、隐私与披露、网路安全政策与应对

关键知识：游戏化学习、移动学习，可穿戴技术、门户（Portal），仪表盘（Dashboards），数据库，加密、大爆炸（Big Bang），员工自助服务 EES、经理自助服务 Manager Self-Service，决策者通道（Decision Maker Access），数据分析（Data Analytics）、软件即服务（Saas）、云计算、社交媒体、大数据、自带设备 "Bring Your Own Device"（BYOD)，社会工程学（Social Engineering）、黑客、网络钓鱼

混淆概念：社交媒体（Social Media）与社交网络(Networking)

全球化 HR：各国数据与隐私法，单项优势与集成解决方案（Best of Breed vs Integrated Solution)

战略 HR：利用互联网、AI、大数据推动企业转型。

关键胜任力链接：咨询、关系管理与沟通

四、技术管理训战结合演练

1.1 以下关于数据与隐私的有关问题，哪些陈述不太准确？

    A.   个人信息包括基本信息、隐私信息、生物特征与健康信息、行为信息、人脉关系信息、财产信息等

B. 数据的全生命周期阶段包括数据存储、使用、整合、呈现与使用、分析与应用、归档和销毁等阶段。

C. 数据泄漏事件包括主动泄密和失误泄密——后者大多是由于安全意识薄弱或者流程设置有问题造成

D. 各大行业中，互联网、医疗行业对个人信息的数据泄漏情况最不严重，因为他们最关注数据等安全

1.2 关于"同类最佳"系统（BOB），哪个表述不准确？

A. 它比完整的 ERP 平台成本更低

B. 每个模块内的功能更强大，未来有更多的专业系统和供应商可供选择。

C. 与竞争对手的差异化

D. 它可以服务于独特的情况或满足特定的偏好，与组织的数据库成功通信状况比较好

1.3 爱因斯坦如是说："所有的知识都是经验，除此之外就只是信息而已(1954)"。而我们在一个信息爆炸的时代，HR 们发现，很多同事以占有信息为目的，收藏和下载了很多文章、视频与各种文档，却似乎在工作中没有明显的表现出他们的知识渊博与精通，也并没有给企业带来应有的收益。根据爱因斯坦的观点，作为 HR，你认为以下哪一项比较准确描述这个问题的根结？

A. 知识应该是内化到个体的经验里，可提取、处理与加工，并带来行动与改变

B. 信息就是知识，知识只需要记得储存在哪里就好了，需要的时候就去拿来使用

C. 我们身处在一个知识经济时代，随手可得的都是知识

D. 在一个信息爆炸的时代，信息即知识，关键在于如何使用

2.1 著名计算机科学家吴军博士说"我们现在所说的信息杂乱，不是信息本身的杂乱，而是噪音太多，这两件事需要分开看。有些数据是信息，有些数据是噪音。这就要求我们每一个人都要有判断信息真伪的能力。"吴军博士的观点对我们 HR 在公司的知识管理中的指导意义包括以下方面，哪一项不是?

A. 数据不是信息，数据本身并没有意义，只有为人类识别且有一定用处才是信息

B. 那些只是噪音的数据，累积在一起，还是噪音，不太可能成为数据，因此我们要识别噪音

C. 我们要集中精力判断信息的可用性、真伪性，从而识别其结构与功能性。

D. 大数据时代，数据都是有用的。

2.2 关于 AI 的知识与应用，以下哪一个理解不正确?

A. AI 就是人工智能，它是一种使机器能够模拟人类行为的技术，但它可以自动学习

B. 机器学习是一种使机器能够模拟人类学习的技术，逐渐提高一组特定工作或算法的准确性。

C. 人工智能取代人类完成某些任务的能力上，但它也具有增

强人类现有角色能力的巨大潜力。

    D.   AI 就是算法，它使计算机能够执行各种高级功能如查看、理解和翻译口语和书面语言、分析数据等各种能力

2.3 据报道 2019 年 4 月，郭某支付 1360 元，办理了野生动物世界双人年卡，确定指纹识别入园方式。2019 年 7 月、10 月，野生动物世界两次向郭某发送短信，通知年卡入园识别系统更换事宜，要求激活人脸识别系统，否则将无法正常入园。郭某认为人脸信息属于高度敏感个人隐私，不同意接受人脸识别，要求园方退卡。协商未果后，郭某以园方未经同意强制收集个人生物识别信息。法院认为人脸识别入园方式并非双方的合同条款，对郭某不发生效力，野生动物世界单方变更入园方式构成违约，应当承担违约责任。对此，HR 在企业内部使用扫脸进行考勤管理有什么借鉴意义？

    A.   人脸信息属于个人隐私，应该要求员工同意之后再使用

    B.   人脸识别是一个很好的打卡方法，应该进行推广与应用

    C.   要在有关数据与隐私安全相关的法律下，征得员工同意

    D.   人脸识别是全世界通用的技术，HR 应该可以在各国使用

3.1.1 在传统的 HR 管理中，我们拥有薪酬、入职与离职、敬业度与学习发展等诸多数据，他们是小数据。在企业内外部有关市场、行业、客户的数据是大数据。对此，大数据与小数据帮助商业决策都非常重要，以下对于大数据与小数据的特点，哪一项理解不正确？

A. 小数据强调的是定性和定量分析，大数据强调的是趋势和融合分析。

B. 小数据在做数据取样和验证结果时能对大量的、宏观的数据分析进行补充。

C. 无论是大数据还是小数据，都需要通过关联手段来建立其价值链，让数据的价值应用到商业决策中

D. 大数据时代，小数据就像大海里的一滴水，没有太大价值，无需关注它，我们要通过大数据看趋势

3.1.2 Yolanda 是一家媒体公司的 HRM，公司员工数量快速增长且呈现多元化趋势，她考虑升级公司现有的人力资源信息系统（HRIS），首要问题是在不增加处理时间的情况下增加存储的数据量以及如何管理容量，这个问题属于 IT 的哪一维度问题？

A. 安全性

B. 集成性

C. 可扩展性

D. 兼容性

3.2 数字化成为了时下很多企业转型升级的战略，然而二十多年前经反复讨论才确定华为的 IT 战略目标为"不要成为世界级的 IT，而要成为世界级的华为。" 对此，你认为华为对数字化战略的理解，哪一项理解最准确？

A. 放弃了成为数字化企业的先驱，是个战略性的失误

B. 梳理了集团战略与 IT 职能战略的关系，实现了数字化战略与整体战略互锁

C. 华为 2016 年数字化领先战略对这个 IT 战略进行了战略性刹车，纠正了这个战略性失误

D. 数字化变革是一个持续性的变革，华为需要拥抱变化的信心，敢于变革

3.3 关于通用数据保护条例（GDPR），它可能对我们国际化企业产生很多影响，我们应该做好以下几方面，哪一项除外？

A. 在合规管理体系上下功夫，建立合规管理组织，并针对组织管理构建相应的管理制度；

B. 对海外工作的员工，及时进行隐私合规培训，核心的隐私合规工作人员通过相应的认证

C. 审计人力资源人员遵守数据隐私法规的准备度，对于违规者可以检举、告发并交给执法机关

D. 对使用员工/申请人数据的所有流程进行合规性审计

五、SHRM-SCP/CP 案例分析

【案例一】：

卫浴品牌 K 公司在办公室安装了人脸识别系统用于打卡，取得了巨大的成功，考勤与薪酬计算变得十分简单便捷。后来 HR 总监 Ann 向管理层建议，HR 与 IT 发起一个项目可以帮助公司进行

数字化转型，建议门店安装了人脸识别客户管理系统。消费者一旦进入安装了人脸识别功能摄像头的卫浴门店后，人脸信息会被捕捉记录。

通过后台系统，K 公司卫浴门店的摄像头通过人脸识别系统抓拍顾问的不同角度并产生共同的人脸编号。通过软件系统将收集到的人脸信息图片上传至云服务器。

顾客离开 K 公司门店，并未明确被告知，或者征得同意，自己的人脸信息就被获取了。当消费者下次再进入其他门店，这家卫浴公司的后台系统就会通过已经获取的信息帮助工作人员准备接待与报价。K 公司通过算法计算可以统计重复进店的顾客数量，并使用这些数据来精准计算门店有效客流。通过人脸识别客观管理系统，K 公司共抓取了 220 万余条人脸信息。

情景测试题：

1. HR 总监在公司数字化转型中，使用人脸识别系统用于打卡。以下哪个描述对此系统描述正确？

   A. 考勤是公司的基本管理与运营的一部分，公司安装了人脸识别系统用于打卡，员工必须遵守

   B. 安装人脸识别系统用于打卡前必须征得个人同意采集人脸信息，如果员工不同意，应该提供备选方式

   C. 公司人脸识别系统仅用于考勤之用，不存在其他的用途，发一封邮件给全体员工告知即可

   D. 公司人脸识别系统对个人信息的收集、存储、使用、加工、传输等制定公开、透明的政策就可以

2. HR 总监在公司数字化转型中，在内部获得了便利之后，向公司管理层举荐门店安装人脸识别客户管理系统以推进数字营销转型，获得了巨大的突破。以下哪个描述对此举措描述正确？

    A. HR 总监应该获得表彰，奖励 Ann 对公司数字化转型的贡献

    B. HR 总监的推荐不合法也不合规，应该立刻停止，并采取纠正措施。

    C. 公司在数字化转型中难免遇到一些不合规或不合法的地方，有错就改

    D. K 公司将消费者个人信息用于商业交易，违反了数据与隐私安全以及消费者权益保护法

【案例二】：

X 集团是一家以消费电子制造起家，涉及多个产业，员工人数超过 9 万人的集团公司，正组织变革和企业数字化转型。Rosa 是该企业校园招聘培养出来的管培生，经过一线业务的历练，新晋升为 HRVP，负责承接集团变革小组负责 HR 变革和人力资源信息化系统整合。摆在她面前的难题是，集团业务使用的 ERP 系统和人力资源职能使用的 HRIS 分离且没有访问接口，数据的传递需要人工通过表格导入导出，效率低且质量差，经常因为人为因素导致数据传递中出错被业务部门投诉。人力资源内部的 HRIS 系统在不同人力资源模块中也有自己的 BOB，比如招聘使用的外购的北森系统，人事管理使用的 SAP，绩效管理是集团内部 IT 开发的软件。不同

软件的数据库缺乏统一管理，各种数据分散保存，无法有效通过数据化管理用于分析和决策。

Rosa 毕业于 985 高校工科专业，有过运营管理的业务经历，上任前一年主动接受了专业人力资源培训，通过了 SHRM 资质认证。她了解需要结合集团战略发展需求，基于员工全生命周期管理来系统考虑人力资源信息管理系统的架构设计。她积极参与到变革组织的业务流程优化中，分析业务流程中对人力资源信息和数据的需求，加入到 HRIS 数据库的字段中。识别到可以通过算法和 AI 技术分析业务流程中的记录来更高效识别高潜人才。借助和在线培训系统的打通，可以智能化推送培训课程给员工，用于辅助解决员工在业务过程中遇到的问题，提升工作效率赋能员工。她组织集团和各子公司 HR 团队基于当前 HRIS 各系统的问题讨论做到系统的兼容性、可扩展性和安全性。

经过三个月的前期调研和沟通，变革小组和外部软件供应商一起完成了集团 ERP 架构设计，Rosa 也主导完成了人力资源信息系统的重构框架设计，完善了不同系统数据库接口访问机制。并完成了人力资源信息仪表盘的构建，通过授权管理，为不同层级管理者呈现不同的分析维度和结论建议。

系统开发完成后，Rosa 选取了前期调研中，变革准备度好，信息化改造需求最迫切的试点公司逐步推广，从最快速见效的员工自注册系统进行升级，配合公司 ERP 升级逐步完成人力资源数字化升级改造。配合内宣和企业大学介绍数字化改造的目的和价值，开通 HR 负责运营的信息化公众号和论坛，用于实施搜集系统推广使用中的反馈信息，并持续改进。

通过一年多的运行，试点公司经营数据和人效指标均有大幅提升，且通过调研分析，各级管理者和员工对于人力资源信息化系统满意度均有明显改善。

情景测试题：

1. Rosa 在面临集团人力资源数字化变革的难题时，首先需要从哪里切入工作？

    A. 参照行业标杆企业的优秀实践案例的行动方案，提交董事会评定

    B. 引入第三方咨询公司进行诊断，将诊断报告提交公司CEO

    C. 识别并主动约谈当前问题的关键利益者，沟通变革的背景和目标，与他们达成一致认知

    D. 组织 HR 团队进行头脑风暴讨论识别问题根因，并给出解决对策

2. 依据 John Kotter（领导变革）模型中成功实施变革的八个因素，本次数字化变革在试点公司取得成功的最核心因素是什么？

    A. 这次变革顺应了试点公司商业发展方向，是业务驱动实现成功

    B. 变革小组拥有很多类似 Rosa 这样拥有技术专长和领导力优势的人才，引领变革成功

    C. 有明确的变革愿景，确保"力"出一孔

    D. 确保短期成功实践，以此迭代

六、HR 常见误区与教训、小贴士

误区与教训：

- 对数据与隐私抱有"存在即合理"的立场与态度
- 与 IT/数据部门缺少共同学习有关数据与隐私法律
- 对科技保持距离
- 担心或恐惧知识结构不足以理解现代科技

小贴士：

- 保持好奇心，积极拥抱科技
- 与公司科技/IT 保持良好互动关系
- 阅读基础与前沿科技报刊杂志与书籍
- 积极尝试、探索与使用科学技术

七、扩展阅读

- GDPR 合规性的 8 个方面：人力资源职能简要指南
  https://www.shrm.org/resourcesandtools/legal-and-compliance/employment-law/pages/global-gdpr-hr.aspx
- 机器学习 https://www.ibm.com/cloud/learn/machine-learning
- 劳动者个人信息法律保护面临的挑战及其应对
  https://mp.weixin.qq.com/s/lQFoOIr50WRb_A7KldGrAg

八、参考答案

训战结合演练:

题号	答案	题号	答案	题号	答案
1.1	D	2.1	D	3.1.1	D
1.2	A	2.2	D	3.1.2	C
1.3	A	2.3	C	3.2	B
				3.3	C

案例分析题:

案例一: 1.B 2.B

案例二: 1.C 2.D

第十八章　组织效能与发展

一、主题概述

组织效能与发展涉及组织的整体结构和功能，包括衡量人员和流程的长、短期效能发展，以及实施必要的组织变革计划。

组织效能与发展是识别和消除组织战略目标和持续改进的内部障碍的过程和工具。它侧重组织的功能性和结构，以提高人员和流程的长短期效能。组织效能与发展需要深入了解群体动力学、组织设计的结构和方法包括客户型、职能型、项目型、矩阵制结构、组织分析工具包括麦肯锡的 7S 模型。

系统思维对理解组织的问题诊断、再设计、变革与达到预定的商业结果，排除通向战略目标的路障具有非常重要的作用。

组织发展（OD）往往需要具备较强的工业组织心理学基础，组织发展与组织效能（OED）本该是一把手工程的职能，因此需要很强的业务陪伴能力、咨询能力与领导力。

二、大纲要求

水平指标	
适用于所有人力资源专业人士	**适用于高级人力资源专业人士**
• 确保重要的文件和系统（例如：职位发布、职位描述、绩效管理系统）准确反映员工队伍的活动。 • 支持变革计划，以提升人力资源系统和流程的成效。 • 发现组织结构、流程和程序中需要变革的各个方面。 • 就如何消除组织效能与发展中的障碍提供建议。 • 针对组织绩效和人力资源计划对组织的价值来收集和分析相关数据。	• 使人力资源的战略和活动与组织的使命、愿景、价值观和战略保持一致。 • 根据绩效标准和目标来定期监控成果，以支持组织的战略。 • 设定可衡量的目的和目标，以建立问责制、持续试验和完善的文化。 • 就组织结构开展咨询、计划和设计工作，使组织结构有助于有效开展那些支持组织战略的活动。 • 评估组织需求，以确定与运营效能有关的关键能力。 • 设计和监督变革计划，以提升人力资源系统和流程的成效。 • 确保人力资源计划对组织具有可衡量的价值。

三、关键概念

知识框架：OD 与 OED、有效的干预及其特征及其失败的原因、OED 的类型及对 HR 的胜任力要求、OED 模型、干预的层级、群

309

体动力学、团队的形成与团队建设、组织设计原则、类型与再设计、打造高绩效组织：人才、科技、流程与文化、变革管理

关键知识： OED、预防性与矫正性干预、RACI 原则、组织成长、变革曲线

混淆概念： OD 与 OED、

全球化 HR： 组织结构设计与变革的跨文化

战略 HR： 企业集团化、全球化、全球与国家行业、产品与企业周期转型升级

关键胜任力链接： 关系管理、分析取向、咨询、领导力、商业敏感

四、组织效能与发展训战结合演练

1.1　关于组织发展和组织效能，以下哪个理解不准确：

  A.　组织效能与发展通过有计划的干预措施，让利益相关者参与信息收集和解决方案的设计与实施，从而确定和解决组织绩效问题

  B.　组织效能就是提高组织效率的工具

  C.　组织效能与发展可以被视为一个流程或工具，以发挥以下作用：识别并移除组织战略目标和持续发展的内部障碍

  D.　组织效能与发展被视为一个流程和工具，发挥识别并一处组织战略目标和持续发展的内部障碍的作用

1.2　一家物流公司为了提升其组织效能，提出了几项举措，您觉得哪一项最有效？为什么？

A. 借鉴零售行业看人均效能的经验，提出看组织效能就是看人均 GMV(Gross Merchandise Volume,网站成交金额)的指标，并要求公司各部门遵循、且参考零售行业的优秀人效指标作为标杆

B. 人力资源部提倡组织效能提升应该作为公司近 1 个季度的重点工作，并鼓励各部门探索各自效能提升之路

C. 组织发展部发现 RACI（负责者、当责者、咨询者和告知者）工具能够有助于有效分工，特别引入此工具、并做了详细的工具推广及落地的方案，以提升公司整体的协作效率

D. 组织发展部联合财务等相关部门，完成了企业效能的诊断及建议方案，获高层支持后，通过引入 IPO（输入-流程-输出）和 RACI 等适配工具，和各部门分别制定了效能提升计划，并周期性跟进、复盘

1.3 以下关于变革的陈述哪些是错误的?

A. 做好利益相关者分析，把变革影响到的人按照"能力"与"意愿"分群组与应对策略

B. 沟通与培训要贯穿整个变革始终

C. 要关注变革对企业文化带来的转变

D. 要把重点放在变革的步骤与里程碑，按时按质按量到达，坚定不渝进行变革

2.1 变革是改变人的观点、意识和行为，所以变革中最大的挑战，

311

也最关键的是

A. 挑战庞大的官僚组织

B. 改变所有员工

C. 应付变革中的刺头

D. 改变高级主管

2.2 一家高科技公司在引入敏捷组织的时候，发现员工担当着太多的角色，往往在那各种信息爆炸中无法及时回复与处理信息并跟进项目的进展，员工士气大大降低，不少员工显示出职业怠倦。对此，HR 总监采取以下哪个做法最可行？

A. 设计问卷调查，并向管理层进行系统报告，把问题展现出来获得高层重视，再进行解决

B. 与关键利益相关者组织焦点访谈，分析原因并找出可行的解决方案

C. 制造面对面机会，缩短信息流长度

D. 什么事情都不用做，引入敏捷学习会有一个学习曲线，员工很快就会适应的

2.3 一家中国本土企业雇佣了一位欧洲总经理马克，马可发现整个公司缺少明确的愿景、使命、价值观及其相匹配的战略，于是发起了一个变革举措，在一个受到电商冲击而日渐衰落的环境里，必须以变求生存、求胜。在这个过程中，总裁办与 HR 部门联合主导。您觉得整个执行的过程中，哪个胜任力最为关键？

A. 沟通，需要在各层、各级、各阶段进行到位的沟通

B. 情商，需要预测变革所带来的影响

C. 全球化思维，需要理解各国员工的想法

D. 领导力，需要强有力的领导，引领组织

3.1 华为在 2014 年进行供应链变革之前，召集了全球 100 多个代表处主管回到公司举行"全球仓库大会"，面向全球直播，展示分包商堆积如山的物料。这是：

A. 制造危机，增加变革压力，提升变革的动力

B. 激发管理者的变革决心

C. 对管理团队进行施压，在团队层面改变心智

D. 把危机进行显性化与可视化，理解运营风险与对客户满意度的关系，增强危机感与紧迫感

3.2 一家高科技企业在引入 OKR 的过程中，HRBP 与业务副总裁达成一致后，在一次大会上宣布本业务单元作为公司试点，将大力支持这个项目的引入。在这个变革的项目中，进展并不算顺利。在变革中以下哪一项可能做得不到位?

A. HR 在副总裁宣布引入 OKR 之后，与各级领导一起推进这一个变革

B. 进一步与各级管理者联手，并帮助他们理解、推进并协助他们把 OKR 沟通并执行到个人

C. 立即要求各一级部门执行、落地

D. 发现受影响部门的阻力，并协助解决

313

3.3 一家跨国企业，在过去近十年一举向多个地区与国家并购与开设新公司以实现快速的销售收入增长。然而，公司发现，一场疫情下来，销售收入难以持续有效增长，现金流与利润也难以为继，于是公司决定从以下几个角度进行优化以提升人效，有质量的活下来。以下哪一项最没有帮助？

    A.   加强绩效管理，加强责任，使业绩目标务必实现，确保短期目标实现速赢

    B.   通过流程优化，确保产品与服务质量，

    C.   把重心放在产粮区，即市场占有率大且利润比较丰厚的地区与商业单元，实现有效增长

    D.   投入研发确保中长期企业生存发展能力

五、SHRM-SCP/CP 案例分析

G 航空公司是一家大型的老牌航空公司，在国内和国际上拥有众多的航线。与当今其他航空公司无异，G 航空公司面临着一系列、持续的、严峻的挑战，包括公司成本增加和价格被挤压的空间越来越小——这源于燃料价格大幅增加以及国内外航空公司的竞争加剧。

在这个组织动荡的时期，马科作为公司组织发展总监，他负责要快速改善公司的情况，扭亏为盈。在组织发展方面，马科是一位经验丰富的专业人士，多年以来，一直在不同的行业担任组织发展负责人，但在 G 航空工作不足 1 年。他拥有组织发展的硕士学位，精熟于组织发展的价值、理论和干预措施。马科很喜欢在 G 公司

工作，但他觉得要改善这个组织，在组织发展方面有很多的事情要做。

海罗德是 G 航空公司的首席执行官。他是个行动派、以迅速出击而富于成效、务实和成功扭转公司的局面、决心超强而在行业中享有盛名。他擅长用数字与结果说话。面对行业中的挑战，海罗德在 G 公司的发展中持续获得成功，成为佳话。在最近的公司会议上，海罗德向马科表达了公司需要快速变革的想法，但同时对组织发展部门在公司新的战略变革中扮演重要角色的能力持中立态度。会议中，海罗德使用了诸如软性的、在短期需求中倾向于取得长期结果的术语，例如"组织变革是困难的，需要时间"；并且表达了他的个人观点——组织变革如果没有重大的短期结果，就不会有长期结果的观点。海罗德认为组织发展是模糊的，并质疑组织变革"哪有可靠的评估和结果啊？"特别值得一提的是，他是一个精明的人，并且非常乐于接受任何他认为会对他所认为的重大改变的需求做出贡献的建议与方案。他深刻地意识到，公司重大变革的困难与风险，即变革对于公司的声誉、员工和相关利益相关者、他个人的声誉和职业生涯意味着什么。

当马科逐渐意识到海罗德关对组织发展的看法时，他意识到他面临的工作不仅仅是组织发展方面的工作--马科还得教育海罗德组织发展对 G 航空公司如何做出贡献。并且，他开始怀疑海罗德是否知道组织发展是什么以及它的价值是什么。马科知道他必须和海罗德一起为公司的组织发展做出一个强有力的商业提议。但是他应该从哪着手呢？正如马科意识到的那样，他的时间很有限，他得证明组织发展在改善 G 公司现状的可行性。您会给马科什么建议？

情景测试题：

1. 马科了解到海罗德对自己不够信任，他首先应该采取什么行动？

    A. 反省自己到公司一年来的得失错漏并提出应对措施

    B. 主动安排与海罗德会议，了解他对自己的看法与顾虑

    C. 从各利益相关者了解海罗德预计对自己的看法，制定出改善方案

    D. 迅速做出速赢方案，让海罗德看到自己的能力

2. 海罗德觉得组织发展部门对战略的贡献与价值不够积极的态度，马科最好采取：

    A. 教育海罗德，让他真正理解组织发展的价值与战略贡献

    B. 做出一个短期速赢计划以赢得海罗德的关注，趁机会向他推销组织发展以改变他的理念

    C. 与关键利益相关者研究并识别变革的机会、做出短期速赢与中长期商业成功策略

    D. 试图用过去与行业成功的案例与数据说服海罗德，组织发展对企业发展作用巨大

3. 马科觉得很多事情要做，他可以首先从哪里下手？

    A. 找一个容易成功的案例作为试点

    B. 与海罗德沟通，增强他对组织发展的信心、价值与认可并邀请自己参与战略

C. 与海罗德就公司的业务与战略痛点进行识别与深挖，迅速取得初步成功

D. 与公司高层和相关利益相关者等沟通与建立关系，收集关键利益相关者对此次变革的信息

4. 对于海罗德提出快速变革的建议，马科应该考虑从哪里着手？

A. 引导变革，制造危机感、急迫感

B. 与海罗德一起，快刀斩乱麻，迅速识别变革需求并获得短期成功

C. 与管理层一起，识别商业挑战并澄清变革方向与准备度，有策略的进行变革

D. 争取各领导及其团队成员，识别并区分支持、阻碍与观望变革的群体、区别对待

5. 对于海罗德提出快速变革的建议，马科成功的关键在哪里？

A. 获得各级利益相关者的支持，平衡各方的利益

B. 在短期的交易型变革中不断取得成功，并链接战略与长期商业成功取得突破

C. 获得海罗德的赏识并认可组织发展在变革与企业发展中的价值

D. 使用海罗德喜欢的使用数据说话，维护他的声誉让他对职业有安全感

6. 组织发展总监马科，如何定位他与海罗德的关系最为恰当？

A. 把海罗德当作客户，全心全意为他服务

B. 把海罗德当作伙伴，心心相印，坚定的支持者、追随者，也做他的变革向导

C. 把海罗德当作上司，无论他做出什么样的决定，坚定不移的支持与拥护

D. 把海罗德当作关键的利益相关者，他的个人利益与成功至上，这有助于企业成功

7. 海罗德与马科个性特点很不同，作为集团 HRD 与马科的同辈，您觉得哪个建议最关键？

A. 进行印象管理，让海罗德觉得马科跟他类似或很有默契，取得必要的信任

B. 在工作上保持紧密的联系与沟通，适应海罗德的管理风格与个性

C. 各自保持个性与管理风格，让海罗德学会尊重与包容

D. 多与其他利益相关者联动，影响海罗德，让他适应公司的文化与管理团队的风格

8. 以下哪些是关键的利益相关者，需要在变革中重点识别并建立与维护关系？

A. 内部利益相关者，包含从最底层、中高层业务管理者、董事会与股东成员

B. 内部利益相关者，包括高层管理者、董事会与股东成员

C. 外部利益相关者，可能包括工会、政府、航空监管局等

D. 内外部利益相关者可能包含 B 和 C 的成员以及在变革中
   受影响的其他人群

9. 针对变革的识别与方向，马科在哪一项上可能可以更好的帮助
   海罗德?

   A. 从降成本下手，单刀直入，迅速发起变革，帮助海罗德取
      得突破

   B. 收集内外部信息，做出变革方案并评估变革准备度，帮助
      海罗德决策

   C. 收集行业、标杆与竞争对手及关键利益相关者的期望与顾
      虑，协助决策

   D. 在海罗德引导的变革中进行情绪管理，监控变革的进度并
      预测成功的可能性

六、HR 常见误区与教训、小贴士

误区与教训:

- 过度关注组织发展工具而疏于解决组织效能与发展的核心问题
- 对于组织的问题缺少系统性认识，缺少对问题的根本原因的深
  入理解
- 对组织变革的过程缺少动态的认识并采取相应的措施
- 对组织效能与发展的硬指标与软技能、长期与短期效果缺少平
  衡

小贴士：

- 加强系统思维的训练，从整体上去看问题与根本原因

- 关注人员与组织的效率与效能的平衡

- 加强引导与推动变革的训练，理解变革的节奏并把握节奏

- 使用试点，发挥团队的力量

七、扩展阅读

- Organizational Effectiveness: A Comprehensive Guide to Company Success

  https://www.superbeings.ai/blog/organizational-effectiveness

- 激活人效，让企业在寒冬中活下去

  https://mp.weixin.qq.com/s/SCwr6LGMu6fZsVZxqMu-dg

- 企业人效管理白皮书

  https://scrm-wx.weiling.cn/h5/monitorFile/index.html?corp_id=wx5843e5559a1c13

  62&agent_id=1000079&material_id=1588403528844537856&source_type=user&rc_id=#/

- 人效系列第二篇：质量增长，人效制胜

  https://mp.weixin.qq.com/s/G_NdsBXqSJkIzkjcAbh5vw

八、参考答案

训战结合演练:

题号	答案	题号	答案	题号	答案
1.1	B	2.1	B	3.1	A
1.2	D	2.2	B	3.2	B
1.3	D	2.3	A	3.3	D

案例分析题:

1.B 2.C 3.D 4.C 5.B 6.B 7.B 8.D 9.C

第十九章　劳动力管理

一、主题概述

管理劳动力（workforce Management）包含人力计划与战略，这是几乎全新的理念，人力战略管理包含弹性工作制、重组、绩效管理、人才发展、继任计划与知识管理，是 SHRM 的一个举足轻重的职能。

人力规划本质上是公司在战略管理中的一个风管管理，它牵系到对劳动力市场内外部环境的研究与对人才的获取的关键举措。它也是组织对人才与组织发展的战略与战术性的权衡与使用，组织既要从组织生命周期与战略去看组织的发展需要什么样的组织规模（如并购与拆分）、人才获取与调配，核心与关键人才的管理与发展。

二、大纲要求

水平指标	
适用于所有人力资源专业人士	**适用于高级人力资源专业人士**
• 对支持和发展组织所需的能力进行评估，并确定人员编制水平的缺口和不匹配之处。	• 就组织的战略和目标与未来和当前的人员编制及员工队伍能力的一致性进行评估。
• 实施劳动力管理方法，以确保适当的人员编制水平，并确保员工队伍具备满足组织目的和目标的能力。	• 制定战略来维持强大的员工队伍，使其拥有执行组织当前和未来战略及目标的人才。
• 预测未来的劳动力需求，规划战略来培养员工队伍的能力，以便支持组织的目的和目标。	• 与企业领导协调，制定出满足组织的长期领导力需求的战略。
• 管理并支持相关方法，以确保组织的长期领导力需求得以满足。	• 制定组织的劳动力重组战略。
• 支持重组组织劳动力的战略。	
• 为员工提供持续学习的机会，包括技能提升机会和再培训机会。	

三、关键概念

知识框架：人力计划及其战略包括人才发展计划、继任计划、知识管理

关键知识：人力规划及其流程、人力配置计划、各种灵活用工计划、外包管理、PEO、Co-employment、Independent Contractor 的要素、重组（restructuring）及其动因、类型、HR Due Diligence, M&A, RIF、

人才池、人才管理战略及其有效性评估、继任计划的流程与管理，数据、信息与知识，知识管理的流程及其技术选择

混淆概念：继任计划 Succession 与 Replacement Plan

全球化 HR：全球人才流程与配置

战略 HR：全球化人才的培养与调配

关键胜任力链接：全球化思维、多元化、平等与包容、关系管理、沟通、咨询、商业敏感

四、劳动力管理训战结合演练

1.1 一家位于中国的集团公司在印度开设了研究所，大量招聘与培养本地管理者，实现了让本地人管理本地人，实现了管理的突破。其中重要的原因，哪一项最不相关？

   A. 克服了民族中心主义，中国管理者与技术人才才是最好用的

   B. 有同理心，设心处地从本地实际出发，招聘人人才、发现人才、培养人才并善用人才

   C. 在人才管理与继任计划上实现了传承，让本地人管理本地人

   D. 中国技术与管理人才牢牢控制住了关键岗位，在流程与制度上进行公司管控与治理

1.2 一家欧洲企业高级人力资源经理 Charles 做完人才盘点与发展计划之后，跟工厂的运营与工厂高级经理沟通中表示，工厂的

总经理的继任人就是他，希望他在未来三五年能够准备好接受新的挑战。但是，一年后，时任总经理的外派主管离职，公司调来了一位其他厂区的总监接受这个继任计划。Charles 在这个人才发展中犯了什么错误？

A. 错误传递了继任计划的信息

B. 其实他做的是人才替代计划

C. 其实在继任计划中，继任者只是一个机会

D. 他就不应该做这样的继任计划

1.3 一家公司积极使用 CEO 讲话、制度与政策、管理人报与 PPT 把各个部门的工作、汇报、绩效与人才管理等沉淀下来，以实现知识管理。知识管理的目的是什么？

A. 把领导智慧沉淀下来，让大家学习

B. 这是一种文化的传承方式，是公司使命、愿景与价值观的管理方法

C. 把公司的知识资本沉淀下来，实现公司的商业成功

D. 这是一种公司治理模式之一，一种顶层设计的方法

2.1 一家跨国医药行业的高级经理以上的岗位几乎都外包给猎头公司招聘，但是每一个业务单元还是配备了一位百万年薪的人才获取总监 Edward，您从经营与管理来看，其中原因可能是？

A. 人才获取总监可以更好的经营人才

B. 人才获取总监可以把重心放在人才管理上

C. 人才获取总监可以把重心放在管理猎头资源以优化组织资

源

D. 人才获取总监可以把重心放在雇主品牌、员工生命周期的
管理与人才体验中

2.2 跨国企业进入中国后招聘了大量美籍华人、新加坡、马来西亚
与港台华人，发现管理的过程中并不十分理想。其中，不同的
华人之间也存在文化差异。对此，您对给企业管理者的建议
是？

A. 组合使用不同的华人，使资源配置更优化

B. 把中国的生意交给中国人，自然就有一个好结果

C. 把中国人派到总部去学习与锻炼，再回国内但当领导

D. 培养中国本地管理人才，通过人才发展与继任计划实现过
渡与传承

2.3 一家公司在困境中，一位新的 CEO 接任之后对公司进行了大
刀阔斧的变革，公司的战略重新被定位，终身雇用的文化被打
破，十万人被解雇，其中包括 CFO、HR 首席和其他三位直线
高管换掉了。企业原有一套完善的人才发展体系包括继任计划
都被打乱了。公司的愿景、使命、价值观与战略都重新被定义，
对人才的定义的标准也重新被更新。对此，HR 应该如何适
应？

A. 重点放在离职与在职人员的情绪安抚、管理员工关系并防
止官司

B. 公司太难管理了，另寻他路，重新调整自己的心态，开始

新的职业生涯

C. 公司耗费巨资做的人才发展与继任计划付之东流，努力挽回损失

D. 积极参与变革，梳理公司战略与人才管理流程，做好沟通并实施变革

3.1 一家高科技企业，离职率一直以来很低，员工也视公司为家。但一次大批量裁员使得一部分员工对公司的信心与信念大大动摇与震撼。有员工因此写了《公司不是家》的文章并流传到网络上，对此董事长也回复表示管理层的决策失误导致战略性的调整，并非要员工承担而是公司要发展为根本。从公司管理的角度，HR 应该做好以下哪一件事情最重要？

A. 让各级管理者分头重塑员工对管理者的信心

B. HR 展开员工关怀活动，帮助员工平稳过渡，很快就恢复情绪

C. 与管理层对公司的文化与战略等进行梳理与宣导，重点识别幸存者综合症做好员工安抚工作

D. 公司就是以发展为根本追求利益，员工与公司就是利益关系，董事长已经表态，不需要画蛇添足

3.2 在一家企业创始人为了做好知识管理，从一开始就把设立了一个秘书处，把领导讲话做了很好的记录与整理，甚至拍了很多的视频。这些讲话通过组织学习的方式，层层传递，形成了整个公司的共识。秘书处逐渐把创始人的讲话扩展到整个领导团

队和核心人才的知识创造、记载、分享与应用通过报纸、内部学习与文件，最后放在系统里进一步传播。以下关于这家公司在知识管理方面做得出色的地方，哪一项最不相关？

A.　公司通过领导讲话打造了一个学习型组织，可以塑造了一个共同的愿景

B.　公司在知识传播与应用做得好，可以有效提升个人与组织绩效

C.　公司可以很好的塑造一个共同的文化，HR 可以成为知识管理者

D.　公司在整个知识管理流程中很好的整合了系统与传播方式，有效使用社会分享进行学习

3.3　一家高科技全球化集团公司，招聘了大量全球高管，这些高管们成为了公司的顾问与参谋或职能高管，并未出现在集团高管董事会与监事会团队中。在管理过程中，他们往往难以参与集团决策，其中最可能的原因是：

A.　在继任计划中，没有这些外聘高管的计划

B.　内部的集团高管太强了，外面的高管没有足够的能力进入他们的梯队

C.　公司的文化太强，可能形成了一定的壁垒，难以融入现有集团高管团队

D.　他们需要时间来适应公司文化，只能做影响面小一点的职能高管或顾问开始

五、SHRM-SCP/CP 案例分析

【案例一】：

　　X 公司是一家百年老店，内部管理机制相对成熟。X 公司家电事业部剃须刀工厂，由于历届总经理的立场的缘故，与其他中国事业部、工厂与公司交往与交流较少。

　　最近，工厂 HR 经理与总经理接到总部通知，要求做好人才管理计划。按照总部的指示，HR 经理与总经理制定了三类计划：针对总监及以上的高管（工厂总经理 1 人）的接班计划，副经理到高级经理（总监级缺失，约有 10 名）的高潜人才发展计划，以及针对工程师级别的菁英计划（Yong Potential）。其中，总经理的指定接班人为现任工程部高级经理 Nick。Nick 是一位 MBA，曾经担当生产部、质量部经理，对工厂运营比较熟悉。

　　但是，由于桃色事故，总经理突然被公司调查，并证据确凿，于是总经理引咎辞职。趁这个机会，总部介入公司的人才调配与任用。亚太区 HR 总监介入公司的人才管理，HR 经理看势头不对，找到了一个新的机会离开了公司。HR 总监与总部迅速决策，从长三角调来了一位与 Nick 类似经验的质量总监 Mark。Mark 拥有交大的自动化硕士学位，是公司的管培生成长起来，曾经轮岗工厂大部分岗位，并在制造、质量、研发与供应链担当过经理、高级经理等岗位，与总部交往比较多，十分熟悉公司的内部政治与文化。根据他的个人发展计划与公司的 2（个国家或区域）*2（个不同职能）*2（个不同的事业部）人才发展计划，他可以考虑调配到亚洲各国

担任工厂总经理、研发高级总监或供应链高级总监的升迁机会。

就在这个时候，Mark 毫不犹疑的接受了工厂的总经理的机会。

作为 HRD，你第一步会考虑如何帮助 X 公司工厂的人才运营？

情景测试题：

1. 根据案例，引发 Nick 的留任与离职风险最关键的原因是：

    A. 对继任计划的误解，采用了指定接班人的接任计划的形式进行沟通导致

    B. 是高级经理 Nick 对自己的期望过高导致

    C. 是 Mark 的个性让 Nick 没有安全感

    D. 是公司的人才管理计划本身的问题

2. Nick 的成功留任，最关键的是步骤在于：

    A. 人力资源部门的沟通并给她想当吸引力的留任奖金

    B. 他的上司、新任总经理帮助他解决他个人的职业发展的顾虑与问题并获得相应的辅导与激励

    C. Nick 可以把工程、制造与质量部门整合在一起，进行管理，从而也获得一定的岗位与薪酬的提升

    D. 公司为他提供一个集团内部其他公司的相应的总监级别的岗位

【案例二】：

大势所趋，人才管理在整个中国刮起了一股强劲之风，无论是

外企还是民族企业都被席卷进来了。很多公司的 HR 部门都纷纷参加培训并着手在内部推行人才管理项目。

经过 HR 内部讨论之后，一位世界制造业 500 强企业的 HR 总监决定发起人才发展部并担当这个部门的负责人，并从其中一个子公司的 HRBP 调来一位 HRBP 来协助其落实这个项目。经过与各相关 BU 和子公司的高管访谈之后，他们开始宣讲、举行研讨会，一切似乎进展十分顺利。

人才项目组定义了人才、制定了人才标准、推出了进出机制，并组织了人才盘点、继任计划与 IDP 等一系列活动。当把工具与表格发放到各部门、BU 的负责人，在跟进的过程中，他们发现进展缓慢，举步维艰，效果不理想。HR 总监百思不得其解，整个项目前期一切都进展顺利，为什么突然就难以推动了呢？！

情景测试题：

1. 作为推动人才发展项目顺利进行的一个重要的步骤，以下哪个动作最不相关？

   A. 把业务战略与商业结果与人才项目进行挂钩

   B. 把人才项目与员工体验感进行挂钩

   C. 把人才项目与人力资源战略进行挂钩

   D. 把人才项目与业务的绩效目标及其差距进行挂钩

2. 在人才盘点的过程中，有业务总监 Thomas 十分抵触，认为自己不需要继任者，自己也不想升迁，更做不到总经理或副总裁。对此，你会如何处理？

A. 向他解释解释这是公司的举措

B. 听取他的顾虑与恐惧，并向他说明人才盘点与继任计划的意义

C. 与他的上司一起了解他的顾虑与恐惧，发掘他的潜力，并跟他一起做好他的 IDP

D. 告诉他这是公司在管理人才风险，万一有同事出了三长两短，可以使得公司免于天灾人祸

六、HR 常见误区与教训、小贴士

误区与教训：

- 对人力规划停留在狭义的教科书式的理解
- 失去了对战略风险管理的角度思考劳动力管理的意义
- 缺少对人才与组织知识管理的关联与战略意义

小贴士：

- 把劳动力管理与其他职能模块一起拉通，做好劳动力战略规划
- 关注劳动力管理的风险本质
- 链接战略，重在规划，勤于执行并不断调整以适应于环境的变化

七、扩展阅读

- SHRM 参考：华为不要搞培养制，要搞选拔制 (1/5)

  https://zhuanlan.zhihu.com/p/567633092

- 一文讲透! 华为干部体系是怎么炼成的

  https://mp.weixin.qq.com/s/TkGQYj-UJ9Q365uT9W7AHA

- 麦肯锡知识管理（案例实操讲解）

  https://mp.weixin.qq.com/s/CDAswPVa7Xe6uAm6kcGTaQ

八、参考答案

训战结合演练：

题号	答案	题号	答案	题号	答案
1.1	D	2.1	D	3.1	C
1.2	B	2.2	D	3.2	C
1.3	C	2.3	D	3.3	C

案例分析题：

案例一：1.A　2.B

案例二：1.B　3.C

第六模块 工作场所 （Workplace）

- 风险管理

- 管理全球劳动力

- 企业社会责任

第六模块导读

本部分内容是 SHRM 全书的难点，也是几乎所有 HR 有待提升的模块。

工作场所管理之所以难，难在中国乃至全球高校的 HR 课程设计与企业实践都没有进行接轨，因此对这部分内容是比较陌生的。另外，这部分内容也非常宏观、战略，需要真正的站在企业管理者的战略高度、全球化 HR 管理的广度去思考。因此对于大多数缺少战略高度与全球视野的 HR 与管理者来讲，学习与被考察的难度将是雪上加霜。我们建议企业 HR 总监或以上岗位加强这几个职能的学习，提升 HR 都战略对话能力。

通过我们团队的努力与贡献，这部分内容比其他几部分内容更加丰富与殷实。

我们希望通过这部分的扩展内容，大家对这部分工作场所的理解与掌握可以实现一个飞跃——**不再是全体 HR 的弱项**。

第二十章 风险管理

一、主题概述

风险是指不确定性对目标的影响，它可能是挑战，但也可能孕育着机会。风险管理是个很有趣的领域，它要求对经营管理中涉及的各类重大风险，如法律、财务、运营与数据信息等风险进行评估与管理。

风险管理旨在改变风险事件发生的概率和风险事件对组织目标影响的程度，是有目的、有计划的一系列的主动的管理行为。通过对风险的识别、衡量和分析，组织可以根据风险类别、影响程度、发展速度、风险管理成本等维度的综合评估来选择最合适的风险应对策略和行动，比如组织可能会采取措施消除不确定性和避免风险的发生，也可能对发生可能性低、影响小、但管理成本高的风险采取容忍的态度并承担可能的风险。

由于风险的不确定性，它可能产生积极的影响，也可能产生消极的影响，因此组织可以运用上行风险管理策略管理风险机会，同时也可以运用下行风险管理策略管理风险威胁，从而促进转危为机的可能，并将不确定性可能造成的不良影响降至最低。重大风险无处不在，然而很多人力资源从业者对风险的认知和对风险管理的重视程度远远不够。

二、大纲要求

水平指标	
适用于所有人力资源专业人士	**适用于高级人力资源专业人士**
• 监督 PESTLE 因素及其对组织的影响。 • 对识别和/或缓解工作场所风险的人力资源项目、实践和政策进行管理和支持。 • 实施人力资源职能和组织的危机管理计划、应急方案和业务持续性计划。 • 向各级员工传达有关风险和风险缓解的重要信息。 • 实施尽职调查，以评估风险并确保法律和规程得以遵守。 • 进行与工作场所安全和健康相关的调查。 • 审查风险管理活动和计划。 • 确保准确报告国际公认的工作场所健康和安全标准。	• 开发、实施并监督用以监控组织内外部环境的正式常规流程，以识别潜在的风险。 • 持续关注并评估宏观层面的劳动力市场趋势、行业趋势和全球趋势，以了解这些趋势可能对组织产生的影响。 • 检查组织面临的潜在威胁，并为领导提供相应的指引。 • 制定、实施和监督全面的企业风险管理战略。 • 为人力资源功能和组织制定危机管理计划、应急方案和业务持续性计划。 • 向高层员工和外部利益相关者传达有关风险和风险缓解的重要信息。

水平指标	
适用于所有人力资源专业人士	**适用于高级人力资源专业人士**
• 将预期的风险水平纳入商业提案。	• 对风险管理活动和计划进行审查，用审查结果来完善风险缓解策略。
	• 监督与工作场所安全和健康有关的调查和报告工作。
	• 制定工作场所报复和暴力的应对策略。
	• 发生重大工作场所事件后，主持应对措施后的情况盘查会。
	• 评估与战略机遇有关的预期风险水平。

三、关键概念

知识框架：风险与风险管理的定义，理解组织的风险环境、识别和分析风险、管理风险、评估风险管理的有效性。

关键知识：风险的定性和定量评估方法（风险评分卡、风险矩阵图、PAPA 模型、风险登记簿）、风险偏好与风险容忍度、风险头寸、风险敞口、次生风险、业务恢复和可持续运营计划、紧急情况和灾难应急响应计划、企业风险管理过程、危机管理计划和准备度、风险管理方法的上行策略和下行策略（Upside & Downside）、风险管理的法律与合规审查技巧、风险管理的质量保障与改善流程、风险源及其类型、工伤和职业病预防。

易混淆概念：商业持续性计划与应急计划、风险管理方法的上行策略和下行策略、风险管理与风险控制

关键胜任力链接：战略管理、商业敏感、全球化思维、分析取向、沟通、关系管理、道德实践

四、风险管理训战结合演练

1.1.1　关于风险管理，以下哪项理解不太恰当？

    A.　风险意味着不确定性，有威胁也有机会，并非完全负面、消极的

    B.　新冠属于疫病灾害，难以避免，但可以采取措施把相关风险与影响降低

    C.　根据 ISO 风险管理标准，风险管理流程包括两项持续进行的活动："沟通与咨询"和"监督与审查"

    D.　ISO 风险管理与文化框架指出风险管理影响与限制业务发展，不属于组织战略和文化的一部分

1.1.2　关于风险管理，以下哪项理解正确？

    A.　风险意味着损失，因此风险管理就是要消除风险

    B.　只要措施得当，风险是可以被完全消除的

    C.　是否采取风险管理措施，需要考虑成本与收益

    D.　风险难以预测，因此风险管理的重心在于事后处置

1.1.3 有企业定义风险为"未来的不确定性对公司实现其经营目标的影响，是企业运营中客观存在的，是在企业战略规划、外部环境、运营模式及财务系统中识别出来的。"对此，以下哪项不属于这里的识别范畴?

A. 在参与战略制定或执行的过程中，识别影响整个企业中长期生存能力、竞争力、发展方向、战略目标和效益的重要风险，如竞争格局风险等

B. 定期或不定期组织对外部经营环境风险进行扫描，如政治和政策风险、合规风险、自然灾害风险等

C. 对企业运营过程中的内部风险进行识别或预判，包括由于内部运作、人力、财务和技术能力的有限性所导致的经营失败、达不到预期经营目标、造成损失或业务中断等

D. 监控风险管理过程，识别哪些利益相关者执行不到位

1.2.1 以下那一项最不能准确体现对风险管理的理解?

A. 风险管理是业务部门的固有职责，业务部门在获得收益的同时，需承担风险；风险管理要与业务管理相结合，特别是在计划和决策过程中

B. 风险管理应当从企业整体利益出发，进行跨部门协同管理

C. 风险意味着挑战和威胁，会给企业带来负面影响或者损失，只是影响程度和损失大小可能不同

D. 风险管控的目标并不是一味地将风险降至零，而是根据

风险偏好将风险控制在企业可接受范围内

1.2.2 G 公司上半年销售部年化员工流失率达 6.8%，销售部总经理在风险监控系统中收到了风险预警提示，该提示表明"如销售部全年员工流失率超过 7%，销售部各级管理人员年终考核时将根据超出额扣减相应分数"。对此，以下哪项说法不恰当？

A. G 公司对员工流失率进行监测及预警属于运营风险管理

B. G 公司上半年销售部员工流失率尚未超过公司风险容忍度，销售总经理暂无需采取额外的管理措施

C. "与 G 公司同区域、同行业的 H 公司对销售部员工年度流失率的控制阈值为 10%，H 公司采取对销售部严格考核、人员快进快出的方式实现优胜劣汰"，此处描述的是 H 公司的风险偏好

D. 将风险管理纳入绩效考核体系，有助于培育公司的风险管理文化

1.3.1 A 公司在国内已经全面实施指纹和刷脸门禁系统。来到北美后，A 公司计划沿用这套在国内颇为常见和有效的管理系统，但遭到了当地员工的强烈反对。请问造成这种情况的最主要原因可能是：

A. 未了解所在国家的数据与隐私法以及员工的顾虑

B. 未对全体员工发表公开声明与做出承诺

C. 未与 IT 部门协同供应商对系统数据的保密、案例进行风险管控

D.　未取得管理层及利益相关者的信任与支持

1.3.2　随着同业竞争的加剧，W 公司为了谋求出路，决定通过创新探寻"蓝海"。以下哪项措施既有利于风险管理，又不至于阻碍公司创新？

A.　增加管理层级，减小管理幅度，以便增强内部控制

B.　加强制度建设，对违反公司制度者一律严格处罚

C.　对研发部门设置"新产品数量"考核指标，但仅作为观察性指标

D.　为防止专利泄露，海外分公司研发部门员工均来自母国总公司，杜绝聘用当地人员

2.1.1　一家高科技公司允许员工使用社交媒体与外界媒体、候选人、客户与供应商等进行联系。这种做法，最有可能导致以下哪一种风险产生？

A.　有一部分员工的社交媒体帐号和密码是与伴侣共享的，可能会因数据泄露、利益冲突造成不良后果

B.　个人数据和资料与公司的混在一起，不利于快速查找到需要的数据或资料

C.　没有什么风险，只要公司内部对文件进行分类（如内部公开、秘密与绝密）并加以监控管理即可

D.　没有什么风险，只要公司对部门高管与核心技术人员的信息进行了有效管控即可

343

2.1.2 有数据显示，社交媒体（如微信、小红书、抖音直播等）招聘效果已优于传统招聘渠道（如网站、猎头等），而且在现如今的大数据时代，关于公司的"负面评价"也会影响候选人的求职选择。就管理社交媒体的威胁和机会，以下说法最恰当的是：

A. 通过咨询专家、小组访谈、调查、观察等方式收集信息，识别社交媒体已存在的和潜在的风险，再分析风险发生的概率、严重度和企业风险偏好，权衡社交媒体的利弊，综合评估后再做判断

B. 就"负面评价"做公司的内部诊断和整改，先断绝风险源，同时增大公司正面信息的宣传力度，增加热度以吸引候选人

C. 梳理公司在使用社交媒体的风险管控点，包括渠道风险、法规风险、数据风险等，并就已探测出的风险做出积极应对

D. 所有事物皆具有两面性，我们只需要将社交媒体积极的面运用得当，消极面无需特别关注

2.2.1 在风险管理中，各相关部门主体与利益相关者分工合作，以下责任分工可能不太恰当的是：

A. 董事会、风险控制领导人、风险责任人、企业风险管理部、各业务单元财务负责人是风险管理的关键角色。董事会作为负责企业经营和管理的最高权力机构，在风险管理中发挥重要作用

B. 风险控制领导人原则上由公司高级管理者担任，按企业

风险地图提名，由总裁任命，领导各相关部门完成风险管理工作，其个人绩效目标包含风险管理

C. 风险责任人原则上由各领域主管担任，是所负责领域风险管理的第一责任人，其个人绩效目标包含风险管理

D. HR 负责主导培育企业风险管理文化

2.2.2 一位 HRBP 了解到近期有多起外部投诉反映销售代表在营销过程中有虚假宣传的情形，要求公司给予经济补偿并扬言不排除通过媒体曝光。人力资源业务伙伴（HRBP）认为此事不可轻视，公司可能会面临舆情风险、甚至是合规风险，最终可能殃及公司股价；同时销售代表的做法也有悖公司文化，有损雇主品牌形象。但这位人力资源业务伙伴（HRBP）找到销售部总经理反馈情况时，销售部总经理要求其对此事不要声张。假如你是这位人力资源业务伙伴（HRBP），你首先会怎么做？

A. 当面答应销售部总经理，然后尽快向公司品牌部、合规部反映，以便启动危机公关预案

B. 请求人力资源部总经理出面与销售部总经理沟通

C. 向销售总监（销售部总经理的上司）反映投诉事件以及销售部总经理的态度与做法

D. 诚恳地向销售部总经理表达自己的顾虑并尝试理解销售部总经理的观点和逻辑，提示各部门总经理是本部门风险管理的第一责任人

2.3.1 以下措施中，哪一项不利于公司强化风险管理？

A. 董事会负责制定公司发展战略并明确公司的风险偏好和风险容忍度

B. 成立公司风险管理委员会，由公司高管担任委员

C. 为调动业务部门参与风险管理的积极性，将业务部门总经理纳入内部审计团队

D. 为健全公司全面风险管理体系，在每个部门均设置一名风险监测员并允许兼岗

2.3.2 新冠肺炎期间，某公司为了防止员工居家办公导致公司内部数据泄露采取了一系列措施，请问以下哪项措施不太恰当？

A. 为员工开通远程办公账号，提前制定居家办公管理规则（含数据泄露惩戒规则）并对员工培训

B. 对员工接触公司内部数据设置访问权限，对公司移动办公软件采取必要的加密技术

C. 制定数据泄露应急预案（如：设置互联网舆情观察员）

D. 禁止员工下载客户信息至私人设备，但同时为及时响应客户诉求，公司直接将居家办公员工负责维护的客户调至其他员工名下

3.1.1 以下哪一项对风险的理解不恰当？

A. 风险规避指考虑到影响预定目标达成的诸多风险因素，结合决策者自身的风险偏好和风险承受能力，做出中止、放弃某种决策方案或调整、改变某种决策方案的风险处理方式

B. 风险降低指采取措施降低风险发生的可能性或影响度，或同时降低两者

C. 风险转移指将风险及其可能造成的损失全部或部分转移给他人。比如员工外包就是把员工荒等造成的风险转移出去

D. 风险接受指承担风险，不采取措施去干预风险发生的可能性和影响度

3.1.2 我国于 2015 年 5 月 1 日起施行的《存款保险条例》规定"存款保险，是指投保机构向存款保险基金管理机构交纳保费，形成存款保险基金，存款保险基金管理机构依照本条例的规定向存款人偿付被保险存款，并采取必要措施维护存款以及存款保险基金安全的制度"、"在中华人民共和国境内设立的商业银行、农村合作银行、农村信用合作社等吸收存款的银行业金融机构（以下统称投保机构），应当依照本条例的规定投保存款保险"。根据上文，吸收存款的银行业金融机构施行存款保险制度体现了哪项风险管理策略？

A. 风险转移

B. 风险分散

C. 风险缓解

D. 风险规避

3.2.1 以下哪个关于风险管理的描述不恰当：

A. 规则是可控的，而执行是不可控的，为了达到严格控制风

险，风险控制可以凌驾在业务之上

B. 管理风险的人要懂规则，更要懂业务，要负责把规则转化成业务行动，并监督落实

C. 企业运营中如果迫不得要越过企业制定的风险控制线，需要研究预案并做好善后处理

D. 风险管控专家要理解业务，业务也要知晓风险管控的要点并提出改善方案

3.2.2 D 公司是一家成立近 30 年的制造业企业，曾一度稳居行业首位。也正因为此，D 公司对外部竞争日益麻木，机构日渐臃肿，产品跟不上市场发展需求。近年来，随着产业技术升级，一批新兴企业崛起，D 公司市场份额萎缩严重、现金流吃紧、净利润下降。D 公司为了应对风险，采取的措施中以下哪项不太妥当？

A. 根据组织现状和调整方向，对组织架构和内部流程进行相应的调整

B. 基于充分调研和分析，适当加大培训及研发费用投入，优化生产工艺，提高产品竞争力

C. 推行薪酬改革，提高市场部员工浮动薪酬占比

D. 为降本增效，减少生产线工人配置

3.3 某集团公司通过兼并收购海外企业进军国际市场。在此过程中，HR 可以通过尽职调查帮助公司降低兼并收购的风险。HR 的尽职调查不包括以下哪项？

A. 评估目标公司与本公司文化的差异并促进融合

B. 评估目标公司人才储备与本公司战略的适配度

C. 评估目标公司所在国的市场风险

D. 评估目标公司所在国与本国在用工法律法规方面的差异

五、SHRM-SCP/CP 案例分析

2001 年互联网经济出现崩溃，当时很多互联网上市企业市值急剧下跌至只有高峰期的 10%，很多企业没钱进行投资。一家中资通信设备公司，主要市场在国内，海外市场还未拓展开，当时面临收入下滑、人员流失、收支失衡的严峻挑战：2002 年公司收入下滑，这是公司 30 多年的历史中唯一的一次收入下滑。公司部分领导离职，带走了产品和技术，同时也以高薪承诺挖走了公司骨干人才，公司内部人心惶惶，整个骨干团队几近崩溃。公司的无线产品在国内市场卖不出去，只有支出，没有收入，资金越来越困难。

情景测试题：

1. 在这次危机事件中，HR 首先要做什么以帮助公司度过危机?

   A. 找 CEO 了解情况，并协助他成立危机小组

   B. 找关键利益相关者了解情况，确定改革方向

   C. 分析技术骨干离职对公司造成的影响，迅速启动接班人计划

   D. 评估剩余骨干人员的离职风险，并做出积极响应

2. 假如公司的风险偏好属于风险追求型，公司最可能采用以下哪种办法争取企业活下来？

    A. 优化现有产品和技术

    B. 巩固现有员工团队

    C. 广招贤才，拓展无线产品海外市场

    D. 裁员降薪

3. 若实施降薪或裁员计划以期解困，需要注意的问题与风险，以下哪项描述不准确？

    A. 需要评估降薪或裁员对于战略的影响，如技术流失、社会舆论、投资者行为、员工敬业度等

    B. 对于运营的影响，如罢工对于供应链的影响、对员工心理健康的影响等。

    C. 合规风险，降薪或裁员的流程符合当地法律法规

    D. 降薪或裁员是劳资双方的问题，只要双方达成一致意见即可，不需要考虑其它问题

4. 在这种情况下，企业如果反向扩张，并加大开拓海外市场力度，这对企业 HR 最大的挑战是什么？

    A. 海外市场经营的环境、政治、经济、文化、合规等风险未知，需要依赖于专业机构评价风险

    B. 人员成熟度（准备度），即是否有这样的人才（具备文化敏感度和包容力）做海外市场

    C. 无法判定反向扩张是否符合公司的发展战略

D. 评估此时是否是海外扩张的合适时机，以及企业扩张的准备度如何

5. 作为 HR 总监，你深知你必须尽快采取措施帮助公司扭转颓势，但以下哪项措施不合适？

A. 回顾公司战略，找 CEO 详谈了解其期望与思路，联合 CFO 组织开展内外部调研分析、制定详细实施方案

B. 实施 EAP 项目，为员工开通心理咨询热线

C. 为防止小道消息纷飞，禁止员工在公司聚众谈论公司当前问题

D. 组织人才盘点，向 CEO 建议启动人员接替计划

6. 由于公司近来频繁的人事变动，人力资源部工作量激增、员工屡屡出现差错，薪酬专员 Amanda 甚至出现了薪酬核算错误，人力资源部面临前所未有的信任危机。作为 HRD，你将如何挽回人力资源部在内部客户心中的形象？

A. 与 Amanda 谈谈，说服 Amanda 在公司内网发布致歉信

B. 组织人力资源部全员重检 HR 业务流程，咨询其他部门意见，梳理操作风险点并制定对策

C. 向全体员工发送电子邮件，说明人力资源部此前从未有过此类差错，当前是特殊时期，请求大家予以谅解

D. 向 CEO 说明是人力资源部人手不够所致并申请增加人力资源部人手

7. 由于公司近来频繁的人事变动，人力资源部工作量激增、员工屡屡出现差错，薪酬专员 Amanda 甚至出现了薪酬核算错误，人力资源部面临前所未有的信任危机。你尝试与 Amanda 沟通，Amanda 提出希望公司给她涨薪，否则将立即辞职。考虑到当前人力资源部人手不足，如果人力资源部员工流失将加剧公司整体的紧张氛围，同时 Amanda 也确实是位高潜人才，你希望留下她。作为 HRD，你认为以下方案中哪个最不妥当？

A. 向 Amanda 表明公司对她的认可，请她给予自己一定时间以便向 CEO 争取薪资调整。

B. 指出公司当前虽面临困境，但员工有较多历练机会与较大成长空间，引导 Amanda 关注职业生涯发展。

C. 为了尽快稳住 Amanda，答应给 Amanda 涨薪，但涨薪幅度须基于公司资源，经 CFO、CEO 审批后确定。

D. 为了尽快稳住 Amanda，许诺给予 Amanda 公司股权变相实现涨薪。

六、HR 常见误区与教训、小贴士

误区与教训：

- 风险意味着威胁或者危险，组织应该对可能的风险避而远之

- 风险管理的主要目标是降低损失

- 风险控制主要由企业的风控部门负责，其它部门配合即可

- 风险无处不在，采取管理措施也未必收到好的风险控制效果，还不如见招拆招

小贴士：

- 风险的不确定性可能给组织带来威胁，但也可能是机会，管控风险、把握机会，企业将从中获益

- 将风险管理策略嵌入到组织文化中（例如道德、环境、健康与安全、工作场所、流程改善）更有利于风险的管控

- 管理层的承诺对于确保为风险管理活动提供适当的支持和资源至关重要

- 让内部和外部利益相关者参与风险管理过程各阶段有助于使风险识别和分析更加完整和平衡，并有助于提升责任感和确保控制计划的持续执行

- 主动识别风险是有效管理风险的基础

七、拓展阅读

- 风险管理_百度百科

  https://baike.baidu.com/item/%E9%A3%8E%E9%99%A9%E7%AE%A1%E7%90%86/3419129?fromModule=lemma_search-box

- 企业风险管理与企业全面风险管理的区别？ - 知乎

  https://www.zhihu.com/question/30729323/answer/2755004030

- 合规管理、内部控制和全面风险管理有什么区别？- 知乎

  https://www.zhihu.com/question/26532559/answer/2755003242

- 风险管理

  https://wiki.mbalib.com/wiki/%E9%A3%8E%E9%99%A9%E7%AE%

A1%E7%90%86

- 企业风险管理

  https://wiki.mbalib.com/wiki/%E4%BC%81%E4%B8%9A%E9%A3%

  8E%E9%99%A9%E7%AE%A1%E7%90%86

八、参考答案

训战结合演练:

题号	答案	题号	答案	题号	答案
1.1.1	D	2.1.1	A	3.1.1	C
1.1.2	C	2.1.2	A	3.1.2	A
1.1.3	D	2.2.1	D	3.2.1	A
1.2.1	C	2.2.2	D	3.2.2	C
1.2.2	B	2.3.1	C	3.3	C
1.3.1	A	2.3.2	D		
1.3.2	C				

案例分析题:

1.A 2.C 3.D 4.B 5.C 6.B 7.D

第二十一章 管理全球劳动力

一、主题概述

随着全球化进程的快速发展，许多中国组织正在向境外扩展业务，跨国供应链或跨国市场越来越常见。制定合适的全球战略是组织成功驾驭全球化环境的关键。人力资源管理专业人士必须理解组织全球化的背景和商业模式选择，并制定与组织战略一致的全球劳动力管理政策，从而支持组织全球化或出境经营的成功。

在组织的全球扩张中，可能需要综合考虑各种劳动用工类型，如何选择用工模式、以及如何管理不同类型、不同国籍和文化的员工，是国际化人力资源管理专业人士的主要关注。

本职能的学习必须结合两大胜任力——全球化思维，多元化、平等与包容一起学习与思考，并在实践的基础上把它们整合起来，方能深入掌握本主题的重要内容。

二、大纲要求

水平指标	
适用于所有人力资源专业人士	**适用于高级人力资源专业人士**
• 及时了解最新的政治、经济、社会、技术、法律和环境（PESTLE）因素及其对组织全体员工的影响。 • 管理和支持与全球和移动办公员工队伍相关的人力资源活动。 • 平衡当地需求和组织对人力资源项目、实践和政策进行标准化的愿望。 • 根据监管或合规要求，管理并支持组织的移民和人员流动计划。 • 管理与国际（即：外派）任务有关的日常工作。	• 识别并响应那些影响组织战略和员工队伍的全球性 PESTLE 问题。 • 制定全面的组织战略，解决与全球员工队伍有关的问题。 • 与企业领导进行商讨，以明确全球竞争力，并在整个组织中培养该能力。 • 根据监管或合规要求，制定并监督组织的移民和人员流动政策和计划。 • 识别通过跨境工作外包来提高效率并节约成本的机会。 • 设计和监督那些支持组织战略和员工队伍的国际（即：外派）任务计划。

三、关键概念

知识框架：全球化的定义、全球化战略、全球派遣管理

关键知识：推动全球化的力量，全球化的推力与拉力，珀尔马特 (Perlmutter)的 EPRG 国际商业模型，全球整合与本土响应矩阵 (GI-LR Matrix)，工作转移，远程团队管理，人力资源部门在跨

境工作转移中的角色与作用，全球派遣的方式与管理过程

易混淆概念： 全球化的推力与拉力，珀尔马特(Perlmutter)的 EPRG 国际商业模型，全球整合与本土响应，上游与下游策略、工作转移的类型（外包，离岸外包，在岸外包，近岸外包，远程团队），全球派遣的类型

关键胜任力链接： 商业敏感、关系管理、全球化思维、沟通、咨询、领导力与导航

四、管理全球劳动力训战结合演练

1.1 经过多年的海外发展，一中资高科技 H 公司在全球化进程中已经达到了相当高的整合水平。在瑞士会见该高科技公司当地的负责人（外籍）时，问其："您在中国公司里工作的感觉如何？"这位瑞士公司负责人说："H 公司不是一家中国公司。"这个回答让在场的中国人都很惊讶。该公司创始人听说这件事后，自己也笑了，回答说："我们是一家全球化公司而非中国公司"。对以上对话中关于 H 公司是全球化公司还是中国公司的理解，您认为以下哪一项描述不恰当？

A. H 公司创始人的陈述不恰当，该公司不符合"全球化公司"的定义

B. H 公司瑞士负责人认为 H 公司不是中国公司的表述是对的

C. H 公司是一家总部在中国的公司，但从其全球化的阶段来看已经实现了全球布局，并且从内部流程的统一、外在形

象的标识来看，已经算是全球化公司

D. H 公司经过二三十年的发展，经历了国际化、跨国公司阶段，已进入到了全球化公司阶段，从这个意义上说，H 公司创始人和瑞士负责人的说法都是对的

1.2.1 以下哪一项不属于企业国际化的战略方法？

A. 加入联盟或合伙关系

B. 收购海外机构或实体

C. 把任务外包给对应海外市场的供应商

D. 把产品卖向世界各国市场

1.2.2 联想集团杨元庆在 2018 年的一次采访中声称 "我们是一家全球化公司，而不是中国公司" 引起了网民强烈不满，对此杨元庆不得不出来澄清。关于联想的描述，您认为以下哪一项描述最恰当？

A. 联想集团是一家全球化公司，因其总部叫全球总部

B. 联想集团是一家全球化公司，因其主要的运营中心、研发中心、生产基地及组装设施基地遍布在世界各地

C. 联想集团是一家全球化公司，因其在世界各地运营的战略来自总部，并视全球为统一市场，为全球各地提供相似度很高的产品

D. 杨先生是应该出来澄清，联想就是一家中国公司，因其注册地在香港，总部在北京，创办人是中国的研究所

1.3.1 杨先生最近新入职一家中国高端服饰公司任人力资源总监。该公司最近几年公司发展态势良好，业务已遍及全球的许多国家和地区。最近一段时间，该公司海外办事处或子公司屡有不道德的行为发生，严重影响了公司在当地的声誉，如果不能得到有效管控，将会影响该公司的全球扩张战略。作为公司的人力资源总监，杨先生意识到公司应该尽快制定全球行为准则，让全球各地的员工有共同遵循的价值观和行为导向，并守住合规和道德的底线，避免公司的全球扩张战略因此类问题折戟。关于全球行为准则的制定，您认为杨先生首先应该从以下哪一项开始？

A. 梳理各国共同认可的价值观，并调查各国相关的政策与法规

B. 将中国总部已有的行为准则翻译成英文版

C. 提炼国内员工手册中的红线及底线

D. 就已掌握的人力资源相关政策及信息与域外律师进行沟通

1.3.2 一位中国出海企业的 HR 总监 Michelle，在外派了两位 HR 经理失败之后，决定自己亲自到这个国家工作一段时间。虽然总部的工作十分忙，作为老板的左臂右膀实在很难离开，但她深知如果不拿下这个战略出海国，恐怕日后很难支撑老板的雄心。在这个国家，Michelle 努力克服来自母国的偏见，融入当地团队，倾听员工真实的声音。在这个过程中，她所获得的信息与前两位 HR 经理所反馈的有很大不同。Michelle 借此机

会与当地团队建立了信任，并逐步重用一些表现良好的当地管理者。随着本土化团队的打造，公司的业绩取得了重大的进展。以下哪一项对 Michelle 的成功帮助最大？

A. Michelle 成功把母国文化移植到了出海国家

B. Michelle 躬身入局，深受员工尊重

C. Michelle 克服了民族主义中心的心态，尊重、包容并倾听当地员工，获得了信任

D. Michelle 充满好奇心与想象力，具有全球视野

2.1.1 在一家中资国际化公司的海外机构里，中方管理者基本上担任了所有要职。来自中国总部的 HR 副总裁 Jasmine 不会讲英语。她在英语国家视察的时候采访了当地的中方管理者后，总结了一份给总部的汇报材料。针对 Jasmine 的做法，以下哪一项描述是最恰当的？

A. 这种考察与汇报效率高，中方领导帮助总部看国外，能反映情况，有利于帮助总部高效决策

B. 这种考察与汇报，已经深入到了基层，能反映真实情况，应该如实汇报

C. 这样的考察可能经过了中方管理者的过滤，有些地方需要多方印证、验证与佐证后再确认

D. 要相信自己的眼光、信任中方主管，这样更有利于总部与当地的交流

2.1.2 某大型跨国集团中的 HR 专员分散在全球各地分支机构，统

一受中国总部的人力资源职能部门管理。各地的 HR 专员拥有不同的技能、经验和工作角色，以使他们符合本地工作要求。许多在经济不发达地区的 HR 专员感觉自己很难融入到全球 HR 团队大家庭中，他们所在区域的文化和人事业务问题与总部和经济发达地区的差异特别明显。集团人力资源副总裁希望全球所有 HR 之间有更好的团队凝聚力，但差旅预算有限。在此情况下，以下哪项措施最有利于人力资源副总裁缓解各地 HR 专员的孤立感，并增强团队凝聚力？

A. 创建一个团队指南，建立多元、公平和包容的沟通规范

B. 安排 HR 专员在定期安排的会议中轮流展示其所在区域的文化和实践

C. 请 IT 部门开发虚拟 HR 留言板，供团队成员提出问题和讨论问题

D. 让来自不同区域类型的团队成员成立虚拟工作小组，共同完成一些项目性工作

2.2.1 Ann 是一家跨国企业的海外业务线 HR 负责人，因业务发展需要，该公司有较大比例的人员被派驻海外。外派的人员都是公司精挑细选并经过专项培训的，并在当地发挥着重要作用。然而，让 Ann 日渐困扰的是公司很难将外派人员的所见所感及累积的出海经验沉淀下来。派出去的员工一旦在当地成功办理到工作签证便很快就跳槽了，还有不少员工在外派回国后很快便离职了。Ann 想改变这个现状，请问以下选项中哪一项最有利于 Ann 做好外派人员的知识管理？

A. 无需考虑太多，只要外派人员能回到国内，知识管理不
是事

B. 需要考虑员工忠诚管理、员工福利、国际派遣类型等因
素

C. 派遣与返国政策不仅仅是把员工派出去及定时召回来那
么简单，要充分照顾到员工情绪，情绪搞定了，员工才
能心甘情愿的留存或主动分享知识

D. 对派遣员工进行全周期管理，从派遣前的准备，派遣中
的跟进到回国后的工作都要有计划的安排，让被派遣员
工的知识和经验得到尊重和发挥

2.2.2 外派员工的派遣工作或任务完成后，需要考虑后续的安排。关
于后续安排，以下哪一项描述不太恰当？

A. 根据公司需求，让外派员工继续外派，充分发挥作用

B. 让外派员工担当海外管理的一些关键角色，继续发挥其
参谋作用

C. 让外派员工充当协调员，发挥窗口作用

D. 应考虑其公司需求和其本人意愿，外派员工的海外技能
和经验应能有效应用在新岗位上

2.3.1 Thomas 是一家中国公司的副总经理，工作上一直殚精竭虑，
对公司有突出贡献。由于市场的变化，公司意欲扩展东南亚业
务，并计划先从泰国进行试点。如果试点成功，再逐步铺开其
它东南亚国家。Thomas 很想去海外一展身手，以为自己是此

次外派的不二人选。然而公司最后决定派遣一名在公司工作仅3 年的年轻员工去泰国开拓市场。对于该公司的决策，下列选项中您认为描述最恰当的是？

A. 公司担心 Thomas 会留在海外不回来，所以选了年轻干将常驻

B. 公司有意培养 Thomas 的接班人

C. Thomas 是公司的核心管理人员，长期外派有较多潜在风险和机会成本，对公司整体管理不利

D. 出海初期，不确定性较高，外派年轻干将去探索新市场成本低、风险小

2.3.2 在国际化公司，集团总部一般不会长期外派第二把手甚至第三把手，以下哪个理由最符合实际情况？

A. 投入产出比不高，不值得派集团总裁的得力助手与干将出去

B. 国际化阶段出海国的管理要求与母国的管理要求可能并不太相同，他们不适合外派

C. 国际化的初始阶段，成功率不高，不要浪费资源

D. 在国际化阶段，海外业务占比不大，探索阶段一般不会做出孤注一掷的决定，因此比较谨慎与保守

3.1 Anna 是一家中型美资企业中国区的人力资源总监，她经历了该公司从国际化到全球化的过程。当她观察到中国的民族企业发展迅猛，海外市场发展也不错时，从自身的职业发展规划考虑，

她锁定了一家头部民族企业作为下一步的职业目标。然而，经过评估后，她认为凭自己现有的经验要胜任该企业总部的 HR 负责人岗位仍有欠缺，于是综合考虑后，Anna 选择了加入这家公司的海外公司做人力资源总监，管理海外的一个区域。这位 HR 总监的职业发展，最可取之处可能在于？

A. 发挥民族主义中心优势，承上启下，帮助企业成功

B. 能屈能伸，先到海外锻炼，积累海外经验并提升全球化思维，为未来进一步发展奠定基础

C. 提升全球化思维，需要国内外的从业经验，这是必选之路

D. 借鉴外企成功之处，发挥自己作为母国外派管理者的优势，成就公司的同时也成就自己

3.2 2016 年任正非在《华为家事》中谈到华为未来是否会成为领导世界的中国公司时，任正非表示："你说未来有一个中国公司领导世界，我相信那一定不会是华为，因为华为是全球化公司，不是一个中国公司。" 这跟任正非在创业早期提到在通讯设备领域华为必三分天下是一脉相承的。由此，我们看到了华为的企业全球化战略的意图。对此，HR 的哪项认知最能支持 HR 的价值体现？

A. 老板的战略意图对于公司的全球化发展十分关键

B. HR 要理解老板的战略意图，并帮助其实现

C. 要辨别老板吹牛和愿景管理之间的差别，并付诸实践

D. HR 要努力积累全球化管理知识，并跟上公司的脚步

3.3 一位人力资源总监在北京的一家美资公司工作，向刚刚从美国总部派驻到中国的一位美籍总经理汇报。总经理要求人力资源总监马上推出一个 360 度评估计划，以尽快了解工作在各地分公司的中方管理层的表现。总经理表示这种评估方法在美国总部非常有效，要求在中国全盘复制并立即推广。请问人力资源总监首先应该如何做？

A. 大力支持该动议，认为非常值得尝试

B. 马上起草实施方案，但在将方案转发给各中国区分公司实施前要求发到总部审查

C. 与总经理深入沟通，探讨文化差异可能会使 360 度评估难以实施或达到预计效果

D. 向各地分公司被评议的管理层发送邮件，解释 360 度评估的理论依据

五、SHRM-SCP/CP 案例分析

【案例一】：

Maggie 是一家中资跨国公司的人力资源总监。最近她收到了一个，来自新入职不久的人力资源专员（HRG）Jenny 的投诉。Jenny 认为人力资源共享服务中心（HR-SSC）负责为海外用工及劳动关系的 Heman，他在提供解决方案时，因对业务不熟练，影响了澳洲新员工招聘的进度。为此，Maggie 对具体情况进行了调查。

据悉，人力资源专员 Jenny 前些天告知 Heman 有一位候选人

已接受录用信。在新员工入职时间 10 天后，她表示澳洲之前已雇佣过销售人员，直接采用原来的用工方案即可。Heman 请 Jenny 提供该新入职新员工的职位说明书，并向 Jenny 确认是否与之前入职的人员职位相同。Jenny 在邮件非常肯定的做了回复，但未提供职位说明书。在复核手续的时候，Heman 意识到该职位与之前的截然不同，共享服务中心需要额外的时间制作劳动合同及其他用工文件。为此 Jenny 很生气，认为 Heman 业务不熟练，于是就有了投诉事件。Heman 得知投诉事件后很无奈，认为这位新来的人力资源专员不懂海外用工政策，在澳洲每个职位都对应着不同的法条，用工文件也不同。

情景测试题:

1. 以下哪项措施最有助于 Maggie 处理共享服务中心与人力资源专员（HRG）团队的问题，使海外用工的流程更为顺畅，以便更好的支持海外业务发展？

   A. 体系化、标准化海外用工流程及处理规范，便于人力资源专员(HRG)随时查询

   B. 优化人力资源专员(HRG)与人力资源共享服务中心（HR-SSC）的沟通合作机制，比如录用前后的沟通时点和信息要点

   C. 组织沟通会，让两位成员充分陈述，确保沟通顺畅，信息传达正确；视必要性引入法务团队对专业条款进行解说

   D. 请第三方专业人士就海外用工问题对两个团队进行培训

2. 关于海外用工，以下哪一项描述不太恰当？

   A. 海外用工，合规是前提，需要审慎对待各国的法律法规差异

   B. 对于核心关键岗位，派遣本国人员出去是首选

   C. 如果企业在国际化的初期，没有专人做海外用工管理，可以寻求可靠的第三方人力资源公司协助

   D. 海外用工模式的选择需要考虑企业目前所处的阶段、经济能力、本国人员的准备度等多方面的因素

【案例二】：

Victor 是 A 外资制造集团的亚太区人力资源总监。该企业在 2008 年开始布局越南市场，从销售办事处开始起步，到 2019 年 A 公司在越南的全新现代化工厂正式投产，A 公司高层对越南业务的蓬勃发展充满期待。然而，新工厂在投产不久后即受到疫情、市场疲软、人员不稳定等多方面的挑战。越南公司总经理是创始销售团队成员，对于工厂管理经验较少，当地的管理团队也非常年轻，团队在应对多变的市场和环境挑战时经验略显不足。为了加强管理和促进越南业务的快速发展，A 集团晋升了经验丰富的孟加拉国总经理为区域总经理，兼管孟加拉和越南两国，越南总经理直接向其汇报。

最近在出差越南公司时，Victor 发现当地的管理团队士气非常低落，谈话中，当地员工纷纷向 Victor 诉苦，抱怨新晋升的区域总经理不尊重当地员工，总是一副高高在上的姿态。区域总经理很多

367

时候也不愿意耐心了解越南当地的情况，经常根据孟加拉国的经验做出并不合适越南当地的指示，这让经理们感觉到无所适从。

越南总经理与区域总经理之间因为达不成统一意见而导致的冲突也时有发生，主要原因是越南总经理认为孟加拉的那一套管理模式放在越南并不适用。越南总经理认为与区域总经理无法合作，已经有计划提出辞职，而一旦越南总经理离职，可以预见到当地的人力资源经理、财务经理、生产经理等核心骨干也大概率会陆续离开公司。Victor 意识到这个问题非常严重。

情景测试题：

1. 根据在越南公司了解到的情况，亚太区人力资源总监 Victor 首先应该如何做？

   A. 将情况向亚太区总经理（区域总经理的上司）反馈，听取他的看法和建议

   B. 向集团总部首席人力资源官（Victor 的上司）报告发现的问题，并建议可能的解决方案

   C. 分别与区域总经理和越南总经理谈话，理解双方的立场、观点和想法，在此基础上采取后续行动

   D. 将区域总经理和越南总经理召集在一起进行沟通，让双方有机会可以阐述自己的观点和想法，Victor 视情况调和双方的矛盾

2. 面对越南总经理离职可能对团队产生的冲击，比如其他核心经理的离开，团队需要重新组建等。从降低公司风险的角度，

Victor 作为亚太区人力资源总监，最应该采取以下哪项措施？

A. 建议亚太区总部高层免除区域总经理的越南管理职责，因为他不了解当地文化，也造成了很多矛盾

B. 向亚太区总部高层说明越南总经理离职可能造成的影响和对公司的风险，建议公司高层想办法挽留住越南总经理

C. 与亚太区总部高层进行讨论，根据可能发生的情形做好预案和采取响应的行动，比如准备好关键职位的备用人选等

D. 与可能因为越南总经理离职而离开的经理进行一对一的沟通，对他们的能力和贡献表示认可，并表达公司对他们的重视

六、HR 常见误区与教训、小贴士

误区与教训：

- 对全球化缺乏真正的认知，以为统一语言、分布在世界各地就是全球化。

- 用本国文化视角管理全球劳动力，造成文化冲突或效率低下。

- 人力资源管理者未能与组织海外机构关键利益相关者建立实质性联系。

- 对文化差异的缺乏认识，未能融入到政策、流程与决策中

- 缺乏对总部、区域与国家的换位思考，失去发展与发挥的机会

小贴士：

- 人力资源管理者应具有全球视野，并理解哪些全球性事件、力

量和趋势会对组织和组织的人力资源管理产生重要影响。

- 理解文化差异理解并运用在全球劳动力管理中。

- 人力资源管理者要深刻理解组织的全球或海外经营战略意图，并采取与之匹配的人力资源策略和行动支持组织的成功。

- 人力资源管理者要识别组织海外机构关键利益相关者或意见领袖，并与他们建立信任关系。

- 企业布局海外经营，须提前做好人才储备，得力且值得信任的海外 HR 经理和财务经理必不可少。

七、拓展阅读

- What is Ethnocentrism and How Does it Impact Psychological Research?

  https://www.simplypsychology.org/ethnocentrism.html

- Reducing Ethnocentrism through Social Learning

  https://sites.psu.edu/global/2017/05/03/reducing-ethnocentrism-through-social-learning/

- 以华为为便谈 99%HR 不懂的常识-SHRM 全球管理

  https://zhuanlan.zhihu.com/p/511958639?utm_campaign=shareopn&utm_medium=social&utm_oi=881447861450067968&utm_psn=1574381109097459712&utm_source=wechat_session

- 企业全球化是必选项，中国企业将面临哪些挑战？

  https://cn.ceibs.edu/new-papers-columns/20964

八、参考答案

训战结合演练:

题号	答案	题号	答案	题号	答案
1.1	A	2.1.1	C	3.1	B
1.2.1	D	2.1.2	D	3.2	B
1.2.2	B	2.2.1	D	3.3	C
1.3.1	A	2.2.2	C		
1.3.2	C	2.3.1	C		
		2.3.2	D		

案例分析题:

案例一: 1.B 2.B

案例二: 1.C 2.C

第二十二章　企业社会责任

一、主题概述

企业社会责任（CSR）是企业承诺遵守道德规范，为经济发展做出贡献，提升员工及其家庭、当地社区和社会的生活品质，是超越了传统企业对慈善事业和法律合规关注的一种更积极主动的方法。它将组织的价值观和目标付诸行动，从而使企业社会责任融入到组织结构、流程和文化中，成为组织不可或缺的一部分。

这个领域在国内早已兴起，但早期它主要跟慈善和企业雇主品牌紧密联系。企业社会责任发展到今天，其内涵和外延都丰富了许多。本章主要介绍企业社会责任的演变、战略、框架与原则、可持续发展，以及慈善与志愿者的实践与方法等。

二、大纲要求

水平指标	
适用于所有人力资源专业人士	**适用于高级人力资源专业人士**
• 在与社会互动时，充当具有专业素养的行为榜样和组织代表。	• 制定反映组织的使命和价值观的企业社会责任战略。
• 为人力资源部门和组织识别并促成机会，使其能参与那些符合组织的企业社会责任战略的企业社会责任活动。	• 与企业领导进行协调，将企业社会责任的相关目标纳入整个组织。
• 识别机会，以便采纳那些对环境和社会负责的商业实践，并将这些机会告知领导。	• 与企业领导进行协调，以发展和落实适当水平的企业自治及透明度。
• 帮助各级员工了解业务决策的社会影响，以及组织的企业社会责任战略在改善社会方面的作用。	• 与企业领导共同制定策略，以鼓励和支持对环境和社会负责的业务决策。
• 适时保持人力资源项目、实践和政策的透明度。	• 使企业社会责任活动与组织的企业社会责任战略保持一致，引导员工乃至整个社区参与其中。
• 对管理者进行教练，使其在组织的实践和决策中实现适当水平的透明度。	• 使用指标来衡量并报告组织的企业社会责任计划如何增强员工价值主张，以及如何对人力资源项目产生有益的影响或有助于提升组织的竞争优势。

三、关键概念

知识框架：企业社会责任的演变、企业社会责任与道德及合规、可

持续发展、建立企业社会责任战略

关键知识：社区融入的方式、共享价值、道德决策树、企业社会责任成熟度曲线、企业社会责任对商业实践的影响、HR 在企业社会责任中的角色与价值、供应链道德、三重底线原则（Triple Bottom Line）、可持续发展的利益相关者、社会责任审计、企业社会责任战略与流程、企业社会责任和可持续发展报告、慈善与义工活动

易混淆概念：道德与合规、可持续发展最佳区域（Sustainability Sweet Spot）与三重底线原则（Triple Bottom Line）

关键胜任力链接：战略管理、商业敏感、全球化思维、分析取向、沟通、关系管理、道德实践

四、企业社会责任训战结合演练

1.1 一位化妆品企业创始人找到 HR 总监 Lily 谈及企业社会责任，他期望企业能够影响社区与社会，在为社会做贡献的同时，也能提升企业自身的声誉。

对此，如果 Lily 提出以下建议，哪一项可能不太恰当？

A. 需要从企业战略出发，而不是仅仅考虑道德、慈善活动、义工等战术活动层面

B. 要考虑跟公司的经营目标匹配，提升企业品牌和雇主品牌

C. 要考虑投资回报率，开展活动时瞄准市场热点

D. 把股东、社区、员工、客户与供应商等利益相关者一起考虑进去

1.2 关于"绿色财富 ESG",以下哪一项描述不太恰当?

A. ESG 是指环境、社会与治理

B. ESG 最早被提出的时候,被制造业关注,未来也是集中在制造业

C. ESG 涉及多方利益相关者如股东、投资者、社区、供应商、员工等

D. ESG 的战略规划,不仅可以为企业带来附加价值,而且还可以为利益相关者降低风险

1.3 资深 HR 总监 Helen 移民北美之后,积极投入到当地她感兴趣的各种活动并成为义工。后来,在一个偶尔的机会中,她与一家非营利组织董事成员交谈中针对这家机构明显的管理问题提供了一些管理建议。这位董事成员很赞赏她,并邀请她担任该组织顾问。就这样,Helen 实现了从义工到顾问、从兼职到全职的转变,成为了该组织的管理者之一。关于该 HR 总监成功的原因,以下哪一项陈述不恰当?

A. 义工活动可以扩大个人的交际网络,帮助个人融入社区

B. 义工活动可以由企业发起,实施由企业与员工自发结合,既打造公司雇主品牌也满足员工服务社会的需求

C. 义工活动是有组织的活动,是一种反哺社会的活动

D. 义工活动是一种功利性的活动,根本目的是互利互惠,各取所需

2.1 一位资深人力资源总监为一个在华美资企业工作了五年,公司业

绩因疫情大幅下滑，总部决定在该人力资源总监负责的区域裁员 30%，并依法支付遣散费，裁员对象包括一个分支机构的总经理 Patrick。Patrick 已在该公司服务了两年，绩效一直很差，处于懒散混日子状态。该人力资源总监按照计划进行离职沟通时，才知晓 Patrick 刚被诊断出有严重的甲状腺疾病，需要住院治疗。然而，一旦合同解除，Patrick 的医疗保险将被终止，对此，Patrick 个人将无力承担这笔费用。该人力资源总监将 Patrick 的情况如实汇报给总部。该 HRD 给总部的哪项建议是合理的？

A. 按当地法规给予 Patrick 相应的医疗期，医疗期满，再依法解除劳动合同

B. 体现出企业的社会责任，将 Patrick 从裁员名单中撤出，直到他的甲状腺康复再做考虑

C. 建议将 Patrick 从裁员名单里撤出,但是给 Patrick 调岗降级,调到普通行政岗位,变相逼他辞职

D. 执行总部指示,无视 Patrick 的诉求,裁员正常进行,因为甲状腺并非职业病

2.2 在全球报告倡议组织（GRI）的衡量指标中，约有 20%直接涉及人力资源。GRI 与人力资源相关的衡量指标包括劳动关系、人权/童工、多元化、健康和安全、员工满意度等。由此可以看出，人力资源在企业社会责任中发挥着重要作用，对此，以下哪一项描述中不太恰当？

A. 组织的社会责任成熟度越低，文化变革难度就越高，在此

过程中，HR 可以在提高利益相关者参与度和提高响应客户的能力方面提供支持

B. 员工行为对企业社会责任战略的成功实施越重要，人力资源部门在企业社会责任战略规划中就越重要

C. HR 可以支持企业的永续发展，因为公司倒闭导致很多人失业，是不道德的

D. HR 可以为公司企业社会责任相关的架构和流程调整提供支持

2.3 一位中方高管与政府官员沟通时表示：公司高薪招聘了大量本地员工，解决了就业问题，为社区做出了不少贡献。该政府官员却表示他们并不了解社区的实际需求，未深入社区，为学校、老人院和其他非政府营利机构合作，解决当地的一些问题。对此，您会建议这位中方高管首先采取哪一项措施？

A. 了解社区对企业的企业社会责任的期望，并调整原有的策略与活动策划

B. 通过志愿者活动，与社区互动

C. 通过 NGO 进行捐助和慈善活动，提升公司的雇主品牌

D. 与政府组织联合打造企业声誉，进行公关活动

3.1 请问以下哪一项对企业社会责任的理解有误？

A. 人力资源部门参与实施企业社会责任战略有助于把组织战略转变为行动，而不是"花瓶"或摆设

B. 可持续发展的三重底线原则(Triple Bottom Line)认为组织一

个产生的环境和社会成本和效益也应该纳入企业可持续发展的范围。通过衡量这种"隐藏"成本，可以更准确、更完整地计算出一个组织的总价值（全成本会计 full cost accounting"和"真实成本会计 true cost accounting"）

C. 波特等提出"共享价值"概念，以解决被视为相互冲突的价值观，即公司财务目标与社会和环境问题

D. 社会审计是对组织的社会和环境政策和程序的正式审查，是组织向投资者、监管机构或潜在员工展示自己的方式

3.2 一家全球集团在南非有自己的矿业公司，当集团总裁在考察当地的一个工地时，突然发现有人从高空坠落。于是总裁要求该工地立刻停工整顿，并在检查通过之后才可以复工。该事件的发生说明该公司最应该在哪个方面加强管理？

A. 风险控制与社会责任

B. 环境与人权

C. 人员与制度流程

D. 道德行为

3.3 一家电视台的新闻综合频道报导了一家食品原料供应商向全球知名快餐连锁店提供过期原料的事件。对这个事件的有关描述，以下选项不太恰当：

A. 供应商社会责任包括劳工权益、健康和安全、环境保护、商业道德等方面的内容，也包括管理体系

B. 企业将企业社会责任纳入供应商考评体系，并落实在采购

业务全流程中，对其社会责任履行进行全生命周期管理，包括物料认证、供应商的认证、选择、日常管理、绩效评估、退出等

C. 企业要求供应商必须遵守所在国家和地区的所有适用的法律法规，并以此作为合作的前提条件

D. 企业鼓励供应商采用国际认可的行业标准和行业最佳实践，持续提升企业社会责任管理水平

五、SHRM-SCP/CP 案例分析

【案例一】：

某集团为了践行企业社会责任，专门成立了企业社会责任部门负责制定和实施企业社会责任战略，并在各个业务线和地区分公司设置了企业社会责任联络员，基于集团组织架构搭建内外协同的合作体系。同时，集团成立了员工志愿者协会，组织开展企业志愿服务活动，协会覆盖了环保、弱势群体关爱、技术公益等领域。协会每年纳新，给予员工更多参与志愿服务的机会。

志愿者协会有一个"变废为宝"的典型代表项目。志愿者们发现公司大多数的报废电脑实际只使用了 3 年多的时间，在工作中已经"落伍"，但如果将已经淘汰的闲置电脑捐献给贫困地区的学校，不但可以提升贫困地区学校的硬件设施，更可以帮助孩子们看到大山以外的世界。于是志愿者们通过再生公司仓库中的闲置电脑，为贫困地区的学校搭建电脑教室。目前，协会已组织搭建了超过 10

个绿色教室，帮助了超过 2000 位山里的孩子透过互联网看到外面更丰富的世界。

情景测试题：

1. 以上案例体现了实现共享价值的哪种方式？

    A. 重新构想产品和市场

    B. 重新定义价值链中的生产力

    C. 启用本地集群开发

    D. 重新调整组织结构

2. "三重底线原则"被视为企业社会责任战略的组织绩效衡量标准。在这个案例中，员工志愿者协会影响的领域是？

    A. 经济

    B. 环境

    C. 社会

    D. 伦理

3. 企业推行企业社会责任战略，将会从多方面对 HR 的工作形成影响。案例中的影响主要体现在哪个方面？

    A. 员工需要更多的机会参与他们感兴趣的社会责任行动

    B. 绿色的工作方式

    C. 将组织的可持续发展理念融入员工价值主张

    D. 培训和领导力发展

4. 负责营运的集团副总裁找到人力资源总监，表示由于增加了企业社会责任部门和企业社会责任联络员，不仅人工成本增加了不少，大量的社会责任活动也花费了公司不少费用，但实际上并没有看到对企业的经营效益产生什么积极影响，于是要求人力资源总监做出企业社会责任部门的人员精简和优化方案。对此，人力资源总监首先应该如何处理？

A. 向集团副总裁说明企业社会责任的价值需要综合考虑经济效益、社会效益和环境效益，同时还应该看到企业社会责任对企业形象和雇主品牌的提升所产生的无形价值，建议集团副总裁保留现有架构和人员配置

B. 将此事汇报给集团总裁，请总裁指示应该如何做

C. 认为公司实行社会责任战略是正确的，对于集团副总裁的要求不予理会

D. 对企业社会责任部门目前的人员配置情况进行全面的了解，评估其合理性。根据评估结果再决定下一步的行动

【案例二】：

某公司将企业社会责任战略与业务发展深度结合，开展面向社会公众的人工智能科学知识普及。在此过程中，公司引入国际赛事，先后举办了"大学生 AI 技能大赛"、"高校 AI 技术分享"等交流活动，其中包括以下活动：

公司在内部征集具有实战经验的资深员工担任大赛导师；

公司与高校开展合作，将企业 AI 技术应用案例与教学相结合，

编写了系列人工智能书籍;

公司还与高校进行联动, 深度开展师资培训等, 帮助高校教师提升人工智能教学能力。

一年后, 在敬业度调研数据中发现, 该公司员工对在公司工作的自豪感指数得到提升, 在校园招聘中也明显感受到企业知名度和认可程度在学生、老师和学校各个层面都有提升。同时, 公司也在项目过程中收集了更多来自一线的数据与现实案例, 为进一步制定战略提供了良好素材。

情景测试题:

1. 企业社会责任战略会受到多方面因素的影响。对此, 请问以下哪一项描述最符合该互联网公司企业社会责任战略所受到的影响?

   A. 数据挖掘和收集方面的进步增强了对企业社会责任问题的衡量和理解

   B. 可持续性现在是企业品牌的核心

   C. 在薪酬福利待遇受限的情况下, 企业社会责任成为吸引顶尖人才的重要方式

   D. 改变公众对某些社会问题的态度将改变组织的 CSR 重点和优先事项

2. 该企业的企业社会责任成熟度曲线处于哪个位置?

   A. 初创

   B. 合规

C. 整合

D. 转型

3. 为了支持企业的企业社会责任战略向纵深推进，请问该公司的人力资源负责人需要采取的措施中以下哪一项不太恰当？

A. 对招聘工作的关注点进行调整，将组织的可持续发展理念纳入员工价值主张

B. 为员工提供更多机会，让他们可以根据自己的兴趣参与社会责任相关活动，以促进组织使命和价值观所倡导的社会和环境责任

C. 将可持续发展的理念融入培训和领导力发展课程

D. 将企业社会责任纳入员工的绩效考评体系，未完成给定社会责任任务的不能晋升或加薪

【案例三】：

集团公司 B 曾经是美妆行业的领头羊，但四年前，公司被竞争对手超越，市场份额不断缩小，中国区表现尤为明显。公司基于内外部环境分析和市场调研制定了新的战略规划，其中最重要的 3 项目标包括：一、加入研发投入力度，两年后将现有产品 70%的原材料换成可回收再利用的绿色环保材料，在减少环境污染同时优化工艺流程，降低原材料的使用量和报废率；二、提升业务敏捷度，将项目周期从原来的 60 天缩短到 40 天，提升客户需求的响应速度。三、在 A 类

客户社会责任履行评比中拿到最高奖项，打造 B 集团中国区良好的品牌和雇主形象。

苏珊是 B 集团中国区的人力资源总监，在搜集了企业社会责任的行业和国际最佳实践等相关资料后，她与公司高管团队就以上战略规划进行了深入讨论，共同制定了企业社会责任战略，并采取措施有力地支持了企业短中期的战略发展目标和规划的落地。

情景测试题：

1. 请问该公司加大原材料回收和再利用属于可持续发展三重底线原则中的哪项原则？

   A. 人

   B. 地球

   C. 利润

   D. 社会

2. 根据该公司上述目标和行动，请分析你认为其走在了社会责任成熟度曲线的哪个阶段？

   A. 合规

   B. 整合

   C. 转型

   D. 成熟

3. 该案例中提到 HR 有力地支持了企业战略发展目标的落地，你认为 HR 之所以能在这方面做出成绩，可能是首先做好了哪项最基本的步骤?

A. 在前期对 B 集团的企业社会责任现状做了详细评估和审查。

B. 制定了较为周全的计划，且实施和执行到位。

C. 获得了公司高层的认同和支持，通过相关信息证明了社会责任具有的商业价值及在实现企业战略目标的重要性。

D. 搭建了完善的企业社会责任组织架构，让大家各司其职。

4. 研发部门负责人找到人力资源总监苏珊抱怨，表示公司对于研发方面设置的目标过于激进，研发部门基本做不到。对此，人力资源总监苏珊该如何处理?

A. 同研发负责人一起对基于该项目标达成对研发团队的能力要求进行分析，再对研发团队进行人才盘点，把现状同要求进行比较，基于分析找出差距制定相关支持计划。

B. HR 团队相关成员一起对基于该项目标达成对研发团队的能力要求进行分析，再对研发团队进行人才盘点，把现状同要求进行比较，基于分析找出差距，并把相关计划发给研发负责人，希望其执行。

C. 将研发负责人的抱怨和难处告知总经理，由总经理说服研发负责人接受相关目标。

D. 跟研发负责人进行一对一沟通，宣导该战略规划对公司的重要性，希望从大局着眼，支持公司的决定。

【案例四】:

　　A 公司是全球领先的装瓶商,也某大型跨国饮料生产商的主要装瓶供应商。该装瓶商在全球 10 个国家设立了生产基地。响应其客户在可持续发展方面的号召,该公司从 2012 年年起一直致力于在碳排放方面的改善,计划在 2025 年完成碳排放量减少 30%的目标。同时,为持续做好企业社会责任,A 公司对其全球所有生产基地在工作场所安全、童工及可持续发展等方面均提出了具体要求和执行标准。A 公司在企业社会责任领域的努力得到了客户的认可:在客户对供应商的企业社会责任履行情况进行评比时,A 公司获得了第一名的殊荣。

情景测试题:

1. 　A 公司在某国生产基地的人力资源经理在一次人力资源月度会议上提出雇用童工在该国是合法的,公司企业社会责任部门禁止雇用童工的规定和要求不适用于该国,否则会引发群体事件。作为集团的人力资源总监,应该如何处理这个问题?

　　A. 解释公司在履行社会责任方面的要求,这是公司的规定,各分公司各基地必须严格执行

　　B. 协同相关部门调查清楚情况,听取意见建议,在符合所属地文化法律和商业惯例的情况下,找到正确的方式方法保护儿童在工作时不受伤害

　　C. 请企业社会责任部门负责人尽快给予解释,并给出指导意见

D. 告知该基地 HR 按照当地情况自行处理

2. A 公司中国工厂的总经理在该工厂的人力资源经理一对一沟通时提及各部门反映员工的环保意识比较薄弱，要达成可持续发展的目标难度不小。作为人力资源经理，应该如何帮助公司解决该问题？

A. 对具体情况进行调查了解，基于原因分析制定计划方案，与关键利益相关者沟通达成一致后执行

B. 人力资源部制定培训计划，组织员工学习公司可持续发展相关的政策

C. 跟各部门负责人沟通，要求其对员工对环保的理解和支持度做调查，并要求各部门制定和执行改善计划和方案

D. 要求下属组织部分员工做焦点小组讨论，找出改善点，据此制定改善方案后执行

3. 作为 A 公司的客户，某大型跨国饮料生产商制定了供应商道德行为的指导方针，以下哪项对确保供应商在道德行为的执行并无帮助？

A. 专门为供应商制定行为准则，并在合作协议中规定合规是业务往来的条件

B. 考察其工作场地，评估风险，制定在未来将这些风险降至最低的策略

C. 建立持续报告和审核程序

D. 坚持行为准则是普遍适用的，要求供应商任何情况下都必

须依照本公司政策执行

六、HR 常见误区与教训、小贴士

误区与教训:

- 企业社会责任并非 HR 的职责,HR 能够贡献的价值有限。
- 企业社会责任活动需要花费大量成本,主要是社会价值较大,但对企业的价值创造作用并不大。
- 企业社会责任需要企业具备一定规模才能履行,小企业做好经营就可以了。
- 企业履行企业社会责任,或者开展相关活动前,需要评估经济效益和投资回报率,如果不能产生直接经济效益的就不值得做。

小贴士:

- 企业社会责任应与组织战略结合才能真正做到可持续发展。
- 企业社会责任战略需要企业高层的领导和承诺。
- 企业社会责任战略需要考虑利益相关方(包括股东、员工、客户、供应商、社区等)的需求,让他们参与到企业社会责任战略的制定和执行中来可以促进企业社会责任目标的达成和执行力度。
- 帮助组织成员充分理解企业社会责任在实现企业战略目标中的重要作用是保障其执行和落地的基础。

七、拓展阅读

- ESG 专题（第 2 期）｜企业社会责任（CSR）的起源与现状，
  不履行社会责任的企业或许正在被淘汰

  https://mp.weixin.qq.com/s/wNiGWsmNEOyqHf3-7nUs7Q

- "离开前让麦肯锡变得更好"｜内部创业之从咨询顾问到首任
  社会责任经理

  https://mp.weixin.qq.com/s/8-vfPifz_n2ay38r09wRVw

- 【CSR 观察】中国企业社会责任：十年观察的十大启示

  https://mp.weixin.qq.com/s/U-SJzP0ivMhe2VNZVYKpUg

- 许小年：德鲁克论企业的社会责任

  https://mp.weixin.qq.com/s/pb5WI7YAYNsXENxG8KmmQg

- 阎爱民教授：麦肯锡 7S 概念模型推动社会组织管理

  https://mp.weixin.qq.com/s/VQYkSGnGTA2ujUcRyTNQ1A

八、参考答案

训战结合演练：

题号	答案	题号	答案	题号	答案
1.1	C	2.1	A	3.1	D
1.2	B	2.2	C	3.2	A
1.3	D	2.3	A	3.3	C

案例分析题:

案例一: 1.B　2.C　3.A　4.D

案例二: 1.A　2.C　3.D

案例三: 1.B　2.B　3.C　4.A

案例四: 1.A　2.D

案例五: 1.B　2.A　3.D

3

第三部分　终身学习：不仅仅是认证

在这一部分，我想通过个人成长与 HR 教与学来分享 HR 在终身学习中的困难与解决之道。HR 坚持学习、不断学习、终身学习实在不易，若行业协会、企业、高校与社区可以一起协力引导这样一场终身学习之旅，也许可能更具持续性。

一、与 SHRM 的一场信心之旅

在大学的时候，我给自己制定了三十年的职业规划，留学、就业与移民，成功与失败，理想的路径与备选通道，全部都考虑进去了。

在职业早期，我在多家 500 强企业的工作中接受到了相对正规的管理训练。尤其在华为，它大大激发了我的潜能，打开了我的国际视野。从此以后，我更敢于挑战那些似乎难以实现的事情。企业丰富的实战经验，加上在中山大学心理系接受的方法论训练，让我在日后从业多了一点自信心。

按照职业计划，离开华为之后，我开始准备移居加拿大，开启一段新的生命历程。为了更好的实现职业的过渡，我于 2016 年下半年一连参加了三个认证：GPHR、CPHR 和 SHRM-SCP，即全球人力资源管理专家认证、加拿大特许人力资源协会认证和美国人力资源管理协会认证，且以全优通过 SHRM-SCP。这让我对自己过去十几年的学习与经历又多了一份自信。

然而，SHRM 的体系太庞大，在过去十几年的职业自信远远不足以支撑我把 SHRM 认证引入国内，但 SHRM 本身却恰恰给我多了一点信心。SHRM 的胜任力体系，在三个方面做得非常出色，这足以让我有信心坚持做一件事情五年以上——坚定不移把它引入中国。

第一、实战 HR 导向。

SHRM 调研全球三十多个国家几万实战 HR，制定了

SHRM 知识与胜任力模型。康奈尔大学两位博士迅速发表工作论文表示这是世界上唯一能与密西根大学教授尤里奇的胜任力模型媲美的模型。

第二、行业标准。

SHRM 按照上个世纪 60 年代康奈尔大学教授提出的五个行业标准：在行业协会的基础上制定行业的道德标准和行业的基本知识与胜任力体系、有自己的研究机构并成立了认证机构。

第三、循证管理。

循证管理（Evidence-based Management）与循证决策已经提倡了很多年。然而，教育培训界都难以引导企业实战 HR 达到这一要求。而 SHRM 组织全球优秀咨询公司顾问编写的认证教材恰恰弥补了这个空白。

2017 年，我联系当时 SHRM 认证的中国教育合作伙伴，均未回复。跟其他前辈商量，也表示精神上支持。几经努力，无果。于是，我决定以一人之力把 SHRM 认证重新带回中国。为了打开市场，我免费辅导了几位毕业于北京大学、中山大学与英美 MBA 的多位资深 HRD。他们均 100%通过，这让我信心大大增加。

多年的知识与经验积累，以及 SHRM 本身的体系，让我在正式批量招生时自信满满。我在各微信群广而告之：我们致力于发现与培养未来领袖，培养一批 SHRM 讲师、出题者、著书立作者、第三方机构。总之，我不想让自己孤单，决定邀请一批批优秀 HR 加入我的行列，一起加速跑并引领战略全球。

前三年，我们进展缓慢，但从未让人失望过。十分庆幸的是，就在我们努力学习与消化这套体系时，中国国际人才交流基金会万金发主任早已经跟 SHRM 洽谈引入认证一事。在 2019 年，恰逢我回国，在广州、西安、上海和深圳宣讲时，基金会李宁处长联系上了我。当时，我正在深圳德昌电机进行专场介绍 SHRM。从那个时候，我就几乎结束了一个人推广 SHRM 的历程，不再一个人战斗，不再感到孤单。2021 年，SHRM 官方几经考察之后，授予我首席导师的头衔，以便更好的协助 SHRM 认证在中国的发展。

回顾整个辅导过程，充满艰辛。如果说 2016 年底我在中山大学岭南智库年度会议时信誓旦旦表示要写 40 篇文章，引入这个全球领先的认证是在解决中国 HR "学什么" 的话，那么如何让这个通过率十分低的认证，让它在中国生根发芽就成了我下一步的问题，即 "怎么教与学" 的难题。

从第一次辅导开始，我们就致力于高效学习——通过教学法突破 SHRM 认证通过率低的问题。前三年，我们都采用以教为学的方法，即学生自己讲课，老师点评的方式，并结合一些其他的探索。我们的人数也不多，每次上考场十人左右，SHRM-SCP 通过率一直维持在 85% 左右。2020 年，我们开始全面引入哈佛翻转课堂，并采用各种教学手段进行教学。我们从来不以考试为目标，结果在 2022 年首批 SHRM-SCP 中文认证中，在全球通过率仅有 46% 的时候，我们的通过率飙升到了 93.5%！这让我对过去六年的教与学有了更多的自信。

为了提升教学效果，让 SHRM 的案例更接地气，我们很早就开始编写本土化案例题。因此本书有三分之一左右的题目在我们的课堂上都进行了反反复复的测试，难度基本维持在 0.4-0.6 之间，区分度不错。

编出高质量的题目十分艰难。我坚持了好几个月，三四点钟起床，把我最清醒的时间献给了这些题目的编写。我们的同学也如此，他们在本书的其他部分做出了非常大的努力与贡献。

但是我深深地理解，编写 SHRM 题目，尤其是案例题，涉及到两项技术：情景判断测试与项目反应理论，需要我们继续精进。我们通过学习系统去对所有题目应用项目反应理论进行分析，编出高质量的题库。

二、HR 的职业之旅：一场灵魂的考验

对于很多 HR 来讲，在过去的二三十年，职业旅途过得非常不容易。我想从个人学习与实践的角度回顾一下这个历程，折射出我们所处行业的一个发展历程，一起来思考我们从哪里来，在哪里，要到哪里去，与如何去的问题。

第一问：我们从哪里来？

在过去二三十年里，时代呼唤 HR，我也加入 HR 的行列。在中国高校里有一系列的发展里程碑。赵曙明教授于 1991 年学成回国后在南京大学开设了人力资源管理与开发课。对此，我也受益了——早在 2001 年我就及时拜读了赵曙明教授刚出版的《跨国公司人力资源管理》和他的其他几本 HR 管理专著。1993 年中国人民大学开设人力资源管理专业，早期人大教授们出了不少译著与教科书，我几乎全部浏览过，其中刘昕教授的《薪酬管理》给我打下

395

良好的基础。北京大学于 1998 年成立应用心理学人力资源管理方向硕士项目。2005 年我也有幸在深圳麒麟山庄获得时任北大心理系主任的王垒教授抽奖赠送给我他翻译的弗雷德·鲁森斯的《组织行为学》。当然，2005-06 年我在中山大学也听了前香港大学心理系主任高尚仁教授亲授的《组织与工业心理学》与督导课，他站在国家甚至全球文化的角度去分享组织研究，高屋建瓴，对我在全球 HR 管理的影响颇为深远。

然而，不能不说的是，虽然中国的人力资源管理取得了非常大的进步，但高校教学始终与企业管理实践保持着一定距离。当我们离开高校走出社会后就得靠自己摸索，爬摸滚打，靠着自己的聪明才智往上爬。凭着自己的聪明智慧去打拼，挤入世界 500 强企业或管理比较规范的企业，的确是少数人的事情。而我有幸加入了几家世界 500 强企业，向 HR 长辈们学习了不少，也受到了比较规范的训练。

第二问：我们在哪里？

无可厚非，高校、咨询行业、企业届与国家有关部门各界都在 HR 的行业发展上付出了非常多的努力并取得了巨大的进步。但如果想要像华为一样批量制造全球战略 HR 管理者，各界如果无法形成合力，难度将会很大。

而在北美，一些行业协会十分了解实战 HR 的问题与处境。也许，这就是我一接触到 SHRM 这套学习系统的时候，十分震撼的缘故。震撼之余，我毫不犹豫地把它介绍给中国 HR。

就像在企业做全球 HR 管理一样，我们需要不断的做文化阐释，促进跨文化交流。六年来，我也一直担当着这样的沟通桥梁：用地道的中文，符合中国人思维方式，结合本土化实践的方式，连同高效学习法一起，把 SHRM 介绍给中国。

SHRM 给我们带来一些非同寻常的视野与实践，对我们实战 HR 非常有用：

1、知行合一的 HR 实践体系，让 HR 知道从如何做、做到位，到做得好。

2、情景判断测试有效帮助 HR 提升商业与人事决策能力。

3、胜任力模型为 HR 提供一个思考与解决问题的框架。

为了让大家快速理解这几点，我举一个例子来说明。这个例子是我的华为老朋友、时任华为加拿大副总裁余林涛给我讲的一个真实的管理故事，我把它整理并改编成 SHRM 情景判断测试（Situational Judgment Test）案例的形式。我在课堂上把案例分享给资深 HRD 和 HRBP 们。

一家全球化高科技集团的一位新兴市场的成功的年轻销售副总裁William，因其卓越的业绩，调到发达国家。在过去，他成功管理上千人的某国家公司。新官上任三把火，William 表示，这个国家市场比较小、员工数百人，完全可以在三个月内大展身手，一改面貌，于是进行了大刀阔斧的改革。

三个月下来，William 十分沮丧。他抱怨这些发达国家员工十分懒惰、缺少奋斗者精神，朝九晚五，一下班就不愿意加班，回家不接电话，不碰电脑，难以管理。同时，当地员工也很不理解，

William 带领一批中国员工经常使用中文开小会，一整天都在工作，甚至凌晨还在发邮件。而且，William 与一批外派管理者十分不尊重本国员工，经常当面批评他们，感觉他们的管理风格十分强硬、官僚、不容置疑似的，这让他们也感觉难以适从，加上语言因素，没有办法参与到管理中，也十分沮丧。作为 HRVP，你会如何处理？

我原以为，这是一个很容易处理的问题。结果我十分震惊——几乎上没有一位同学给出一个还算满意的分析，更别提给出一个解决方案（其实这个问题并不需要有副总裁的技能才能解决好！）。

我也通过几道题来考察、引导与帮助他们但效果并不明显（请参考《全球化思维》本案例的分析）。同学们都特别着急处理员工关系，把精力集中在调查双方的问题，帮助他们和解。然而，**在跨国 HR 管理中，文化作为一个新变量，解决问题的切入点可能与仅发生在一国的管理完全不一样了。为了让同学们真正理解跨文化管理技能，我决定把我在学习婚姻与家庭心理咨询中的角色扮演引入课堂。**

我设置了三个角色：销售副总裁、HR 副总裁和他们的上司、公司总裁作为观察者。

A：销售副总裁—William，

B：HR 副总裁—Tomson，

C：观察者—总裁 Luke

William 是一位十分自信、有魄力与决断力的销售，他的喜怒哀乐比较不加以掩饰。最近，因为员工投诉与跨文化管理的问题，特别的焦虑。作为 HRVP，对于 William 的现状，你如何安抚他的情绪并引导他进行有效的跨文化管理与沟通？

您的回应及其效果如何？请准备好三个部分：

1、您自己的感受：

2、William 的感受与对您的解决方式与效果进行评价：

3、Luke 的感受与对您的解决方式与效果进行评价：

大家进行角色扮演之后才发现，销售副总裁对单刀直入的解决方案十分不满意。通过角色扮演，**大家有了代入感之后才感同身受到销售副总裁的焦虑、紧张与不安。**值得一提的是，大多数没有出过国的 HR 竟然熟视无睹，而在海外读书生活多年的也对"三个月下来，William 十分沮丧"这样的处境并不敏感，因此**几乎没有 HR 在情绪上感受到 William 所经历的文化冲击带来的问题**。

在这个角色扮演中我就**直接引导大家"安抚他的情绪"**，引导同学们在角色扮演中做到"知行合一"。但事实上，知易行难，在类似的问题上，大多数 HR 都不具备这样的全球化思维与沟通技能。

虽然这个案例是全球 HR 管理案例，却是一个非常典型的 SHRM 的行为胜任力或应用技能的教学挑战。

第三问：我们要到哪里去？

从这个案例中我们可以看到，我们很多传统教育与培训方法就缺少把行为能力/程序性知识结合陈述性知识一起来解决问题，**而这**

399

恰恰是实战 HR 颇为需要的终身学习的方式。

一旦掌握了学习的技术，我们的 HR 们，身为公司的学习与发展、人才管理与领导力发展专家、不仅可以帮助自己，也可以发展企业了，更可以在终身学习中践行高效学习并体验由此带来的福流。

第四问：我们如何去？

在这里，我仅介绍 SHRM 的核心技术——情景判断测试，以及我们采用的哈佛翻转课堂。

SHRM 通过工业组织心理学研究方法，在全球率先把**情景判断测试**引入认证，并通过大量案例来提升并考察实战 HR 的人事与商业决策能力。SHRM 组织 HR 主题专家（Subject Matter Expert）非常有创造性的把传统案例写成具有两三百到五六百字的 HR 小案例。

通过情景判断测试，也像美国考试中心（ETS）编出了 GRE、托福这样信效度非常高的 HR 行业认证考试。通过学习者有效学习时间、能力提升、诊断测试成绩以及考试成绩，我做过一些统计分析，结果可以非常准确的评估与预测 HR 的知识与技能掌握情况。对此，HR 总监们经常表示，不得不服他们的成绩。

在传统的教学与现在国内流行的培训方式如直播、沙盘游戏和教练式培训，都往往注重陈述性知识（Declarative Knowledge，Know-what）的教学，却缺少引入程序性知识（Procedural Knowledge，Know-how，解决问题的程序）教学法。比如美国领导力公司、一对心理学家夫妇创立的公司 DDI 调查研究发现有 40%以上高管缺少有效表达同理心与安抚情绪的能力，我发现 HR 也如此。就像上面的这个案例，同学们可以很理性的解决"冲突问题"，却无法展示他们具有同理心。**每次扮演销售副总裁的同学都表示——我听不进去或者明确表示 HR 副总裁没有办法帮他安抚情绪，很烦！他们都觉得很惊讶。**

情景判断测试对考察实战 HR 具有非常高的信效度，SHRM 引入了一种类似于哈佛商学院的案例训练方式。但如何让实战 HR 们发现自己的问题，在此基础上赋能，并在工作中进行最大的知识迁移，似乎情景判断测试本身并不能解决这个问题。这是教与学问题，这是我们一直在使用翻转课堂的缘故。

翻转课堂的里程碑人物、哈佛大学教授埃里克·马祖（Eric Mazur）又一次在课上讲一个物理学原理，自以为讲得好，学生却无法学以致用，对此他感到十分困惑。他分享道："我一直以为自己是一位好老师，直到我发现我的学生只是在记住信息，而不是学习理解这些材料。怪谁呢？学生？这些学习材料？我将解释我是如何得出这个令人痛苦的结论：罪魁祸首这些都不是，而是我的教学导致学生们失败了！我将展示我如何调整我的教学方法以及如何显著改善学生的表现。"

因为这段反思，马祖教授创立了同伴学习的方式，从而推动了翻转课堂的发展，并在全球掀起了一场教学法的革命。虽然我们一开始并不知道翻转课堂，但我们却大胆使用了翻转课堂的教学方式，整个教学过程十分艰辛，但卓有成效。我对他的这段话非常有共鸣，每读一次，共鸣一次。

但是这一次共鸣的地方不是我的教学方式，而是我如何"调整我的教学方法以及如何显著改善学生的表现"。**之前我使用情景判**

断测试引导学生思考、使用团队讨论与教练式提问等多种方式对真正掌握胜任力效果并不佳。于是我们在哈佛翻转课堂的基础上，引进了角色扮演、引进了小团队学习以及其他的教与学的技术。我们不忘初心，就像在序言里我们定位**专家学习——重在如何学，发挥学习者的潜能，一起去学!**

在过去的六年里，我们一直在探索如何实现知行合一，帮助专家们把知识更好的迁移到实际工作中去。我们相信我们的探索一定可以给高校与培训界带来启发——就像飞行员的培养，不能通过单纯知识学习之后就担任副驾驶让他们去"学以致用"。而通过驾驶模拟器——通过 SHRM 情景判断测试案例与角色扮演，我们可以促进 HR 行业人才的培养，借用华为总结的"训战结合"——仗怎么打，兵怎么练。

如果我们从研究、学习到实践做到高度一致性，我们一定可以更好的帮助实战 HR 们走得更快、走得更远。

三、SHRM 胜任力的教与学

虽然忙着把 SHRM 引入中国，但为了继续追求自己青少年时代的梦想，我在 2019 年重启我的心理咨询职业追求。令我十分惊讶的是，在我所查阅过的北美各个行业协会与高校都把胜任力融入教学、认证与执照考察之中。

对于基于胜任力的高效的成年人的职业教育方式，国内几乎没有太多可以参考的经验。于是我不得不结合自己在过去三十多年的教与学的观察，整合心理学与教育中习得的理论，并借鉴北美教育培训界的教学实践。结合这些理论与实践，我跟同学们一起尝试以探索出一条中西结合的成人教育方法。在整个教学过程中，我们立足于以下几个点：

1、**以学习者为中心。**学习者的动机、期望、水平与特点都需要我们去改变与适应，并因材施教。

2、**专家与新手。**学习者是专家。专家主动、自觉、投入并释放学习潜能。

3、**团队学习。**读书是个人的事情，但 HR 学习可以是团队的。通过讨论与分享以及其他方式，通过浸泡式学习，可以获得 HR 团队发展。

4、**参与式教学。**学习者参与越多，收获越多。传统的教学，讲师自嗨、感觉良好，而学习者被动参与，知识保留与迁移很差。

5、**同伴学习。**讲师已经是专家，对于自己作为学习者在学习过程中遇到的困难早已忘记，而一起学习的同学彼此更容易明白彼此的问题；学习者友谊天长地久，在一起切磋时间多，收获更多、更大。

6、**小团伙友谊。**志趣相近的同学容易形成小团队，成小团伙式的友谊，一起交流与探讨更深入、持久。充分利用这种非正式组织，他们在互相支持、监督、鼓励与共同进步上，取得的效果更佳。

7、**胜任力层级提升**。根据布鲁姆理论，我们鼓励学习者从知其然且知其所以然、模型思考、角色扮演到全景式整合能力，通过四个层次的提升达到知识的再创造。

通过教学的整合与创新，我们努力为实战 HR 探索出一套从自己学到团队学习，再把它引入到组织学习路径，从而进入终身学习。

我们的 SHRM 辅导的目标是"赋能，赋能，我能，你也能"，培养更多的未来领袖，从领域专家到教育专家，从实战 HR 转变为终身学习者与导师。

四、成人终身职业教育与学习方法论

成人学习非常困难，工作与家庭已经有非常多的挑战，但还要不断学习，学有所成，绝非易事。然而在北美我经常不敢相信自己的眼睛，六七十岁的人不断参加各种学习项目；尤其在飞机上，他们中也有相当一部分人在看书。

在学习上，我从来没有放松过。自 2017 年以来，从开始从一个人学，开始带领团队探索如何学习才可以持续带来成长的乐趣，让我们更像专家，并且提升我们的晶体智力（应用先前已获得的知识经验的能力）或其他智力？

结合我多年在心理学与教育上的一些思考，我们主要在以下方面进行了创新与融合：专家与新手、斯腾伯格三元智力教学法，团队学习与翻转课堂，我们在此进行简单的介绍。

（一）专家与新手

大学时代读到当时中科院心理所所长荆其诚与北京师范大学张

厚璨教授翻译诺贝尔获得者西蒙的《人类的思维》介绍的专家与新手研究，对此我印象非常深刻。研究显示，比起新手，专家拥有丰富的知识与经验、能够快速识别问题的结构、关系与模式，并且有快速的解决问题的方法与路径，元认知水平也比较高等特点。

对于我们 SHRM-SCP/CP 认证的参与者来讲，从过去六年的数据来看，平均拥有 13 年左右经验。从这个意义上来看，我们已经是 HR 专家。因此，我们从一开始就引导所有学习者要把自己当作专家。因为是专家，所以有对专家的要求。所有同学要自己讲课，"以教为学"，自己组织讨论、分享、辩论与解决问题，像企业的高级管理者一样在"做中学"。

面对如此庞大的新的知识与胜任力体系，学习者的学习压力非常大，必须快速学习、自觉、自发与自律。我定位自己是导师——引导者、组织者、向导、赋能者与教练等多重角色之集成者。

我们的做法与美国著名心理学家斯腾伯格称老师为专家教师（Expert Teacher），学习者为专家学习者（Expert Student）是一致的。也跟华为任正非定位"老师是组织者，"上课就开始辩论，不管学员谁是领导，谁是列兵，训战结合。因此，针对专家学习者，我们在编写本书的时候，我们努力体现专家学习的特点：

第一、充分利用专家们的知识与经验。打破传统教科书纯粹考察与巩固知识的做法，让专家们翻开书就处在企业实战中，通过概念思考与逻辑思维做出决策。

第二、像专家一样思考，从分析到直觉。通过 SHRM 全球赋能小鲸鱼模型，把知识与应用技能融合在一起，打破传统教科书缺少统一框架的局面，做到训战结合。

405

第三、以不变应万变，获得专家的直觉。通过 SHRM 全球赋能小鲸鱼模型训练大家思考的方法论，做到有套路、有步骤、有层次、有目标。一旦掌握这个思考程序，就可以灵活使用这个模型。

（二）斯腾伯格三元智力教学

前美国心理协会主席、耶鲁大学心理学教授斯腾伯格提出了智力的三元理论（Triarchic Theory of Intelligence）：

1. **分析智力**（Componential/Analytical）使用概念与逻辑进行思维的能力。

2. **经验/创造智力**（Experiential/Creative Intelligence）：在新异情景中进行灵活的、创新性的、自动的甚至是直觉性的思考。

3. **情景/实践智力**（Contextual/Practical Intelligence）：在适应环境中使用适应、塑造与选择的技巧。他在《教育心理学》一书中把这个概念整合进他的教育心理学的教与学之中。

我们在下文主要介绍我们如何在我们的认证教材、教与学过程中如何体现智力的三因素理论的应用。

■ 我们如何训练专家们的分析智力？

斯腾伯格建议我们要通过分析、比较、对比、评估概念与信息来提升。我们通过各种方式帮助专家们发展与打造自己的概念体系。我们引入哈佛大学的翻转课堂，通过同伴学习的方式，让已经理解的同学帮助未理解的同学。而导师的任务是质疑与挑战所有人的思维与逻辑，让大家发现自己思维的缺陷、学会加强与削弱证据，从而达到知其然且知其所以然的状态。

在这个阶段，我们发现大多数 HR 在学校与企业都缺乏概念思考与逻辑训练，不重视概念的理解，对理论、模型与方法缺少深度加工，不善于分析，也不善于表达，一开口就给人理屈词穷的感觉。

而我们则利用每一个题目让大家把分析的逻辑简明扼要说清楚：

第一、要学会"证伪"——对错误的做法要积极发现瑕疵，善于削弱证据。

第二、排除了所有错误选项，还得说服他人正确之所以正确。这种辩论与说服的技巧，往往要求学习者做出艰难的改变。一旦改变，就可以很好的提升我们的专家们的分析能力。

■ 我们如何训练专家们的创造性智力？

斯腾伯格建议我们要鼓励发明、发现与设计，超越原有的认知。我们鼓励专家们基于本土化实践，构建自己的体系。对于 SHRM 和很多国内的传统考试来讲，学习者最大的问题就是喜欢找到正确的答案。我称之为"正确的平庸"，这只是第一步，远远不够。在实际的工作中，没有人给我们提示，没有选择项，甚至也不会有答案！

因此，我往往会问，如何这个案例中的事情明天就发生在你面前，你会如何处理？第一步你想到什么？……在企业实战中，我们往往被训练成决策的工具——自动自觉、凭着直觉去解决问题。这需要我们进行灵活处理、以及创新性思考。

我们要在学习与实践中重构自己的知识系统，通过同学与导师的分享，去探索更多的可能性。比如我们在教学中就有很多像构建 SHRM 全球赋能小鲸鱼模型的例子。

■ 我们如何训练专家们的实践智力?

斯腾伯格建议我们学以致用，把新学知识投入到每日的学习与工作中。为了达到这一点，我们把案例分析与角色扮演引入课堂。我们通过实战引导专家们解决问题、启迪思考、发现差距，从而引发专家们的好奇心。案例分析可以让他们把已有的知识与技能应用到新异的、有挑战性的问题中。我们发现，案例分析可以综合考察分析性智力、创造性智力和实践智力的成分，但对于专家的实践智力来讲，远远不够挑战性。

于是，我们引入了角色扮演! 果然我们发现，如果在案例分析我们是语言的巨人、智商的高个儿，那么在角色扮演中，我们就有不少行动的矮子——说得到，做不到! 或者做不出来，知易行难。这一部分，我们将在未来几年继续开发有关教程。

五、关于行业协会与终身学习

即使学习了我们整一本书，我不能不说出一个残忍的现实: 中国 HR 在终身学习这件事情上任重而道远，而不只是在终身学习本身任重而道远。

在西方，行业协会在终身学习这件大事上具有功不可没的作用——我们要维持自己认证或执照身份，我们就必须终身学习。像 SHRM 这样的协会是，**每三年必须修满 60 个学分，否则必须重考才能维持 SHRM-SCP/CP 身份。**

当然，在中国 HR 的眼里，可能会觉得这是坑钱之举。很多人不需要协会，也不懂协会，自己觉得自己牛得一塌糊涂更不会把协会放在眼里等等。在国内，其实没有符合这五个标准的国家性 HR 行业协会：1、国家性行业协会；2、制定行业道德标准；3、拥有行业的基本知识与胜任力体系；4、拥有自己的研究机构；5、成立了认证机构。

因此行业协会是"我们"的协会——我们养着它，它也引领着我们。让我们再次回到 SHRM 对自己的定位："**SHRM 的使命是通过提供最前沿和最充足的资源以满足人力资源管理专业人士的需求、提升人力资源的关键性和战略性地位以推动人力资源管理事业的发展。**"

对此，作为生活在西方社会的一名 HR 与治疗师，我参加不同的协会，拿着不同行业协会的认证，这就意味着必须遵守着类似这样的一些规定：1、行业道德，不要被吊销了资格、认证与执照；2、必须终身学习。而行业协会也必须做到：1、教育从业人员要对公众负责，遵守职业道德；2、要终身学习，达到社会或行业的标准，确保可以履行职责。

因此，西方的认证或执照，标准十分高，跟国内的资格考试是不一样的。在这一点上，时任华为人力资源总裁的吕克在《华为访谈录》谈到他对行业协会的一些理解与认识："**在国外，工程师的技术生命能延久**，一个重要的因素是他们的平台很好，譬如在硅谷，**有非常多的工程协会**，每周都有聚会，聚会有很多专题，使得技术人员对未来的技术非常敏感，**将来他们的技术不会老化。**"总体而言，吕总黑字体这一部分描述是没有太大的争议的，也符合其他行业协会的情况。

时至今日，SHRM 自 1948 年成立，已经 75 岁了。我们大多数实战 HR 的职业生涯很短，但作为非营利组织（NGO）的 SHRM 却已经引领几代 HR 了，它以后还会继续引领着更多的 HR 保持终身学习。

在中国成立一个真正意义的行业协会，引导、支撑并且维持我们的终身学习，提升我们的职业化水平，还需要我们这一代人，以及后辈前仆后继的努力。

六、SHRM 认证学习建议

SHRM 的学习，跟国内的教育与学习很不一样。根据 SHRM 历年的研究与调查，以及我们对中国 HR 的观察，我提出几条建议：

1、**别浪费了一次真正学习的机会。**大多数中国 HR 是从小到大考出来的。大多数 HR 几乎都没有经过西方的管理训练，基础十分不扎实。因此，我们要放下考试思维，学习 SHRM 的知识与应用技能体系，把它们融入在自己的血液里。

2、**避免学生思维。**学生靠记忆学习，这种方法十分难以在 SHRM 认证中奏效。SHRM 认证面对的是有经验的 HR，需要在案例分析中展现个人的常识、知识与决策智慧，不仅需要读书聪明（Book Smart）也需要做事聪明（Street Smart）。

3、**团队学习**。SHRM 的研究也表明，个体学习是团队学习的通过率的五分之一。"独行快 众行远"——在工作中我们需要团队合作，作为 HR 我们更需要与高管、与业务部门合作，训战结合——仗怎么打，兵就怎么练——团队作战就十分符合这样的作战方式。

4、**充分使用好学习系统**。学习系统是一种新的、先进的学习方式，具有反馈、跟踪、诊断与学习功能，比传统的读书、做题的方式高效。SHRM 的调查表明，使用学习系统比不使用学习系统的通过率高出 46%。

5、**最后，不要平庸的正确**。不要只追求通过，就像考大学，不要只追求考上大学! 名校仅有几所，非名校千百所，但学习的收获不一样。学习的高度可以影响你的职业发展所到达的高度。

我相信，HR 有足够多的人才，就如教我工业组织心理学的高尚仁教授所说：**按照 3%来计算中国的天才，中国有四千万天才，多可敌国，一定可以把中国带飞**。对此，我有足够的信心与信念。

至今为止，参加我们辅导的同学，来自北京大学应用心理系硕士与光华管理学院，中山大学与复旦大学的 MBA 毕业生最多。我们相信，他们一定会有我们类似或者更好的行业洞察，他们一定不会浪费这样的一个学习机会，他们不会把 SHRM 认证变成一场 HR 行业的应试、工作之外的补习班，而是把它变成提升整个行业实战能力的一个机会。

七、SHRM 认证考前建议

HR 管理来自西方，SHRM 就是一次原汁原味的 HR 学习。对此，在平时学习中，我们要处理好学习与考试的关系。对此，在过去的几年里，我仅提出 7 条建议供我们的同学参考。

1. **心态**：工作才是真正的考试，4 个小时的考试只是过场。

2. **学习检查表**：严格使用我们设计的学习检测表查漏补缺。

3. **提升阅读速度**：扫读、跳读、结构化阅读。

4. **逻辑能力**：SHRM 十分注重逻辑能力的考察。

5. **知识系统**：从点线面体上去理解，最后理解大荔枝的模型与几张表。

6. **让分数去说话**：让测试成绩引导你的学习方向。

7. **你就是专家**：以专家的态度、立场去参与学习、讨论，这是成功的关键!

八、学习的关键小贴士

关于考试，过去几年我们也总结了 10 条小贴士，供大家参考。

1. **考试类型**：如果诊断成绩不理想，建议先考 SHRM-CP，再考 SHRM-SCP。

2. **诊断测试**：至少要做 3 遍以上，最好能达到 90%以上的正确率。

3. **Post-exam**：考试前三周做 Post-exam 达到 65%以上的正确率属于正常。

4. **考前心态**：最后一两个月压力很大、信心很小，但不影响通过率。

5. **学习重要技巧**：做好错题集，提高逻辑分析的精度。

6. **学习系统**：充分用好学习系统的案例分析和测试题，无需额外做太多题目。

7. **审题**：大多数同学都审题不足，需要提升。

8. **最重要的建议**：平时多多主动参与讨论分享与翻转课堂准备，以教为学是最佳学习!

9. **最终建议**：不要放弃，不要放弃! 放弃的是自己，考试其实并不难!

关于中文学习系统

本书的所有训练题目及案例分析，仅仅是做对或答对是不够的。大多数 HR 只停留在"做对"或"做错"层面，如果是这样，即使是通过了认证，回到工作岗位还是不知如何下手解决问题。因此，我们认为，比答案更重要的是训练过程中的逻辑分析，需要做到不仅仅知其然知其所以然，更要学以致用。

中文学习系统旨在通过先进的科技、教育与心理学理念，以本土知名企业与实践中出现的典型案例为出发点，结合 SHRM BASK 的结构与要求，攻关学习过程中难以提升的概念推理、逻辑思维、批判思维以及缩短学以致用的时间。在中文学习系统的训练中，通过 AI 技术和逻辑提示，对每一道题目有更详尽的引导、逻辑分析、讲解与引申，可以更有效地提升 HR 的逻辑推理和批判性思维，提升 HR 实际解决问题的能力。

中文学习系统，集成了更全面的训练题目，特别是大量的、更丰富的接近真实工作场景的案例分析与训练。而且，案例在持续更新中……我们旨在打造一个 HR 终生学习的平台，为 HR 成长赋能。

中文学习系统

https://hrpglobal.org

参考文献

1. Barnes, L. B, Christensen. C.R, Hansen. A.J, (1994) Teaching and the Case Method, Harvard Business School Press

2. Barends and Rousseau D. M. (2021) Evidence-Based Management: How to Use Evidence to Make Better Organizational Decisions, Kogan Page

3. Bransford, J.D., brown, A.L., and Cocking R.R., (2000), How People learn: Brain, Mind, Experience and School, National Academy Press

4. Christensen. C.R, Garvin, Q.A, Sweet, A., (1991) Education for Judgement, Harvard Business School Press

5. Corsini, R.J., Roleplaying in Psychotherapy: A Manual

6. Dave McClelland 1973, Testing for Competence Rather Than for "intelligence", American Psychologist

7. Eunjung Lee, Kyungkeun, (2013) How are Global Competency Model Evolving for the future?

8. Ellet, W, (2007) The Case Study Handbook: How to read, Discuss, and Write Persuasively about Cases, Harvard Business School Press

9. Grigorenko E.J., Sternberg R (2007), Teaching for Successful Intelligence: To Increase Student Learning and Achievement

10. Kari R Strobel etc. (2015) Defining HR Success--9 critical competencies for HR professionals, SHRM

11. Levy D., (2020) Teaching Effectively with Zoom: A practical guide to engage your students and help them learn, https://www.teachingeffectivelywithzoom.com/

12. Peters, and Waterman R.H. (2003), In search of Excellence, Collins Business Essentials

13. Sternberg R (1989) The Triarchic Mind: A New Theory of Human Intelligence

14. Sternberg R (2009) Educational Psychology

15. Sternberg R (1996) Successful Intelligence: How Practical and Creative

Intelligence Determine Success in Life, Plume Books

16. SHRM, (2016) Content Validation Study of the SHRM Competency Model

17. SHRM, (2016) Criterion Validation Study of the SHRM Competency Model

18. 哈佛翻转课堂 Eric Mazur 教授 http://ericmazur.com/

19. Weekley. J.A., and Ployhart R.E., (2006) Situational Judgment Tests: Theory, Measure-ment, and Application, Psychology Press

20. Whelpley C. E., (2014) How to Score Situational Judgment Tests: A Theoretical Approach and Empirical Test, VCU Scholars Compass

后 记

　　为什么要参加 SHRM 认证？为什么要终身学习？如何才可以终身学习？我想这些问题，已经困扰了很多 HR，也还会继续困扰一代又一代 HR。

　　我父亲是一位五十年代毕业的师范生，在他的课上我第一次知道了终身学习这个概念。那一年我十五岁，一个做梦的的时代，我对这个概念记忆十分深刻。对我的父亲，这不仅仅是一个概念。他一直读书，八十多岁还在读，我的兄弟们也会给他赠送书籍。他的言传身教，让我可以安静读书、学习，这与工作没关系。

　　我们身处一个乌卡时代（VUCA 音译为乌卡，Volatile 不稳定、Uncertain 不确定、Complex 复杂和 Ambiguous 模糊），我们需要在变幻莫测的外部环境中，抓住一些不变的东西、规律性的东西；我们也许很难以不变应万变，但在一个相对长的时间段里，我们总能从不确定的发展中看到确定的趋势，在不确定的表象与乱象中把握确定的本质。

　　我相信，上世纪七十年代哈佛大学著名心理学家麦克里兰提出胜任力的概念，到 1987 年尤里奇推出第一个 HR 胜任力模型至今已经推出了第八代胜任力模型，可见胜任力依然是一个非常有用的概念。而 SHRM 则通过其认证，把这个胜任力的概念，在调研的基础上提出了 SHRM BASK（知识与应用技能体系），并结合案例，把它应用到了一个极致。

我更加确信的是，这本集三十多位知名企业 HRD 的实战智慧手册，正是中国 HR 在 SHRM 的知识与应用技能体系的基础上，做了一个全球化与本土化的高度结合。我们同学大多数具有名校 MBA 或硕士的教育背景，是 SHRM-SCP 持证者，是基金会 SHRM 认证讲师。我们对 SHRM 有深刻理解，也对全球战略 HR 实战有相对全面的理解。

正像很多实战 HR 在职业发展、职业瓶颈与突破，以及终身学习与全球终身雇佣力提升方面的思考与搜索，最后找到了 SHRM。我希望这本书继续给这样的 HR 们都带来福音。我们希望具有前瞻眼光的资深 HRD、高潜 HR 与管理者们都能够充分利用这本书，不仅仅是认证，而是通过它获得一个终身学习的路径。我们也希望通过本书，用地道的中文把全球战略 HR 的知识与胜任力体系分享给 HR 行业专家教授。

李治（大荔枝）

于加拿大卡尔加